보육교사(인성)론

신애선 임경례 신애란 공저

양서원

머리말

보육교사(인성)론은 영유아가 심신을 건강하게 하고 전인적인 발달을 이루어 민주시민의 기초를 형성할 수 있도록 지원해 주는 보육교사의 역할을 이해하고 역량을 알아보는 교과목이다. 예비보육교사로서 학습자가 영유아 존중 사상의 중요성을 이해하고 올바른 보육철학 및 보육관을 확립하여 보육전문가로서의 역량을 키우는 데 목적이 있다. 이를 위해 보육교사직의 특성, 영유아의 건강한 발달을 지원하기 위한 교사로서의 전문적인 직무내용 및 직무 수행, 보육전문가로서 스스로를 발달시키기 위한 전문성 및 역량 개발에 필요한 전반적인 내용을 3부 14장으로 구성하여 탐색한다.

제1부 '보육교사직의 특성'에서는 보육교사직이란 무엇인지, 보육교사직을 수행하기 위해 갖추어야 하는 인성과 직무내용에는 어떤 것들이 있는지 등을 다루어 보육교사직에 대한 이해를 다지고 올바른 관점과 신념을 갖출 수 있도록 하였다.

제2부 '보육교사의 직무 수행'에서는 보육교사의 자격기준, 채용과 처우 및 복무 등에 대한 기준을 설명하여 정확히 이해하도록 하였다. 또한 제1부의 내용을 통해 학습한 보육교사직의 신념과 관점을 적용하는 보육의 실제를 다루었다. 특히 보육 상황에서 자주 발생하는 어려움 및 문제해결 과정을 연습해 봄으로써 실무능력을 증진할 수 있도록 구성하였다. 그리고 보육 현장에서 발생하는 딜레마와 갈등해결 과정을 통해 영유아를 존중하는 보육교사가 될 수 있도록 학습하게 함으로써 이론과 실제가 연계된 능력을 함양하는 데 중점을 두었다.

마지막으로 제3부 '보육교사의 역량 개발'에서는 교사의 발달단계에 대한 이해를 토대로 이후 보육교사가 되었을 때 자신의 전문성을 발달시키고 미래를 설계할 수 있도록 각 발달단계에 필요한 내용을 제시하였다. 또한 다양한 사람과 관계를 맺어야 하는 보육교사직의 특성상 경험하기 쉬운 직무 스트레스에 대해 이해시킴으로써, 보육교사 스스로 스트레스를 관리할 수 있는 실제적인 방법을 학습하도록 하였다.

바쁜 일정에도 불구하고 현장의 생생한 사진들을 제공해 준 둥지어린이집의 원장님과 출판을 허락해 주신 양서원의 박세원 대표님께 감사드린다. 마지막으로 집필기간 내내 무한한 사랑으로 응원해 준 가족들에게 깊은 감사의 마음을 전한다.

다소 부족함이 있다 할지라도 이 책이 보육 현장에서 영유아의 건전한 성장을 지원하는 보육교사직 수행에 도움이 되기를 바라며, 예비보육교사들이 보육교사라는 직무가 진정으로 행복하고 가치 있는 일이라는 자부심을 가졌으면 한다.

2021년 2월

집필진 드림

차례

Part 1 보육교사직의 특성

PART 1

보육교사직의 특성

CHAPTER

01 보육교사에 대한 이해

1. 보육교사의 정의
2. 보육교사의 보육적성

1. 보육교사의 정의

보육교사는 영유아를 대상으로 심신의 보호와 건전한 교육을 통해서 건강한 사회구성원으로 육성하고 이와 더불어 보호자를 지원하여 궁극적으로는 가정복지에 기여하는 자를 의미한다. 보육교사는 어린이집에서 영유아가 직접적으로 접하는 대표적인 인적 환경으로, 영유아가 일상생활을 원활하게 할 수 있도록 돕고, 일과 중의 놀이와 활동을 통해 영유아의 전인적인 성장과 발달을 지원한다. 이처럼 보육교사의 역량은 보육서비스의 질에 큰 영향을 미치는 중요한 요인이다.

최근 급격한 산업화와 도시화에 따른 사회구조와 가족제도의 변화는 부모가 일을 하는 동안 부모를 대신하여 이루어지는 자녀양육은 더 이상 가정 내에서만 이루어지는 것이 아닌 사회적·국가적 차원에서 해결되어야 하는 중요한 관심사로 대두되었다. 이러한 공적 보육에 대한 요구는 다양한 보육정책에 반영되어, 어린이집을 이용하는 영유아들의 월령이 하향화되고 더 오랫동안 어린이집에 머무르는 사회적 환경을 만들었다(신애선, 김기철, 2016).

영유아가 속한 사회가 가정에서 어린이집으로 전이되는 것은 영유아발달에 있어 보육의 중요성이 부각되어(김영실, 신애선, 2014), 영유아발달에 적합한 보육의 질을 구성하는 요인을 밝히기 위한 논의들이 활발하게 진행되어 왔다(신애선, 김영실, 2016). 보육의 질적 평가를 학급의 크기, 교사 대 영유아의 비율, 교사의 연령, 학력, 경력 등의 구조적인 질과, 영유아의 발달적 특성에 적합한 활동의 제공 여부를 과정적 질로 나누어 볼 때(Phillips & Howes, 1987), 영유아발달에 보육교사가 보육의 질을 구성하는 주요요인이라는 선행연구들(이재진, 최나야, 2013; Vandell, 2004)은 보육교사의 중요성을 강조하고 있다.

영유아는 어린이집에서 많은 시간을 보육교사와 함께 보내며 보육교사를 안전기지로 사용하여 주변 환경을 탐색하며, 교실에서 능동적으로 많은 활동에 참여한다(O'Connor & McCartny, 2007). 이는 보육교사가 촉진자와 정서적 지지자 및 놀이의 지원자로서 영유아의 발달에 영향을 주는 주요변인으로 밀접하게 관련됨을 보여준다(Pianta & Stuhlman,

2004). 이렇듯 보육교사의 행동특성이 보육의 질에 의해 많은 부분이 설명될 수 있고 영유아발달과 밀접하게 관련되어 있으므로 영유아에게 긍정적인 역할을 수행하는 보육교사의 영향력은 중요하다고 할 수 있다.

2. 보육교사의 보육적성

1) 보육교사 보육적성의 개념

적성이란 어떠한 일에 적응할 수 있는 능력이나 알맞은 성향이나 타고난 능력이나 소질 또는 성격을 의미한다(국립국어원, 2015). 또한 어떤 주어진 직업에서 한 개인의 성공 가능성을 예언해 주는 특성으로 특별한 분야에서의 숙련도와 성취도를 달성할 수 있도록 해 주는 능력이다.

보육적성은 보육교사로서 만족스러운 역할수행과 영유아보육의 질을 향상하기 위해 매우 중요하다. 보육교사직이 자신의 적성에 맞아 보육업무를 수행하면 교사효능감이 높아져 영유아들의 전인발달에 긍정적인 영향을 준다.

교사효능감

교사효능감이란 교사 자신의 수행능력에 대한 믿음이나 학업자의 성취, 행동 또는 훈육에 대한 확신감 등의 개념으로, 교사가 영유아의 참여, 수업전략, 학급경영에 대해 미칠 수 있는 영향력에 대한 교사의 지각 변인을 말한다.

교사효능감은 교사가 영유아의 수행에 영향을 줄 수 있는 능력을 지니고 있다고 스스로 믿는 신념이다. 교사효능감을 개인적 교사효능감과 일반적 교사효능감으로 나누어 설명하면 다음과 같다(오진숙, 2014).

첫째, 효능기대에 해당하는 개인적 교사효능감은 영유아에게 펼치는 자신의 교수-학습과정에서 영유아가 성장·발달하는 긍정적 변화를 가져올 수 있다는 교사 자신의 교수능력에 대한 신념이다.

둘째, 일반적 교사효능감은 교수-학습 관계에 관한 영유아의 가정, 지능, 환경과 같은 관련 요인을 교사로서 어느 정도 통제할 수 있다고 믿는가에 대한 일반적인 신념이다.

효능감이 높은 교사는 교사 스스로에 대한 성취감이 높아 자신을 영향력 있는 존재라고 인지하며, 자신의 직업에 대해서도 자부심을 가지고, 자신의 교육활동에도 가치를 갖는다. 그러하기에 교사는 자율적인 교실 분위기를 조성하고, 따뜻하고 온정적인 태도로 영유아를 대하게 되며, 이러한 교사의 태도는 영유아의 건강한 성장과 발달에 긍정적인 영향을 준다.

효능감이 낮은 교사는 교실 전체 상황의 맥락을 보지 못하고, 영유아의 제한된 활동에 몰입하고, 의미 없는 행동으로 영유아들을 그냥 보고만 있으며, 영유아의 활동과정에 지장이 되는 상황에서는 쉽게 좌절한다. 그리고 자신의 보육 실상을 동료교사나 타인에게 공개하는 것을 꺼려한다. 교사효능감은 교사로 하여금 영유아의 교육목표 성취를 이끌어내는 동기가 되며, 영유아에게 긍정적이고 영향력 있는 교수-학습을 이끌어낸다(강미숙, 2016).

영유아보육의 질은 보육교사로서의 역할을 효율적으로 수행하는지에 대한 능력과 보육교사가 얼마나 흥미를 갖고 적성에 맞게 직무를 감당하느냐에 따라 달라질 수 있다. 이렇듯 보육교사 자신이 가치를 가지고 교직에 대한 준비에 임하고 최대한 자신의 능력을 이끌어낼 수 있는 것이 보육적성이다. 보육적성은 영유아와 직접 소통을 하는 보육교사가 자신의 능력을 최대한 발휘하여 역량과 소질을 효과적으로 적성에 맞게 수행하는 것이라고 할 수 있다. 보육교사의 적성은 영유아들의 전인적인 발달이 잘 이루어질 수 있도록 다양한 측면에서의 지원이 이루어질 수 있는 특성으로, 예비보육교사의 경우에도 보육적성을 통해 보육교사가 되었을 때 역할 수행을 성공적으로 할 수 있는지 예측할 수 있다.

2) 보육교사 보육적성의 중요성

보육적성은 보육교사가 보육교사로서의 역할을 성공적으로 수행하는지를 예측할 수 있는 요소로 보육교사와 영유아에게 직·간접적인 영향을 미친다. 보육교사는 영유아 개개인의 특성과 발달 그리고 서로 다른 흥미와 관심을 가진 영유아를 돌봄과 가르침을 조화롭게 이루어야 하는 특징을 가지고 있다. 그러므로 보육교사라는 직업에 대한 전문적 지식과 기술을 필요로 하고, 보육교사 스스로를 발전시켜 나가는 정신력과 보육교사직을 전문직으로 인정하여 자부심을 가지는 것이 중요하다. 보육교사는 전문적인 지식을 기반으로 영유아의 전인적 발달과 성장을 돕고, 영유아를 안정적으로 돌보는 일을 조화롭게 유지해야 하는 직무능력을 갖추며, 이를 위해 교육자로서의 성격이나 신체적, 지적 자질 등 보육교사로서 적합한 적성을 지니는 것은 매우 중요하다.

3) 보육교사 보육적성의 구성요소

보육교사 보육적성은 대인관계능력, 영유아에 대한 수용성과 민감성, 창의성과 자기개발, 영유아에 대한 친화력, 영유아에 대한 안전관리능력, 업무에 대한 소명감, 긍정적 정서의 7가지 요인으로 다음 〈표 1-1〉과 같다.

표 1-1 보육교사 적성 요인

요인		내용
1	대인관계능력	보육교사가 영유아, 부모, 보육시설 구성원들과 다양한 인간관계를 유지하기 위해서는 전문적 역할수행과 함께 대인관계능력이 바탕이 되어야 한다.
2	영유아에 대한 수용성과 민감성	영유아는 표정이나 눈빛 등으로 요구나 의견을 전달하는 경우가 많은데 교사는 이런 신호들을 민감하게 관찰하고 신속하게 반응해야 한다.
3	창의성과 자기개발	자기개발 요인은 보육교사가 자기발전을 위해 노력하여 보육의 질에 영향을 주고, 창의성이 있는 보육교사는 영유아의 창의성 인식을 높게 한다.
4	영유아에 대한 친화력	보육교사는 영유아에 대한 애정과 흥미, 영유아와 함께 있는 것을 좋아하는 특성이 필요하고, 이 능력은 친화력을 뜻한다.
5	영유아에 대한 안전관리능력	영유아 안전을 지키기 위해 적절한 실천을 하지 못한다면 보육시설에서 안전이 효과적으로 유지되기 어렵다.
6	업무에 대한 소명감	보육교사가 영유아의 발달에 중요한 영향을 미칠 수 있다는 것을 인식하는 것은 반드시 필요하다.
7	긍정적 정서	보육교사의 정서적인 상태와 수준에 따라 영유아의 발달에 영향을 미칠 수 있다.

출처: 박수경(2017).

나의 보육교사 보육적성 수준 체크하기

다음은 보육교사의 보육적성(김혜경, 2012)을 측정하기 위한 도구로 점수가 높을수록 보육교사의 보육적성 수준이 높은 것을 의미하는 것으로 다음 〈표 1-2〉와 같다(최저 점수 56점~최고 점수 280점).

표 1-2 보육교사의 보육적성

문항	질문내용	전혀 그렇지 않다	별로 아니다	보통 이다	약간 그렇다	매우 그렇다
1	평소에 긍정적으로 생각하는 편입니까?	①	②	③	④	⑤
2	힘든 일이 있어도, 내일이 되면 잊어버리는 편입니까?	①	②	③	④	⑤

3	다른 사람들의 교육, 건강, 또는 복지를 개선하는 직업이 가치 있다고 생각합니까?	①	②	③	④	⑤
4	감정 기복이 심하지 않고 마음의 안정을 잘 유지하는 편입니까?	①	②	③	④	⑤
5	다방면의 지식이 있어 영유아의 교육에 도움을 줄 수 있다고 생각하십니까?	①	②	③	④	⑤
6	새로운 것을 탐색하고자 하는 호기심이 있는 편입니까?	①	②	③	④	⑤
7	영유아를 좋아합니까?	①	②	③	④	⑤
8	기분 상하는 일이 있어도, 영유아 앞에서는 항상 웃으며 생활할 수 있다고 생각합니까?	①	②	③	④	⑤
9	영유아가 하는 말은 모두 의미가 있으므로, 잘 들어줘야 한다고 생각합니까?	①	②	③	④	⑤
10	영유아를 둘러싼 가족에 대해서도 이해해 줄 수 있다고 생각합니까?	①	②	③	④	⑤
11	영유아가 모두 개별적 능력이 있음을 인정하여, 존중해 주는 태도를 갖출 수 있다고 생각합니까?	①	②	③	④	⑤
12	맡아서 해야 할 임무나 의무를 중히 여기는 편입니까?	①	②	③	④	⑤
13	규칙을 준수하고, 규칙 안에서의 이해와 타협을 중요시하는 편입니까?	①	②	③	④	⑤
14	자신이 가진 재능, 흥미, 성격을 고려해서 하고 싶은 일을 선택하는 편입니까?	①	②	③	④	⑤
15	자신이 어떤 것을 잘하는지 알고, 그러한 능력을 향상시키고자 노력하는 편입니까?	①	②	③	④	⑤
16	식사하던 중에 기저귀를 갈 수 있다고 생각합니까?	①	②	③	④	⑤
17	영유아가 당신을 잘 따릅니까?	①	②	③	④	⑤
18	교실 내의 문제행동을 통제할 수 있다고 생각합니까?	①	②	③	④	⑤
19	영유아가 위험하거나 해서는 안 되는 행동을 할 때, 단호하게 대처할 수 있다고 생각합니까?	①	②	③	④	⑤
20	여러 가지 상황을 판단할 수 있는 상황 판단력이 있는 편입니까?	①	②	③	④	⑤
21	궁금한 것이 있으면 해결될 때까지 다양한 자료를 찾아봅니까?	①	②	③	④	⑤
22	보육교사에게는 영유아발달과 보육에 관한 전문지식이 필요하다고 생각합니까?	①	②	③	④	⑤
23	영유아와 놀이하는 것을 좋아합니까?	①	②	③	④	⑤

24	항상 웃는 얼굴로 영유아를 반길 수 있다고 생각합니까?	①	②	③	④	⑤
25	영유아 사이의 차이를 받아들일 수 있을 정도로 열린 마음을 가진 편입니까?	①	②	③	④	⑤
26	영유아를 있는 그대로 받아들일 수 있다고 생각합니까?	①	②	③	④	⑤
27	부모와 떨어져 있어 부모를 그리워하는 영유아를 보면 애처롭다는 생각이 듭니까?	①	②	③	④	⑤
28	서로 다른 영유아를 차별하지 않고 공평하게 대할 수 있다고 생각합니까?	①	②	③	④	⑤
29	보육교사 일을 억지로 하지 않고 편안한 마음으로 할 수 있다고 생각합니까?	①	②	③	④	⑤
30	영유아의 삶에 영향을 줄 수 있는 교사는 책임감을 가져야 한다고 생각합니까?	①	②	③	④	⑤
31	'자기발전'에 관심이 많습니까? 예를 들어 새로운 기술을 배우기 위해 학원을 다니거나 성공한 사람의 책이나 잡지를 읽은 적이 있습니까?	①	②	③	④	⑤
32	어떤 일에 대해 뜻한 대로 이루어 낼 수 있다고, 스스로의 능력을 믿는 마음이 강한 편입니까?	①	②	③	④	⑤
33	영유아와의 자유놀이에 적극적으로 참여할 수 있다고 생각합니까?	①	②	③	④	⑤
34	가정에서 지도하는 학부모들에게 자녀가 어린이집 생활을 잘 할 수 있도록, 알려줄 수 있다고 생각합니까?	①	②	③	④	⑤
35	영유아의 말과 행동에 민감하고 적절하게 반응할 수 있다고 생각합니까?	①	②	③	④	⑤
36	영유아의 지나치게 느리거나 빠른 행동을 보고, 영유아 각자의 다른 특성으로 이해해 줄 수 있다고 생각합니까?	①	②	③	④	⑤
37	영유아와 계속 같은 대화를 반복하게 되는 경우, 그것을 영유아 특성으로 인정해 줄 수 있다고 생각합니까?	①	②	③	④	⑤
38	영유아의 환경과 생활을 보지 않고 그 영유아 자체를 인격적으로 볼 수 있다고 생각합니까?	①	②	③	④	⑤
39	학교나 집에서 개인적인 목표를 세우고 그것을 달성하기 위해 열심히 일합니까?	①	②	③	④	⑤
40	맡은 업무를 적극적이고 즐겁게 찾아서 할 수 있는 편입니까?	①	②	③	④	⑤

41	모든 면에서 편견을 버리고, 영유아의 잠재력을 끌어낼 수 있다고 생각합니까?	①	②	③	④	⑤
42	어린이집 활동에 학부모들을 참여하게 할 수 있다고 생각합니까?	①	②	③	④	⑤
43	어린이집의 효과적인 운영을 위하여 교사와 운영진 간의 협력을 촉진시킬 수 있다고 생각합니까?	①	②	③	④	⑤
44	학부모와 원만하게 잘 지낼 수 있다고 생각합니까?	①	②	③	④	⑤
45	영유아에게 발생하는 갑작스러운 사고를 예방할 수 있을 정도로 주의력 깊고 조심스러운 편입니까?	①	②	③	④	⑤
46	영유아를 꼼꼼하게 챙길 수 있을 정도로 세심한 편입니까?	①	②	③	④	⑤
47	다정하고 자상한 성격인 편입니까?	①	②	③	④	⑤
48	'보호'만을 중시하거나 '교육'만을 중시하기보다, '보호'와 '교육' 모두를 중요하게 여겨야 한다고 생각합니까?	①	②	③	④	⑤
49	성격이 모난 쪽으로 갈 가능성이 있는 영유아를 빨리 알아보고 원인과 해결방법을 찾을 수 있다고 생각합니까?	①	②	③	④	⑤
50	동료교사들이 성공적으로 영유아들을 지도할 수 있도록 도와줄 수 있다고 생각합니까?	①	②	③	④	⑤
51	동료교사, 원장님과 원만하게 잘 지낼 수 있다고 생각합니까?	①	②	③	④	⑤
52	영유아의 정신적, 육체적 건강과 신호를 민감하게 알아차릴 수 있다고 생각합니까?	①	②	③	④	⑤
53	영유아의 눈높이에 맞게 상상력이 풍부한 편입니까?	①	②	③	④	⑤
54	어떤 생각이나 느낌을 언어나 몸짓으로 나타낼 수 있는 능력이 좋은 편입니까?	①	②	③	④	⑤
55	가르치거나 지도하거나 상담하는 일에 흥미를 가지고 있습니까?	①	②	③	④	⑤
56	영유아를 돌보는 일을 좋아합니까?	①	②	③	④	⑤

나의 강점은?

◇ 나의 강점 찾아 동그라미 해보거나 쓰기

지혜	호기심	정직	공감	열광
흥미	낙천적	창의성	너그러움	배움에 대한 사랑
에너지	인간성에 대한 사랑	열의	경탄	목적
용감함	열린 마음	리더십	믿음	연민
공정함	겸손	신중함	장난기	용서
정의	충성심	용기	배려	나눔
약속 지키기...				

◇ 나의 강점 중 영유아 교사로서 역할 수행에 중요한 강점은?

출처: 보건복지부, 육아정책연구소(2016).

CHAPTER

02

보육교사의 역할과 권리

1. 보육교사의 역할
2. 영유아의 발달적 특성과 보육교사의 역할

1. 보육교사의 역할

보육교사는 단순히 영유아를 돌보는 일이 아닌 교육자로서 책임감을 가지고 돌보는 역할을 수행한다. 하루일과 중 영유아와 장시간을 함께 지내는 보육교사는 영유아의 발달에 중요한 영향을 주며, 보육의 질적 수준을 결정하는 주요 요인이다. 성공적인 보육서비스를 위한 가장 중요한 요인은 보육교사이다(신애선, 김영실, 2017). 이렇듯 발달적으로 민감한 시기에 있는 영유아의 보육과 교육을 담당하고 있는 인적자원인 보육교사의 영향력은 보육의 질에 결정적인 역할을 한다.

보육교사는 영유아들이 올바르게 성장하도록 돕고, 영유아의 전인발달과 인격형성, 기본생활 습관 등의 관점에서 보육하는 전문가이다. 영유아에게 있어 보육교사는 상호작용을 통하여 자기를 인식하고 평가하는 준거가 되며 스스로 자아를 인식하게 하는 결정적인 역할을 한다. 보육교사의 보육태도가 민주적이고 수용적인 경우 영유아는 긍정적이고 행복감을 많이 느끼고, 보육교사가 불만이 많고, 부정적인 경우 영유아는 공격적이고 불안한 모습을 가진 성향으로 성장하게 된다(이지희, 2008). 또한, 영유아와 보육교사의 관계가 친밀할수록 영유아의 친사회성이 높으며, 영유아와 보육교사 관계에서 갈등이 많을수록 영유아의 공격성과 부정적 반응이 높다.

이에 보육교사는 영유아 성장과 발달의 자연스런 과정에서 보호와 교육의 전문가로서 신체적, 사회적, 정서적, 지적 발달을 균형 있게 격려할 수 있도록 교육방법을 연구하고 제공해 주어야 한다. 또한, 영유아를 보육하는 교육자로서 영유아의 연령과 발달수준에 적절한 환경과 자극을 제공하며, 부모들이 자녀 걱정 없이 안심하고 사회생활을 할 수 있도록 부모와 정보교환의 원활한 의사소통으로 보육교사나 보육시설에 대한 신뢰감을 형성하도록 돕는다. 어린이집 교육과정 운영을 위한 보육교사의 역할은 다음과 같다.

1) 교육과정 설계자로서의 보육교사

교육과정 설계자로서의 보육교사란 영유아교육의 이론과 실제를 토대로 영유아의 능력에 적합하고 지역사회 및 어린이집에서 중요하다고 여기는 가치나 신념 등을 반영하여 계획하는 것을 의미한다. 이때 보육교사는 어린이집의 철학이나 자신의 철학을 명확히 설정하고, 지역적 · 문화적 상황이나 특성 및 영유아의 발달과 욕구, 흥미를 정확히 파악하고 반영해야 한다. 그리고 0세~만 1세, 만 2세 보육과정과 만 3~5세 누리과정에서 추구하는 인간상, 교육목적, 교육목표 및 내용을 반영해야 한다.

또한 교육과정을 설계한다는 것은 어린이집에서 하루, 한 주, 한 달, 한 학기, 일 년의 시간을 어떻게 살아갈 것인가에 대한 교육내용과 시간을 조직하는 과정을 일컫는다. 보육교사는 교육과정의 설계 시 각 기관의 실정에 맞게 교육계획을 수립한다.

보육교사는 전체 또는 개별 영유아가 진행하고 있는 놀이에 초점을 두되 영유아가 생활 속에서 경험하고 있는 크고 작은 관심사, 일상생활을 편안하게 유지하기 위하여 필요한 경험, 계절이나 날씨와 같은 자연적인 현상, 기관의 특별한 행사 등을 반영하여 계획할 수 있다. 연간, 월간, 주간, 일일계획안의 형식이나 분량을 자율적으로 할 수 있으며 통합하거나 선택적으로 활용할 수 있다.

연간계획은 학급 차원보다는 기관 차원에서 수립하는 것이 일반적이며 일 년간의 중요한 경험(예: 기관 적응, 계절, 명절, 그 해의 특별한 국가적 행사, 기관 행사, 진급 등)을 미리 염두에 두고 계획한다.

월간, 주간과 일일계획을 모두 수립하여야 하는 것은 아니며 하나만 선택하여 작성할 수도 있다. 기관에 따라서 계획안이라는 문서에 실행과 평가를 동시에 기록하고 있으므로 계획, 기록, 평가를 통합한 양식을 놀이기록과 평가, ○○반 놀이 이야기 등 다양한 명칭으로 부를 수도 있다. 보육교사는 교육과정 실천자이자 연구자로서 부단히 노력하고, 가정과 지역사회의 협력과 참여를 이끌어 냄으로써 교육과정이 개선되도록 한다 (교육부, 보건복지부, 2019).

표 2-1 두 개의 주제를 반영한 월간교육계획안의 예

<table>
<tr><th colspan="2">주</th><th>5월 1주</th><th>5월 2주</th><th>5월 3주</th><th>5월 4주</th></tr>
<tr><td rowspan="2">놀이
(바깥
놀이
포함)</td><td>봄</td><td>• 봄꽃 만들기
• 모형꽃, 화분으로 놀기
• 산책 사진으로 만든 책</td><td>• ~~꽃가게 꾸미기~~
• ~~꽃씨 마라카스~~
• 씨앗 그림책</td><td>• ~~꽃가게 놀이~~
• ~~꽃모양 막대인형~~</td><td>• 티슈로 나비 만들기
• 봄의 곤충 그림책</td></tr>
<tr><td>반짝이
끈</td><td colspan="4">유아의 흥미에 따라 새로운 주제 '반짝이끈'이 시작되었고, 이를 반영함
• 반짝이끈 가지고 나가 놀기
• 반짝이끈 나뭇가지에 묶기
• 반짝이끈으로 만든 도구로 운동하기</td></tr>
<tr><td colspan="2" rowspan="4">활동</td><td colspan="4">유아의 흥미에 따라 새로운 주제 '반짝이끈'이 시작되었고, 이를 반영함
• 우리 교실에는 어떤 장난감이 있으면 좋을까?
• 상자와 반짝이끈으로 어떻게 놀이할 수 있을까?
• 놀이의 진행과정에 따라 문제해결 의견 나누기</td></tr>
<tr><td colspan="4">• 동화 '우리 가족' 동화 '봄소풍</td></tr>
<tr><td>• 노래 '봄에 피는 꽃'</td><td>• ~~봄꽃 찾아오기 게임하기~~
• 반짝이끈으로 신체 표현하기</td><td>• ~~노래 '씨앗이 자라서'~~
• 반짝이끈으로 게임하기</td><td>• ~~노래 '개미'~~
• 애벌레 신체 표현하기</td></tr>
<tr><td colspan="4">필요한 경우 활동을 통해 유아의 놀이를 지원함</td></tr>
<tr><td colspan="2">행사일정</td><td colspan="4">5일 - 원내 어린이날 행사 / 8일 - 원내 어버이날 행사 & 포토존
22일 - 원내 손씻기 교육 / 29일 - 급식도우미 활동</td></tr>
</table>

출처: 교육부, 보건복지부(2019).

표 2-2 놀이 실행 및 지원을 기록한 주간교육계획안의 예

주제	우리 동네	목표	내가 살고 있는 곳에 대해 궁금한 것을 알아본다.
요일	**실행**	**지원**	
목	• 교실 한편에 있는 지도에 대해 관심을 가지고 가장 빨리 가는 길에 대한 대화를 나눔.	• 인터넷을 활용하여 유아가 지도를 잘 볼 수 있도록 지원함.	
금	• 인터넷으로 본 지도를 보며 그림으로 길을 표상함. • 교실에 있는 종이가 작다고 하면서 점점 더 큰 크기의 종이를 요청함.	• 더 큰 종이 제공함 : 도화지 → 4절지 → 전지 → 전지 이어 붙여서 그림 그리기	
월	• 지난주 금요일에 이어 길을 그림으로 표상함. 그림에서 일반도로뿐 아니라 다양한 길(예: 지하철, 고속도로 등)에 대한 표상이 나타남. • 종이를 이어 붙이는 것의 불편함과 더불어 이어 붙인 종이 위에 올라가서 그림을 그리자 다시 그릴 공간이 좁아지는 상황이 벌어짐.	• 문제해결 방법에 대해 유아들과 토의하였고 복도에 나가서 그림을 그리기로 결정함. • 종이는 계속 이어 붙이기 어려워 바닥에 그림을 그리면 좋겠으나 바닥을 훼손하면 안 되므로 다음날 교사와 함께 자료실에 가서 바닥에 그리기 적절한 그리기 도구가 있는지 찾아보기로 함.	
화	• 자료실에 가서 바닥에 그리고 지우기 적절한 그리기 도구를 찾다가 우연히 테이프를 발견하고 테이프로 길을 만들자고 함. • 유아가 선택한 자료인 테이프로 유아는 복도에서 길을 만들기 시작함.	 • 교사와 유아가 함께 자료실에 가서 유아가 선택한 자료(절연 테이프)를 제공함. • 교실 외 놀이 공간(복도) 활용함.	
수	• 복도에서 이어서 놀이함. 길이 더 길어지고 커짐. • 색테이프를 요청함. • 테이프로 벽에도 표상을 시작함 노랑-고속도로 파랑-1호선 초록-2호선 빨강-3호선 "아파트는 바닥X. 서있잖아."	• 벽까지 올라가서 어떻게 다 떼어 정리하나 걱정도 되었지만 유아들의 놀이를 지켜보기로 함. • 요청에 따라 다양한 색깔의 테이프 추가 제공함. • 테이프로 만든 길 위에 입체적으로 동네를 구성할까 싶어 종이벽돌블록과 소품 일부를 제시해 보았음.	

목	• 제시한 블록, 소품에 관심을 보이지 않음. 오로지 테이프로만 길 만들기에 집중함. • 복도도 테이프 길로 거의 꽉 차고, 멈춰야 되는지 다른 공간으로 길을 확장해도 괜찮은지 묻기 시작함. • 유아들과 토의 후 계단, 강당까지 가기로 함. • 길/미로/경사로 관련 대화가 오감.	• 유아가 안전하게 놀이하도록 교사도 전체를 관찰하지만 평소 놀이하던 공간이 아니고 다른 학급의 유아들도 오가는 공간이므로 안전하게 놀이할 수 있도록 안전에 대해 짧게 이야기를 나눔. • 유아들의 의견을 받아들여 복도에서 계단과 강당까지 기관 전체로 이어서 놀이하는 것으로 함.
금	• 테이프로 길 만드는 유아들이 줄어들고, 복도나 계단에서 길 만들기 놀이를 하기보다는 뛰어다니는 유아들이 많아짐. • 테이프를 떼어 정리하는 과정에서 돌돌 말린 테이프가 공처럼 되었고 테이프 공은 다시 유아들에게 새로운 놀잇감으로 보이기 시작함.	• 길 만들기 놀이에 대한 관심이 줄어들었음. • 정리도 유아와 함께 진행함. 정리하는 과정에서 새로운 놀이자료(테이프 공)를 발견함. • 테이프 공을 활용하여 놀이할 수 있는 방법을 유아들 스스로 창안하기 시작함.

출처: 교육부, 보건복지부(2019).

표 2-3 일과를 일상생활, 놀이, 활동으로 구분한 일일보육일지 작성 사례

<table>
<tr><td colspan="3" rowspan="2">일 일 보 육 일 지 (만 세)</td><td rowspan="3">결
재</td><td>담임</td><td>원장</td></tr>
<tr><td rowspan="2"></td><td rowspan="2"></td></tr>
<tr><td colspan="2">날 짜</td><td>년 월 일( ) 날씨:</td></tr>
<tr><td colspan="2">통합보육</td><td colspan="4">등원(7:30~9:00) 하원(16:00 ~17:00)</td></tr>
<tr><td colspan="2">일과(시간)</td><td colspan="4">계획 및 실행</td></tr>
<tr><td rowspan="3">일상
생활</td><td>간식
(9:00~9:20)
(15:40~16:00)</td><td colspan="4"></td></tr>
<tr><td>점심식사
(12:20~13:20)</td><td colspan="4"></td></tr>
<tr><td>낮잠 및 휴식
(13:20~14:20)</td><td colspan="4"></td></tr>
<tr><td rowspan="2">놀이</td><td>실내놀이
(9:20~10:40)
(14:20~15:40)</td><td colspan="4">
• 놀이상황
놀이터에서 진행한 나무껍질 딱지놀이를 교실에서도 계속 하기 희망함. 미술영역 등에서 다양한 재질의 종이를 찾더니 딱딱한 종이를 찾아 딱지접기를 함.
• 놀이지원
유아들이 딱지에 관심이 높아 기존 재료 외로 부족한 두꺼운 재질의 종이, 잡지 등을 추가로 제시함. 또한, 유아들이 이야기하는 딱지 크기에 맞추어 종이를 잘라서 딱지 접기를 지원함.</td></tr>
<tr><td>바깥놀이(대체)
(11:00~12:20)</td><td colspan="4">
• 놀이상황
놀이터에서 유아들이 나무 밑에 떨어진 나무껍질을 수집하며 딱딱한 성질을 발견하더니 한 유아가 “이거 딱지 같아”라고 이야기함. 유아들이 나무껍질을 모아 딱지놀이를 시작함.</td></tr>
</table>

활동 (10:40~11:00)	• 교통안전교육 '신호등을 보고 건너요'라는 주제로 안전교육이 이루어지면서 길을 건너는 상황에 따라 안전하게 신호등을 보고 건너는 방법을 알아볼 수 있었음. 가정연계로 유아들이 부모님과 신호등을 보고 길을 건너 볼 수 있도록 안전교육 내용을 안내해야겠음
놀이 평가 및 다음날 지원 계획	딱지놀이가 지속적으로 진행되면서 유아들이 자신이 만든 딱지를 어디에 보관해야 할지 고민하는 모습을 볼 수 있었음. 내일은 유아들이 딱지 가방이나 보관함을 만들어 볼 수 있도록 종이상자, 리본끈 등의 조형재료를 추가로 제공해 주어야 하겠음
반 운영 특이사항	부모 개별면담) ○○○, ○○○, ○○○

일지작성 TIP

일과를 일상생활, 놀이, 활동으로 구분하여 계획 및 실행 내용과 지원 계획을 작성한다.

- 놀이 : 놀이시간에 정리 및 전이시간이 포함되므로 이를 고려하여 충분한 놀이시간을 확보·실시하고 계획된 놀이와 우연히 일어난 놀이상황을 기록한다.
- 놀이 평가 및 다음날 계획 : 실행된 놀이에 대한 간단한 평가와 다음날 지원 계획을 기록한다.
- 반 운영 특이사항 : 부모면담, 안전사고, 감염병 발생 등을 간략히 기록한다.

2) 일과 계획 및 운영자로서의 보육교사

일과 계획 및 운영자로서의 보육교사는 각 기관의 실정에 따라 적합한 계획을 수립하여 운영하되, 계획안에는 보육교사가 기관과 학급(반) 수준에서 영유아의 놀이를 지원하기 위해 필요한 사항을 미리 생각하여 준비하는 모든 과정이 포함될 수 있다. 계획안을 작성할 때에는 교육과 보육 모두를 포괄하여 영유아의 경험이 교육적 가치를 가지도록 놀이를 중심으로 기록하고 교사의 지원 방안을 기술한다.

영유아는 하루일과에서 놀이, 일상생활, 활동 등을 하면서 다양한 경험을 한다. 보육교사는 하루일과에서 영유아의 놀이, 일상생활, 활동을 포함하여 운영함으로써 영유아가 즐겁게 하루를 보낼 수 있도록 한다. 교사는 미리 계획한 활동을 모두 해야 한다거나 정해진 순서대로 일과를 운영해야 한다는 부담을 내려놓고 영유아가 주도하는 놀이의 흐름에 따라 융통성 있게 일과를 운영하도록 한다(교육부, 보건복지부, 2019).

표 2-4 유아의 흥미에 기반하여 활동을 실시함으로써 유아의 놀이를 지원한 사례

활동	흙 관련 동화 듣고 이야기 나누기
	교사는 흙에 대한 유아의 관심을 발전시키기 위해 적절한 교육적 지원을 고민하다가 다음날 관련 활동을 진행하였다.

	진흙과 관련한 동화를 듣고 흙으로 할 수 있는 놀이에 대해 이야기 나누었다. 유아들은 동화에 나온 것처럼 진흙을 이용하여 "동글동글 만들어서 던지고 놀래요." "흙이랑 물이랑 넣고 이렇게, 손으로 이렇게 이렇게 하면서 놀고 싶어요." "그럼 물감처럼 돼요?" "흙을 두 번, 세 번…. 이렇게 더 많이 넣으면 진짜 흙같은 색깔이 만들어질 것 같아요." "책이랑 똑같은 인형을 만들고 싶어요." 라며 흙과 물을 섞어 흙물감을 만들고, 인형을 만들어 놀이하고 싶다고 하였다. 유아들의 제안을 반영해 다음날 정원에서 놀이를 진행하기로 하였다.

교사의 놀이 지원 실제	편성 및 교수-학습
교사는 진흙 관련 동화를 들려주고 유아들과 흙을 이용한 놀이에 대해 이야기를 나누었다. 이러한 활동은 일시적으로 나타났다 사라질 수 있었던 젖은 흙과 흙물에 대한 관심을 유아들이 즐거운 놀이로 이어 나갈 수 있도록 하였다.	일과의 변화 (놀이를 지원하기 위한 활동)

출처: 교육부, 보건복지부(2019).

표 2-5 유아의 의견을 반영하여 일과를 조정한 사례

<table>
<tr><td rowspan="4">활동</td><td colspan="2">지렛대 놀이에 대한 이야기 나누기</td></tr>
<tr><td colspan="2">게임 활동 후 유아들은 지렛대 놀이에 대한 흥미가 커졌고, 교실 안에서도 지렛대 놀이를 하였다. 또다시 지렛대 놀이로 인해 불편함을 느끼는 유아가 있어, 교사는 교실 안에서 지렛대 놀이 시 지켜야 할 약속과 놀이방법에 대해 이야기 나누었다.</td></tr>
<tr><td>교사는 유아들의 요청에 따라 세모 받침대를 제공하였는데, 지렛대가 자꾸 미끄러졌다.
유아들은 새롭게 사용할 지렛대로 자료실에서 폼보드를 골랐다.
놀이를 하던 중 유아는 지렛대의 높이뿐 아니라 받침점의 위치에 따라 날아가는 거리가 달라짐을 알게 되었다.
점차 유아들의 놀이는 상자에 물체를 골인시키는 게임으로 발전되었다.</td><td>1. 동그라미 카펫 안에서 놀이해요.
2. 만약에 친구의 몸에 맞으면 실수하였더라도 사과해요.</td></tr>
<tr><td></td><td>
"발사!"</td></tr>
</table>

교사의 놀이 지원 실제	편성 및 교수-학습
교실 안으로 옮겨진 지렛대 놀이로 다시 유아 간 갈등이 빈번해지자 교사는 일과를 변경하여 이야기 나누기 활동을 진행함으로써 유아의 놀이를 지원하였다	일과의 변화 (놀이를 지원하기 위한 활동)
유아들의 요청에 따라 세모 받침대를 제공하였고, 새로운 종류의 지렛대를 제공하기 위해 유아들과 함께 자료실에 가서 의논 후 폼보드를 제공하였다.	자료의 변화 (유아가 발견한 자료 지원)

출처: 교육부, 보건복지부(2019).

보육교사는 영유아가 활동에 참여할 때 지속적으로 관찰하고 적절한 개입과 의사소통을 해야 하며, 영유아는 환경과의 적극적 상호작용을 통해 학습하므로 적합한 환경 및 학습활동을 계획해야 한다.

- **학습을 촉진하는 상호작용자**
  보육교사는 단순한 지식의 전달자가 아니라 학습을 촉진하는 상호작용자의 역할을 적절히 수행하고, 상호작용 과정에서 영유아가 스스로 문제를 해결하고 질문에 대한 답을 찾아갈 수 있도록 지원하는 역할을 해야 한다.
- **놀이의 촉진자**
  보육교사는 놀이에 적합한 환경을 구성하고 필요한 자료를 제공해 주며 영유아의 놀이를 세밀하게 관찰하고 보육교사의 도움이 필요할 때 적절히 개입하여 영유아가 놀이를 심화, 확장시켜 가도록 촉진하는 역할을 해야 한다. 보육교사가 영유아의 놀이에 얼마나, 어떻게 개입하느냐의 개입 수준은 영유아 놀이의 종류, 내용, 놀이의 발달수준, 놀이에 참여한 개인 및 집단의 특성 등을 토대로 결정한다.
- **관찰자**
  보육교사는 관찰한 내용을 그때그때 기록으로 남기고, 자신의 선입견이나 주관을 최대한 배제하면서 영유아의 행동을 객관적으로 기술하기 위한 노력을 기울여야 한다. 적절한 관찰시간을 정하여 각 영유아의 놀이 상황을 객관적으로 관찰하려고 노력해야 한다.
- **물리적 환경 및 심리적 분위기 조성**
  보육교사는 영유아가 정서적으로 안정감을 느낄 수 있는 물리적 환경 및 심리적 분위기를 조성해야 한다. 가정과 같이 편안하고 안락한 환경과 예측 가능한 환경(예: 하루일과, 보육교사, 또래 집단, 물리적 환경에의 일관성 등)을 조성해야 한다.
- **수용적이고 반응적인 태도**
  보육교사는 수용적 태도와 영유아를 존중해 주는 반응적 태도를 보며 영유아가 자신감을 가지고 활동에 참여할 수 있도록 적절한 칭찬과 격려를 통해 성취감을 느낄 수 있도록 한다.

3) 상담자 및 조언자로서의 보육교사

상담자 및 조언자로서의 보육교사란 영유아와 상호작용하면서 정서적으로 지지해 주고 지원해 주는 보호자의 역할을 효율적으로 수행하기 위해 가정과의 협력이 필요한 경우, 부모를 대상으로 상담자이자 조언자의 역할을 수행하는 것을 의미한다. 보육교사는 영유아들이 어릴수록, 학기 초일수록, 종일반에 다닐수록 정서적 불안감을 더 느낄 수 있으므로 영유아가 정서적으로 안정감을 가질 수 있도록 지지해 주어야 한다.

4) 생활지도자로서의 보육교사

생활지도자로서의 보육교사란 영유아가 지켜야 할 예절이나 질서 또는 규칙에 대해 올바른 습관을 형성하도록 지원하는 것을 의미한다. 영유아기는 기본생활습관이 형성되는 중요한 시기로 평생 영향을 미치므로 매일의 생활과 놀이 상황을 통해 올바른 습관을 형성해 줄 수 있도록 도와주어야 한다.

- **토의활동**
  예절, 질서, 규칙이 필요한 상황에 대해 생각하고 토론해 볼 수 있는 기회를 제공하여 영유아 스스로 올바르게 판단하고 실천하도록 도와주어야 한다. 일상생활의 문제 상황을 주제로 선정하는 것이 효과적이다.

- **모델링**
  보육교사 자신이 기본생활습관의 모델링을 보임을 통해 바람직한 습관 형성을 돕는다.

5) 현장 연구자로서의 보육교사

현장 연구자로서의 보육교사란 어린이집에서 부딪히는 실제적 문제 상황을 해결하기 위해 노력하거나 새로운 이론 및 활동을 현장에 적용하는 것을 의미한다. 보육전문가인 보육교사는 한 수준에 머무르지 않고 지속적으로 발전해 나가야 하므로 연구자로서의 태도와 능력을 갖추는 것이 필요하며 전문적이고 다양한 시각으로 보육활동을 이해하고 반성적으로 사고함으로써 전문성을 높이고 영유아의 전인적 발달을 도울 수 있다. 보육교사는 영유아와의 문제 상황에 직면할 때 이러한 문제를 현장 연구의 자료로 활용하여 문제점이 무엇인지를 정확히 파악하고 이를 해결하기 위한 다양한 전략을 찾아 적용하

고 분석해 볼 수 있다. 이와 같이 실제적 차원에서 연구와 관련한 아이디어를 산출하고 문제 상황을 해결하고 이론과 실제의 차이를 메우기 위해 노력한다.

6) 행정업무 및 관리자로서의 보육교사

행정업무 및 관리자로서의 보육교사란 어린이집의 시설, 설비, 교재 · 교구의 구입 및 관리, 원장 · 동료 · 학부모와의 관계 형성, 원아모집 및 학급 편성, 영유아의 영양 · 건강 · 안전지도 등의 역할을 수행하는 것을 의미한다. 보육교사는 어린이집의 교육과정의 운영계획 수립 시 교육계획과 연계하여 연간 행사, 부모교육 프로그램, 건강과 안전 프로그램 등을 구체적으로 계획해야 하며 이를 위해 전년도 어린이집 운영 평가 결과나 학부모 등의 요구를 반영해야 한다. 또한 보육과 교육의 효과성을 높이기 위해 가정과의 협력이 중요하므로 가정통신문, 다양한 부모 프로그램의 운영 등을 통해 어린이집과 가정이 긴밀히 협력할 수 있도록 한다.

7) 의사결정자로서의 보육교사

의사결정자로서의 보육교사란 어린이집에서 일어나는 모든 일에 대해 전문적으로 판단하고 결정을 내리는 것을 의미한다. 보육교사는 가르친다는 일의 불확실성과 역동성으로 인해 영유아의 활동, 교육의 목표와 내용 및 방법들에 대해 끊임없이 의사결정을 내려야 하는 많은 상황과 직면하게 된다. 이때 그 상황에 적합한 최선의 방안을 찾아 결정을 내리는 의사결정자의 역할은 중요하다.

- **관찰과 기록** : 보육교사는 효과적인 의사결정을 내리기 위해 영유아를 관찰하고 기록해 이를 프로그램의 운영에 반영한다(언제, 어디서, 어떻게 상호작용할지, 어떤 부분을 수정할지 등).

8) 동료와 협력자로서의 보육교사

동료와 협력자로서 보육교사란 어린이집 조직의 일원으로 동료들과 협력적 관계를 형성하고 경험을 공유하면서 공동의 책임감과 목적을 갖고 어린이집 교육의 질을 높이기 위해 참여하는 것을 의미한다.

영유아들이 또래와 활동하며 많은 것을 배우는 것처럼 보육교사도 동료교사와 함께 경험과 생각을 공유하고 배우는 기회를 통해 상호 협력하여 전문성 개발을 도모해야 한다.

2. 영유아의 발달적 특성과 보육교사의 역할

1) 0세~만 2세 영아의 발달적 특성과 보육교사의 역할

영아기는 출생하여 한 달(신생아기) 이후부터 만 2세까지의 시기이다. 이 시기는 영아기 정서발달과 신체발달이 급격히 이루어지므로 보육교사는 영아와 안정된 애착 형성을 위해 노력해야 한다. 또한, 발달상의 개인차가 뚜렷한 영아기 특성에 따라 영아의 개별적인 특성을 배려해서 개별화된 운영을 해야 하며, 영아발달에 효과적인 물리적 환경을 구성해서 영아에게 학습경험을 선택할 기회를 제공한다.

0세~만 2세 영아의 발달적 특성과 보육교사의 역할을 영역별로 살펴보면 다음과 같다.

(1) 신체발달

영아기의 신체적 성장은 '성장급등기'라고 불릴 만큼 빠른 속도로 이루어진다. 특히 출생 후 첫 1년간은 생애에 걸친 발달에 많은 영향을 미치고 두뇌발달에 결정적인 시기이며 새로운 운동기능과 감각능력이 빠르게 발달한다.

① 신체적 성장

생후 1년 동안 영아는 빠른 신체적 성장으로 신장과 체중이 빠르게 증가하고 그 외에도 골격과 근육, 중추신경계 등의 신체 내부의 발달도 급속도로 이루어진다. 신체 각 부분의 상대적인 비율도 키와 몸무게의 증가와 함께 달라져 머리 크기는 출생 때에 몸 전체의 1/4이었던 것이, 만 1세가 되면 1/5로 줄어들게 된다.

② 운동기능의 발달

운동기능의 발달은 대부분 운동발달 순서와 시기는 비슷하지만 개인차가 있다. 운동발달 중 기기, 걷기, 뛰기, 달리기와 같은 움직임은 대근육 운동이 요구되는 것이고 손으로 물체를 쥐거나 붙잡고 조작하는 정교한 운동기술은 소근육 운동을 필요로 한다. 또한 운동능력은 머리에서 다리로, 몸통에서 몸의 말단으로, 전체적인 동작에서 세부적인 동작으로 발달한다.

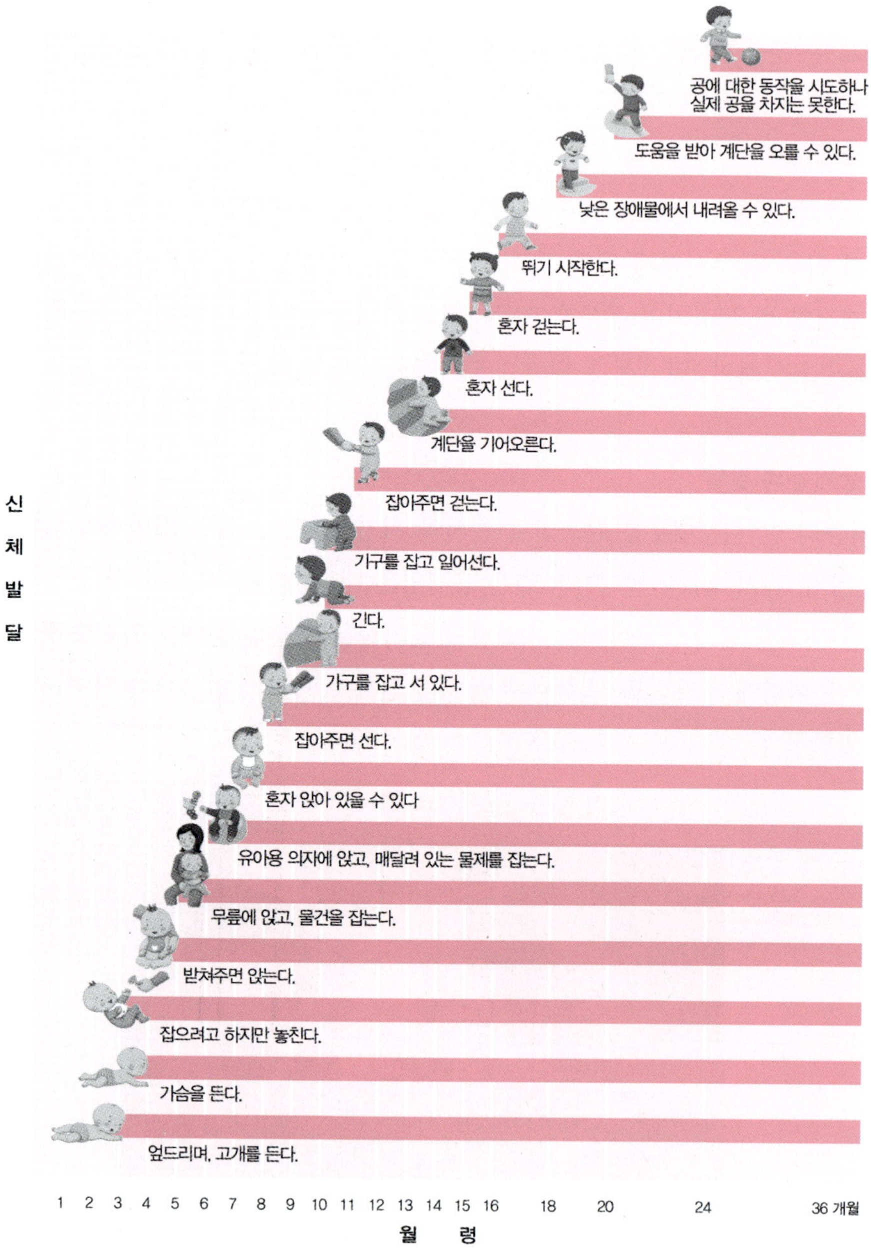

출처 : 보건복지부, 육아정책연구소(2013).

그림 2-1 신체발달 단계 총괄표

③ 감각과 지각의 발달

영아는 선천적으로 타고난 감각기관을 토대로 여러 가지 자극에 반응하는 감각활동을 할 수 있고 이러한 감각활동에 근거하여 지각경험을 하게 된다. 따라서 영아기는 감각운동 발달의 기초가 되는 시기이므로 여러 가지 감각적 경험을 할 수 있도록 자극을 제공하는 것이 필요하므로 영아가 일상생활 속에서 오감을 발달시킬 수 있도록 환경을 구성해 주는 것이 중요하다.

표 2-6 영아의 신체발달과 보육교사의 역할

연령	보육교사의 역할	
0세~ 만 1세	• 감각운동이 발달의 기초가 되는 시기임을 고려하여 일상생활 속에서 영아가 여러 가지 감각적 경험을 할 수 있도록 시각, 청각, 촉각, 후각 등의 감각적 자극을 제공한다. • 보육교사와 함께 하는 신체활동에서 애착이 커지는 시기이므로 충분한 신체활동을 통한 심리적 안정감을 얻도록 해준다. • 머리를 가누는 시기나 걷기 위하여 습득해야 할 균형감 등 영아기의 신체조절력과 운동발달 특성을 이해하고, 또한 개인차가 많은 시기임을 고려한다. • 영아의 신체발달 속도가 매우 빠르므로 시간에 따라 달라지는 영아의 움직임과 신체조절능력을 관찰한 후 적절히 상호작용을 해준다. • 간단한 신체놀이를 반복함으로써 운동능력과 협응능력이 발달할 수 있도록 돕는다. • 높이가 낮은 오르고 내리기 기구, 매트, 스펀지 블록 등 대근육 활동을 촉진할 수 있는 기구를 제공해 준다. • 물건 잡기, 밀고 당기기 등 손을 이용하는 다양한 활동과 놀잇감을 제공한다. • 영아가 자유롭게 몸을 움직일 수 있는 개방된 공간을 제공하고, 안전을 위하여 반드시 보육교사가 지켜보도록 한다. • 영아용 그네(등받이가 있고, 앞뒤 옆으로 바가 있는 영아용 그네), 기어오를 수 있는 언덕이나 계단이 있는 큰 스펀지 블록을 제공한다.	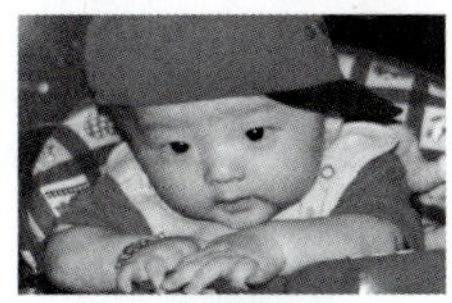 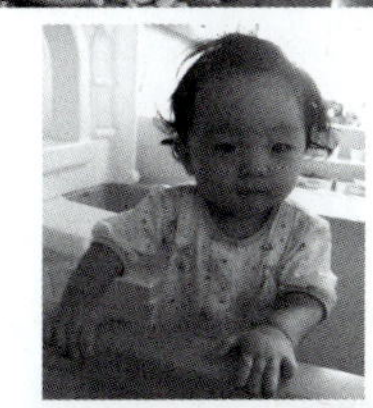   

만 2세	• 먹고, 씻는 등의 일상생활과 자연환경 속에서 접할 수 있는 다양한 감각적 경험을 충분히 활용한다. • 신체를 이용한 놀이나 게임을 통해 자연스럽게 신체 부분을 인식할 수 있도록 몸을 움직일 때 신체의 명칭이나 움직임에 대해 언어적 상호작용을 한다. • 오감을 자극할 수 있는 다양한 자료를 준비하고 환경을 구성한다. • 안정된 걷기는 가능하나 동작기술이나 조절능력이 미숙한 시기이므로 빠르게 변화하는 영아의 움직임과 신체조절 능력을 잘 관찰하고, 개인차를 고려하여 적절히 상호작용한다. • 구슬 꿰기, 실 꿰기 등 간단한 조작 교구를 제공함으로써 영아들의 소근육 발달을 돕고 눈과 손의 협응력을 기르도록 돕는다. • 기본적인 신체운동을 할 수 있는 시간을 규칙적으로 제공하고, 신체활동 후에는 간단한 휴식시간을 마련하여 신체리듬의 조절을 돕는다.	  

출처: 보건복지부(2014) 재구성.

(2) 인지발달

인지는 인간의 정신적 사고과정을 의미하는 것으로, 출생에서 만 2세까지 영아의 인지발달은 영아가 언어적인 기술을 획득하는 것처럼 사고와 추론기술을 발달시키는 과정을 말한다. 인지적 성장은 영아기에 급속도로 이루어지는데 피아제는 인지발달 단계에서 영아기를 감각운동기로 명명하였다.

① 피아제의 감각운동기

이 시기의 영아는 감각과 운동 간의 관계를 발견하고 조절하는 것을 배운다. 감각운동기는 6개의 하위단계로 나누어진다.

표 2-7 Piaget 감각운동기의 하위 6단계

반사 운동기 (출생 ~ 약 1개월)
빨기·잡기 등의 반사적 행동 양식을 나타낸다(예: 입에 닿는 것은 무엇이든지 빨려고 함).

↓

1차 순환 반응기 (1 ~ 4개월)
시각·청각적 변별 능력을 나타낸다. 이전 반사 행동에서는 초보 수준이지만 의도성을 띤 조절 행동으로 변화한다. 행위 도중 우연히 흥미 있는 결과가 나타나면 이를 반복하려고 한다(예: 손가락을 빠는 것이 아주 재미있는 일).

↓

2차 순환 반응기 (4 ~ 8개월)
의도적으로 어떠한 행동을 시도한다. 흥미 있는 결과를 기대하며 반복하여 행동하기를 즐긴다. 수단과 목적과의 관계에 대한 초보적인 지식을 갖게 된다(예: 우연히 딸랑이를 흔들어 소리가 났을 경우, 영아는 잠시 멈추었다가 다시 한 번 그 소리를 듣기 위해 딸랑이를 흔드는 행위를 되풀이 하게 됨).

↓

2차 순환반응의 협응기 (8 ~ 12개월)
목적을 달성하기 위해 수단을 사용한다. 수단과 목표를 구분한 의도적 행위를 통해 문제 해결을 시도한다(예: 영아가 자신이 원하는 놀잇감을 얻기 위해 방해물을 치움).

↓

3차 순환 반응기 (12 ~ 18개월)
새로운 결과를 위해 다양한 탐색 행동을 시도한다. 시행착오가 나타난다(예: 영아는 팔이 닿지 않을 경우 원하는 놀잇감을 갖기 위해 막대기를 사용하여 밀어보는 시도를 함).

↓

정신적 표상기 (18 ~ 24개월)
시행착오를 거치지 않고 원인과 결과를 추론하는 능력이 생긴다. 기초적인 상징체계를 사용하기 시작한다. 지연 모방이 나타난다(예: 아버지가 세차하는 것을 형이 도와드리는 것을 목격한 영아가 그 다음날 걸레를 들고 자기 세발자전거를 닦는 시늉을 함).

② 대상영속성

감각운동기에 획득하게 되는 중요한 능력 중의 하나인 대상영속성은 사람이나 사물이 보이지 않더라도 계속 존재하고 있다고 인식하는 것이다. 첫째, 자아는 주변 세계와는 물리적으로 분리된 독립된 존재이며 둘째, 주변의 물체는 시야에 있지 않다 하더라도 계

속적으로 존재한다는 것이다. 감각운동기가 끝나는 만 2세 정도의 영아는 대상영속성의 개념을 지니고 있다.

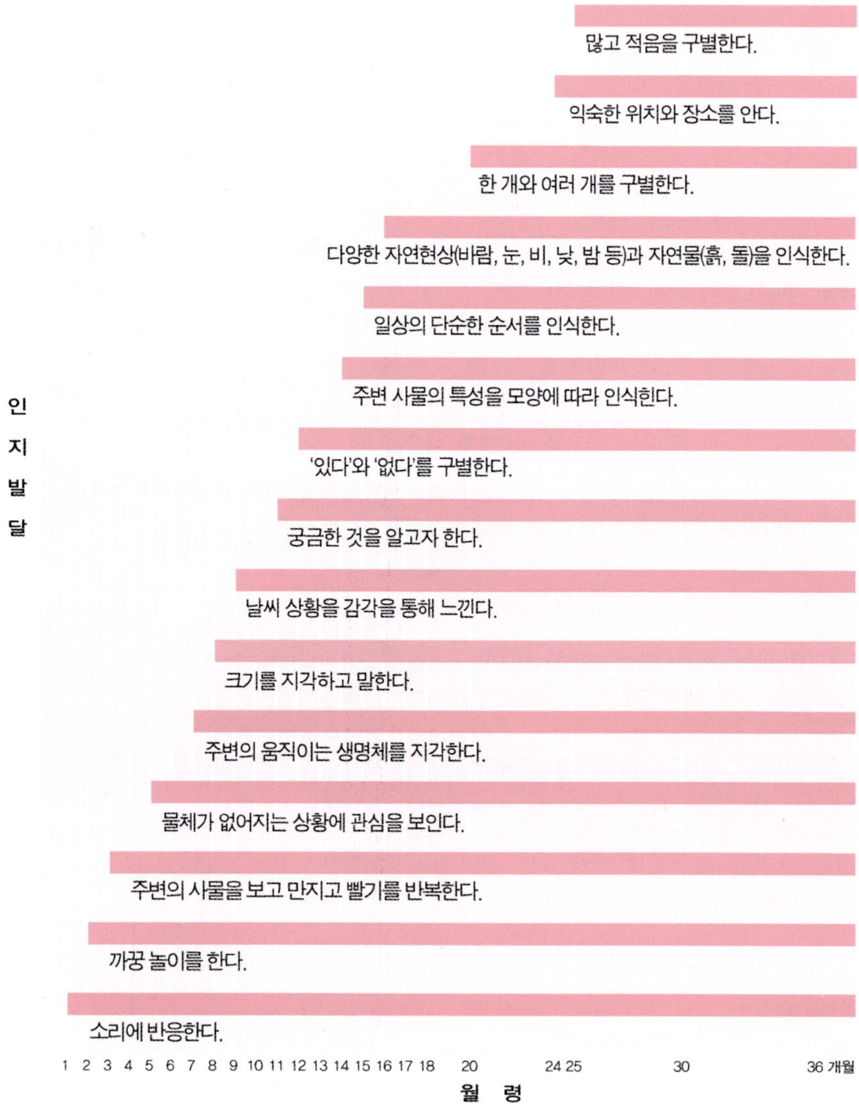

출처: 보건복지부, 육아정책연구소(2013).

그림 2-2 인지발달단계 총괄표

표 2-8 영아의 인지발달과 보육교사의 역할

연령	보육교사의 역할	
0세~ 만 1세	• 영아가 주변 사물과 자연세계에서 관심을 보이는 것에 함께 주의를 기울이며 관심을 공유하고, 주변의 사물에 대해 반복하여 탐색할 때는 시간을 충분히 제공하고, 다른 탐색활동으로 확장하도록 지원한다. • 충분한 놀잇감을 제공하고 충분히 탐색할 수 있는 기회를 주고 난 다음 놀잇감의 사용방법을 알려준다. • 영아의 탐색행동에 대해 감각적, 조작적 경험을 공유하고 표정, 몸짓, 언어를 통해 지원하고 격려한다. • 영아가 생활하는 장소를 중심으로 놀잇감이나 사물이 있다가 없는 상황을 경험하게 하고, 영아가 생활하는 공간 내에 익숙한 자리에 있던 물체의 위치를 하나씩 변화시켜 어떠한 물체가 달라졌는지 또는 놀잇감이 있던 곳의 위치가 변했는지에 관심을 갖게 한다. • 영아가 일상생활 속에서 크고 작음을 지각하고, '크다, 작다' 등의 어휘를 듣는 경험을 자주 하게 한다. • 영아가 일상생활에서 자주 사용하고 접하는 사물을 통해 수학적 어휘(하나, 둘, 있다, 없다, 많다, 적다, 여기, 저기)를 자주 접할 수 있도록 상호작용한다. • 영아가 일상에서 까꿍 놀이, 숨기기 놀이, 짝짜꿍, 지암지암(잼잼), 도리도리 놀이 등의 소리와 동작, 일과의 규칙성 등 다양하게 반복되는 것을 경험하게 한다. • 일상생활에서 시각, 청각, 촉각, 후각, 미각(빨기) 등의 다양한 감각적 자극을 제공한다. • 영아들도 움직이는 곤충이나 떨어지는 나뭇잎, 열매 등에 관심을 보이는 경우가 많다. 이때 세밀히 관찰할 수 있는 기회를 제공하여 생명체에 관심을 보이고 반응하도록 한다. • 영아가 버튼을 누르거나 돌리는 등의 조작을 하면 소리, 움직임, 영상 등이 발생하는 놀잇감을 제공한다.	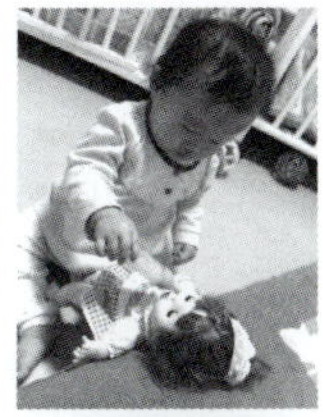 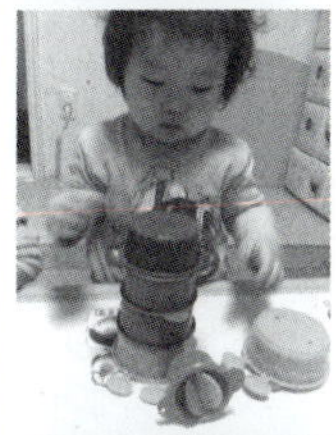  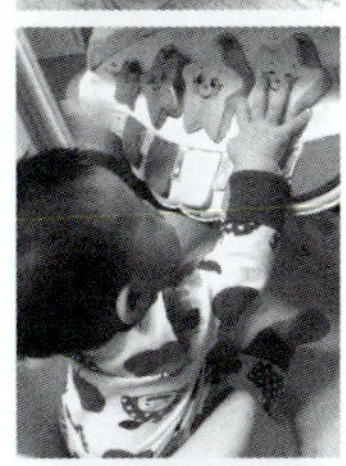 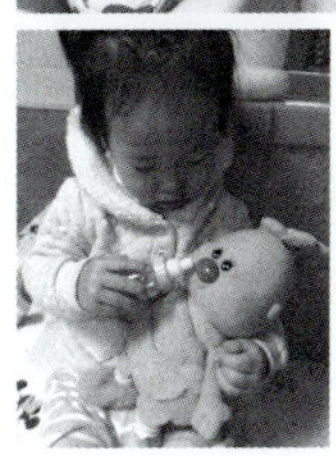

만 2세	• 영아가 일상생활에서 친숙한 물체나 대상의 양을 세면서 '하나, 둘, 셋'으로 수 이름을 말하는 수학적 어휘를 학습하도록 지원한다. • 일상생활에서 '하나 · 둘 · 셋', '많다 · 적다', '높다 · 낮다', '동그라미 · 네모', '크다 · 작다' 등의 어휘를 듣는 경험을 통해 영아가 기초 수학적 사고를 하도록 격려한다. • 영아가 생활하는 곳에서 익숙한 위치와 장소를 알도록, 자신을 중심으로 위치와 방향을 나타내는 수학적 어휘를 사용하도록 격려한다. • 영아가 흥미를 보이는 그림책에 나타난 주인공의 특정 동작이나 의성어 · 의태어를 통해 간단한 규칙성을 경험하게 한다. • 여러 가지 놀잇감(구슬 꿰기, 블록, 자연물, 자동차, 인형 등)을 제공하여 다양한 수학활동을 하게 한다. • 세어 보기, 모양 끼우기, 간단한 모양 맞추기, 점토놀이, 비교해 보기, 비슷한 것끼리 짝짓기 등의 활동을 통해 수학적 경험을 많이 하도록 한다. • 물체를 움직이게 하거나 물질을 변화시키는 놀이를 통하여 능동적인 탐색을 북돋운다. 이때, 영아의 시도를 그대로 따라해 보이며 "○○이가 ~하니 ·· 되었구나?", "○○이가 ~해서 ·· 만들었니?" 등의 질문을 하여 탐색을 격려한다.	  

출처: 보건복지부(2014) 재구성.

(3) 언어발달

영아가 세상과 의사소통을 하기 위해서 중요한 것은 언어이다. 영아기의 언어발달은 울음소리의 분화로 시작되어 옹알이 등의 음성과 몸짓을 사용하기 시작하며 주의집중과 더불어 한 단어, 두 단어, 문장을 구사하는 순서로 발달된다. 특히, 영아기의 의사소통은 비언어적 의사소통(예: 울음, 옹알이, 미소, 몸짓 등)에서 언어적 의사소통으로 발달하는데, 영아기 몸짓의 사용은 이후 유아기 어휘력 발달을 가속화시키는 중요한 요인이다(신애선, 2015).

① 언어의 구성요소

언어발달은 언어의 여러 가지 구성요소에 대한 이해와 규칙에 따라 언어를 적절히 사용할 수 있게 되는 과정으로 말소리, 글, 동작 등의 다양한 형태로 표현되며 음성체계, 의미체계, 문법체계, 화용체계로 나누어 볼 수 있다.

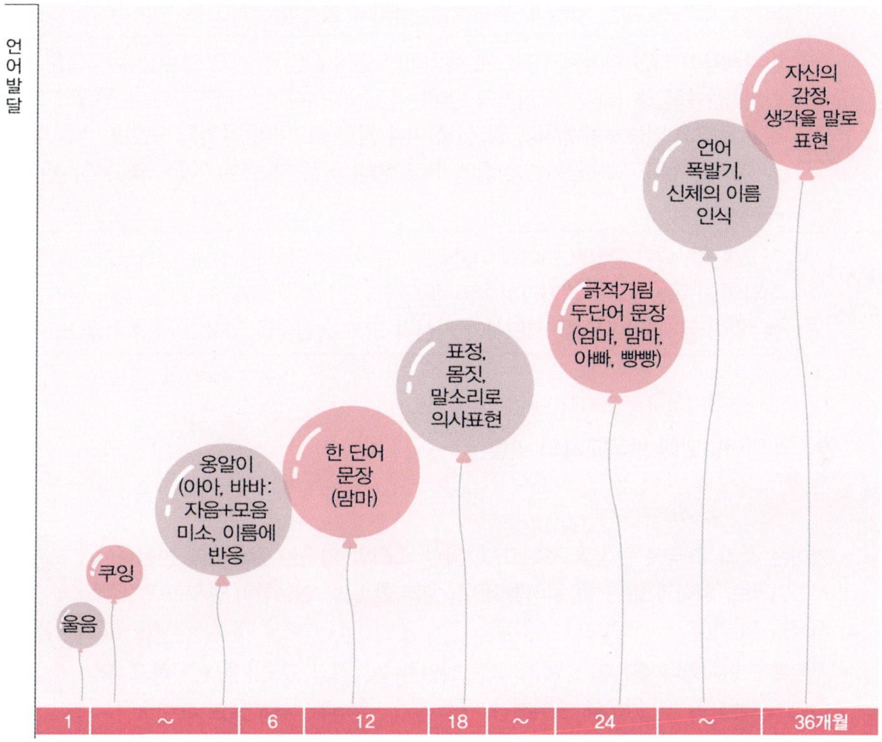

출처: 보건복지부, 육아정책연구소(2013).

그림 2-3 언어발달단계 총괄표

② 언어발달의 단계

언어발달의 단계는 전 언어기(출생~1세), 한 단어 시기(1세~15개월), 두 단어 시기(18~24개월), 언어 폭발기로 발달된다. 언어발달의 과정은 생리적, 인지적, 정서적 그리고 사회적 모든 영역의 발달과 긴밀하게 관련된다.

표 2-9 영아의 언어발달 단계

발달 단계	특징
전 언어기 (출생~1세)	전 언어기 행동에는 울음, 목을 울려 낮게 내는 소리인 쿠잉, '바바바바'와 같이 자음과 모음을 합쳐서 내는 옹알이, 얼굴표정, 그리고 몸짓이 있음.
한 단어 시기 (1세~15개월)	만 1세경이 되면 영아는 처음으로 유의미한 단어를 말할 수 있으며 단일 음절을 단일어로 반복하는 특징을 보임. 이 시기의 단어는 단순히 하나의 단어가 아니라 문장의 의미를 가지고 문장의 기능을 수행하며 얼굴표정이나 몸짓 등의 행동표현을 수반함. 예를 들어 영아가 말하는 '엄마'라는 단어는 상황에 따라 '엄마 이것 봐', '엄마 이리 와' 등의 여러 의미를 포함하게 됨.
두 단어 시기 (18~24개월)	만 2세경이 되면 단일한 단어의 미분화된 사용이 둘 이상 단어들로 결합되기 시작한다. 또한 어휘 수가 폭발적으로 증가하여 250~300개의 단어를 이해할 수 있다. '엄마 맘마', '아빠 빵빵' 같이 두 개의 단어를 결합하여 자신의 의사나 감정을 의미 있게 표현할 수 있음.

표 2-10 영아의 언어발달과 보육교사의 역할

연령	보육교사의 역할	
0세~ 만 1세	• 영아는 소리 자극에 관심을 보이고, 다양한 소리와 익숙한 말소리에 반응하는 시기이므로, 영아가 말을 못 알아듣더라도 가능한 말로 반응하여 풍부한 언어적 자극을 제공한다. • 자유롭게 만지거나 흔들면 소리가 나는 다양한 놀잇감과 교구들을 제공하고, 영아의 주의를 끌 수 있도록 손뼉치기, 두드리기, 콧노래, 노래 등을 들려준다. • 다양한 소리와 옹알이를 시도하고, 말소리 내기를 즐기며, 표정, 말소리와 몸짓으로 자기 의사를 보육교사와 주고받는 활동을 할 수 있다. • 영아가 쿠잉이나 옹알이로 소리낼 때 보육교사는 주의하여 들어주며, 눈을 맞추고 정다운 목소리로 반응하여 보육교사의 말을 영아가 모방하여 말해보게 한다. • 인형이나 그림, 사진, 그림책 같은 여러 가지 자료를 갖추어 언어적 상호작용을 많이 할 수 있는 환경을 마련해 주고, 매일 매일 대화를 하여 영아가 새로운 말과 발음을 익히며 의사소통 기술을 습득할 수 있도록 한다. • 의성어와 의태어가 반복되어 운율과 리듬감이 있는 책, 배변훈련 등과 같은 일상생활의 습관을 다룬 내용이 담긴 책, 한 단어나 짧은 문장으로 구성된 책 등을 제공한다. • 신문지, 한지, 휴지 등 다양한 종류의 종이를 제공하여 마음대로 흔들고, 찢고, 구기고, 뭉치며 탐색해 보도록 한다.	   

만 2세	• 사람의 말소리를 구분하여 듣기부터 짧은 이야기와 노래에 담긴 운율 있는 말을 듣고 즐길 수 있다. • 일상생활의 다양한 상황을 구체적인 말로 표현하여 영아에게 들려준다. • 영아에게 보통의 목소리, 큰 소리, 작은 소리, 귀에 속삭이는 소리 등으로 변화 있게 말해 줌으로써 영아가 소리 크기에 따른 상황이나 분위기를 파악하게 한다. • 보육교사가 하고 있는 일이나 생각을 영아에게 짧은 이야기로 들려주어 영아가 상황에 맞는 어휘와 표현을 익히도록 한다. • 말하고 싶은 것은 많으나 표현이 잘 안 되는 시기이므로, 보육교사는 영아가 천천히 말할 수 있도록 기다려주고 열심히 들어준다. • 가작화 활동이 활발해지는 시기이므로 전화(마이크)놀이, 인형놀이 등 놀이를 하게 하여 혼잣말을 하거나 어른의 말투를 흉내 내며 인형과 대화놀이를 할 수 있도록 환경을 제공한다. • 많은 이야기들을 들어보는 것이 중요한 언어적 정보가 되므로, 보육교사는 그림책을 많이 읽어주고 일상과 관련된 이야기나 자연의 변화에 대한 감정 표현하기 등 언어적 자극을 제공하도록 한다. • 읽기는 글자 모양에 흥미를 갖고 변별하는 데서 시작되므로 '동그라미, 네모, 세모' 등의 기초 모양과 '동물 퍼즐', '과일 모양 퍼즐' 등 형태 변별능력이 요구되는 다양한 놀잇감을 풍부하게 제공한다. • 글자의 기본 형태로 구성된 조작놀잇감, 천으로 된 그림책, 그림과 글자가 함께 있는 광고지, 영아의 사진이 들어 있는 가족 앨범 등을 갖추어 놓도록 한다.	   

출처: 보건복지부(2014) 재인용.

③ 사회 · 정서발달

영아는 기본적인 정서를 가지고 태어나지만 아직은 미분화된 상태이며 영아기를 거치면서 점차 분화된 정서를 나타내게 된다. 또한 영아는 출생 직후부터 각기 다른 기질적 특징을 보이며, 영아와 주양육자 간에 친밀한 정서적 유대감인 애착을 형성하게 된다. 애착은 영아기에 일어나는 가장 중요한 사회적 발달이다.

• 정서

갓 태어난 신생아의 정서는 미분화된 흥분 상태이나 생후 2개월이 되면 쾌와 불쾌의 두 갈래로 분화되기 시작하여 5~6개월이 되면 불쾌의 감정은 분노, 슬픔, 공포의 감정으로 나누어지나 쾌의 감정은 1년이 지날 때까지 하나로 지속된다. 성장하면서 점차 다양한 정서를 인식하고 표현하게 되며 만 2세경이 되면 아직 미숙하지만 성인이 보이는 모든 정서를 거의 다 나타내게 된다. 이후 타인의 정서 상태를 추론할 수 있게 되고 나아가 자신이 처한 상황에 적절하게 정서 표현을 조절할 수 있는 능력도 갖게 된다.

출처: 보건복지부, 육아정책연구소(2013).

그림 2-4 정서표현의 발달

- **기질**

기질이란 한 개인의 행동양식과 정서적 반응 유형을 의미하는 것으로 활동수준, 사회성, 반응성과 같은 특성을 포함한다. 영아는 출생 직후부터 각기 다른 기질적 특징을 보인다. 즉, 어떤 영아는 조용하고 행동이 느린 반면, 어떤 영아는 활기차고 행동이 민첩하다. 기질 연구가들은 영아기의 기질을 형성하는 심리적 특성이 성인기 성격의 토대가 된다고 믿는다. 따라서 영아의 이상적 발달을 위해서는 영아의 기질과 조화를 이루는 보육교사의 양육행동이 중요하다.

- **애착**

영아기에 발생하는 가장 중요한 형태의 사회적 발달이 애착이다. 애착이란 영아와 양육자 간에 형성되는 친밀한 정서적 유대감으로, 초기에 양육자와 어떠한 관계를 형성하였느냐에 따라 안정 애착을 형성하기도 하며 불안정한 애착을 형성하기도 한다. Bowlby(1973)는 영아의 발달단계와 관련해서 애착의 발달을 전 애착 단계, 애착형성 단계, 애착 단계, 상호관계의 형성 단계라는 네 단계로 분류하고 있다(정옥분, 2012).

표 2-11 애착형성 단계

전 애착 단계 (출생 후 ~ 6주)
영아는 붙잡기, 미소 짓기, 울기, 눈 응시하기 등 다양한 신호체계를 통해 주위 사람들과 가까운 관계를 유지한다. 그러나 이 단계에서는 아직 애착이 형성되지 않는다.

↓

애착형성 단계 (6주 ~ 8개월)
영아는 친숙한 사람과 낯선 사람에게 다르게 반응하기 시작한다. 예를 들어, 영아는 어머니와의 상호작용에서 더 많이 웃거나 미소 지으며, 옹알이를 더 자주 한다. 영아는 자신의 행동이 다른 사람에게 영향을 준다는 것을 깨닫게 되고, 자신이 필요할 때 어머니가 언제든지 반응할 것이라는 신뢰감을 발달시키기 시작한다.

↓

애착 단계 (6~8개월 ~ 18개월)
영아는 이미 애착이 형성된 사람에게 적극적으로 접근한다. 따라서 애착대상이 떠나면 분리불안을 보인다. 분리불안은 애착대상이 시야에서 사라져도 계속 존재한다는 대상영속성의 개념을 영아가 획득했다는 증거이기도 하다.

↓

상호관계의 형성 단계 (18개월 ~ 만 2세)
만 2세 말경이 되면 영아는 정신적 표상과 언어발달로 인해 이미 애착을 형성한 사람의 행동을 예측할 수 있게 된다. 이 단계에서 영아는 양육자와 협상하고, 자신이 원하는 대로 그 사람의 행동을 수정하고자 한다.

사회적 관계

보육교사는 영아의 사회화 과정을 이끌고 따뜻하고 긍정적인 관계를 통해 영아에게 타인에 대한 신뢰감을 발달시켜 주고 자신의 능력에 대해 긍정적으로 발달하도록 한다. 영아는 성장함에 따라 부모와 보육교사 외에 형제나 또래와도 관계를 형성하면서 상호작용하게 된다.

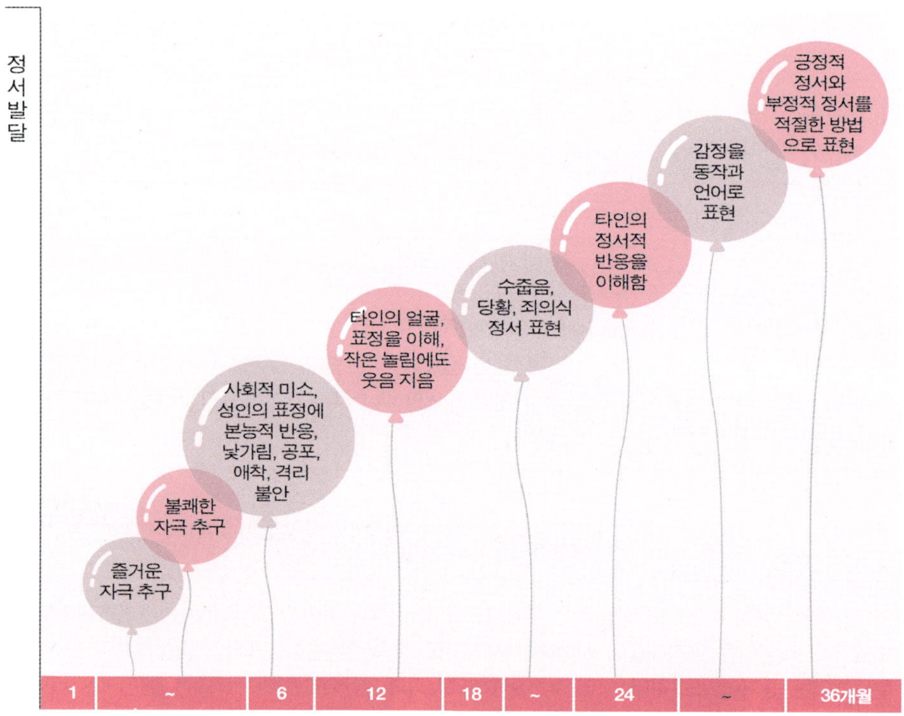

출처: 보건복지부,육아정책연구소(2013).

그림 2-5 사회·정서발달단계 총괄표

표 2-12 영아의 사회 · 정서발달 특징과 보육교사의 역할

연령	보육교사의 역할	
0세~ 만 1세	• 영아의 기본적인 욕구에 신속하고 민감하게 지속적으로 반응함으로써 영아가 보육교사에 대해 신뢰감을 발달시키고 세상이 안전한 곳임을 알게 한다. • 영아가 자신을 인식할 수 있도록 개별적인 침대, 침구, 서랍장, 기타 개인 소지품에 얼굴 사진을 붙여주고 이름을 적어주고, 영아가 자신을 볼 수 있도록 거울을 제공한다. • 영아에게 신체적 접촉과 언어적 표현을 통해 애정을 자주 표현한다. • 영아가 몸을 움직이는 것을 스스로 알 수 있도록 관련 물품(예: 손목 딸랑이, 방울 달린 영아용 슬리퍼 등)을 제공한다. • 울음이나 몸의 움직임은 영아의 주된 의사소통 방법임을 인식한다. • 영아는 부정적인 정서표현도 할 수 있음을 이해하고 영아의 부정적 정서표현을 수용한다. • 영아는 낯가림을 할 수 있고, 낯선 사람보다 친숙한 사람과 활발하게 상호작용을 한다는 것을 이해한다. • 영아가 주양육자와 안정적인 애착을 형성하고, 보육교사와 신뢰로운 관계를 형성하는 것이 무엇보다 중요함을 안다. • 보육교사와의 질 높은 상호작용의 중요성을 인식하고 보육교사에게 안정적인 애착형성과 관련된 정보를 제공한다. • 아는 사람에게 미소를 짓거나 간단한 인사를 하도록 한다.	   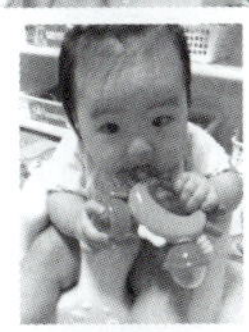
만 2세	• 영아의 이름, 얼굴 사진, 가족 사진 등을 곳곳에 붙여준다. • 영아가 친근한 물건이나 음식을 선호하고 친근한 사람을 선택하는 것을 존중해 준다. • 영아가 다양한 방법으로 자주 정서를 표현할 수 있도록 영아의 정서표현을 격려하는 대화를 많이 해준다(예: "기분이 무척 좋구나, 기분이 안 좋니? 화가 많이 나 있구나" 등). • 영아가 부정적 정서를 나타낼 경우 영아의 신체적, 심리적 원인을 파악하고 상황을 바꾸어 주거나 적절한 방법으로 표현할 수 있도록 일러준다. • 영아는 좌절 상황에 대처할 수 있는 기술이 없기 때문에 공격적이 되고, 다른 영아에게 상해를 입힐 수 있다는 것을 이해하고 사전에 대처한다. • 아는 사람을 만났을 때 하는 바른 인사법을 가르쳐 주고 영아가 수행했을 때 격려한다. • 영아가 간단한 약속을 이해하고 지키도록 격려한다.	 

출처: 보건복지부(2014) 재구성.

◇ 발달과정에서 나타나는 성행동

성개념	획득 시기	발달적 특성	성행동의 예
신체에 대한 탐색	0세~ 만 1세	우연한 상황에서 신체의 감각적 느낌을 탐색한다.	• 기저귀를 갈거나 몸을 씻겨 줄 때 감각적인 느낌에 반응하기도 한다. • 자신의 성기를 보거나 만진다.
성 정체감 인식	만 2~3세	자신을 남자, 또는 여자라고 인식하고, 다른 사람의 성을 구분할 수 있다.	• 벗고 돌아다닌다. • 가족이나 또래의 벗은 모습에 호기심을 나타낸다. • 자위행위가 나타나기도 한다.

◇ 발달과정에서 나타나는 성행동에 대한 교사의 지도

- 강압적인 태도로 제지하지 않는다.
- 다양한 흥미 중 하나로 나타난 행동이므로 흥미를 보일 만한 놀이로 관심을 전환하도록 한다.

◇ 성행동

- 출생부터 지속적으로 발달한다.
- 성장과 발달, 학습을 통해 구성된다.
- 성 개념을 획득하는 과정에서 시도하는 탐색적인 행동이다.
- 개방적인 공간에서 호기심에 의해 일상적으로 자연스럽게 나타날 수 있다.

출처: 보건복지부, 중앙육아종합지원센터(2020).

2) 만 3~5세 유아의 발달적 특성과 보육교사의 역할

유아기는 만 3~5세까지의 시기를 말하며, 이 시기의 신체 성장속도는 영아기에 비해 느리지만 꾸준한 성장이 이루어진다. 유아기는 인지발달에 따른 표상능력이 발달하고 어휘력이 풍부해지면서 다른 사람과의 의사소통도 활발해진다. 또한 유아는 놀이를 통한 사회적인 관계를 형성하고, 사회적인 역할과 기술을 습득하여 사회구성원으로 살아가기 위한 준비를 한다. 만 3~5세 유아의 발달적 특성에 따른 보육교사의 역할에 대하여 영역별로 살펴보면 다음과 같다.

표 2-13 만 3세 유아의 발달적 특성

발달영역	발달 특성
신체운동 발달	• 대근육 운동 조절 능력이 증진된다. • 속도를 변화시키며 뛰거나 돌 수 있고, 계단 오르기, 세발자전거 타기가 가능하다. • 소근육 기술이 정교하지는 못하지만 양손을 사용한 조작에 관심이 많다. • 운동기능과 감각기능의 협응력이 필요한 활동이 가능하다. • 초보적인 가위질하기와 그리기가 가능하다.
인지발달	• 인과관계를 이해하고 결과를 예측할 수 있다. • 주의집중 시간이 짧고 현실과 가상을 구별하지 못한다. • 상상력이 증가하지만 추상적 사고를 다룰 수 없다. • 보고 들은 것의 재생이 가능하나 두 가지 이상의 정보를 기억하지 못한다. • 단순하고 구체적이고 감각적이며, 한 가지 특성에 의존하여 사물을 판단한다.

사회성 및 정서발달	• 자율성과 독립심이 싹튼다. • 혼자놀이에 익숙하고 자기중심성이 강해서 양보하는 것이 어렵다. • 자신의 감정을 솔직하게 표현하고, 부정과 반항의 표현이 많다. • 성인 및 또래의 인정과 칭찬에 관심이 많으며 또래에 대한 질투의 감정이 강하게 나타난다. • 시각적인 것에 공포심을 표현한다.
언어발달	• 어휘 수가 급격하게 증가한다(약 1,000개). • 말하는 것을 즐기고, 새로운 단어에 관심이 많으며, 우스운 소리나 말놀이를 좋아한다. • 세 단어로 한 문장을 표현할 수 있고, 다양한 문장 표현과 의문문, 부정문을 사용하나 문법에 맞지 않는 문장을 사용할 때도 많다. • 그림책을 보면서 실제 내용과 비슷하게 꾸며 읽는다.

출처: 박세정 외(2014) 재구성.

표 2-14 만 4세 유아의 발달적 특성

발달영역	발달특성
신체운동 발달	• 신체운동 기술이 발달하여 활동적인 운동과 새로운 신체적 기능을 활용한다. • 대근육 활동이 활발해지고, 눈과 손의 협응력 발달이 점차 정교해진다. • 한 발로 서서 균형을 잡는다.
인지발달	• 인과관계의 유추가 가능하며 간단한 사건의 이유를 설명할 수 있다. • 상상과 가상을 구별하며 현실을 인식하고 사물의 속성과 유사점 및 차이점에 의해서 분류하고 범주화하는 능력이 생긴다. • 탐색적이고, 논리적 사고와 기억력, 언어표현력이 증진된다.
사회성 및 정서발달	• 친구를 좋아하고, 동성의 유아에게 관심을 보인다. • 혼자놀이를 중심으로 하지만 집단놀이가 나타난다. • 상대방의 요구를 이해하고 도와줄 수 있으며, 규칙을 배울 수 있다. • 남녀의 성역할을 인식하기 시작한다. • 성인 및 또래의 인정과 칭찬에 민감하다.
언어발달	• 3~7개의 단어를 사용하여 완전한 문장으로 말할 수 있으며, 어휘 수가 1,600개 정도 된다. • 유머를 좋아하고 이야기를 듣거나 다른 사람과 이야기하기, 노래 부르기, 책읽기를 좋아한다. • 글자, 숫자, 단어를 인식하기 시작하며, 읽고 쓰기 위한 모방의 변별이 가능하다. • 왕성한 호기심으로 질문이 많아진다.

출처: 박세정 외(2014) 재구성.

표 2-15 만 5세 유아의 발달적 특성

발달영역	발달 특성
신체운동 발달	• 신체적 비율이 유아 초기보다 성인의 신체 비율에 가까워진다. • 안전하고 민첩하며 균형적인 동작이 가능하며, 대근육 발달에 의해 뛰기, 달리기, 균형 유지하기, 두발자전거를 탈 수 있다. • 대·소근육의 발달이 더 정교해진다. • 운동신경이 발달하여 자신의 운동기술을 실험해 보는 놀이를 선호한다.
인지발달	• 사물의 속성과 기능의 유사점 및 차이점에 의해 분류하고 범주화한다. • 구체적 사물의 지각경험과 논리적인 사고능력에 기초한 보존개념, 시간, 공간개념 및 인과관계, 과학개념이 발달한다. • 회상과 재생 및 기억력이 점차 아동기의 수준과 비슷하게 발달한다. • 문제를 해결하기 위해 탐색, 질문, 예측, 관찰, 실험하기를 즐긴다.
사회성 및 정서발달	• 협동하기, 돕기, 협상하기, 공감하기 등의 사회적 기술이 발달한다. • 또래의 인정에 민감하여 또래의 규제력이 유아의 중요한 사회적 준거가 된다. • 사회적 기술과 역할을 인식하며, 사회적 상호작용에 관한 지식이 발달한다. • 감정표현이 풍부하고, 분화된 정서 형태에 따라 정확한 감정을 표현할 수 있다. 상황에 맞게 부정적인 정서를 피할 줄 알게 되고 감출 수도 있다. • 자신감이 증가하며, 상상력이 발달하여 상상적인 공포감이 나타난다.
언어발달	• 완전한 문장으로 말할 수 있으며, 다른 사람과 적절히 의사소통할 수 있다. • 문장 형태와 문장 이해력이 성인의 언어 형태와 유사하며, 글자의 이름과 소리, 단어의 변별이 가능하며, 말하기에 사용되는 어휘가 늘어나 의사소통에 거의 불편함이 없게 되며, 읽기와 쓰기에 흥미를 느끼고, 기본 기술을 습득한다.

출처: 박세정 외(2014) 재구성.

유아교사는 유아의 발달특성에 적합한 역할을 갖추고 있어야 한다. 유아기는 자기중심적 특징이 두드러지는 시기로 반항과 고집, 자기주장이 나타나기 시작한다. 이에 보육교사는 단순한 보호적 차원을 넘어서 유아의 발달을 촉진하고 지원할 수 있는 전문적 지식과 기술을 가지고 있어야 한다. 유아 보육교사의 역할을 제시하면 다음과 같다.

① 보육교사는 양육자의 역할을 수행해야 한다.

보육교사는 유아를 신체적·정신적 위험에서 안전하게 보호하고 정상적인 발달을 보조하는 역할을 수행해야 한다. 보육교사는 먹고, 배변하고, 낮잠을 자는 등의 일상적 양육활동을 통해서 유아의 건강을 돌보고, 안전을 지켜주는 따뜻한 양육자로서의 보살핌을 제공해 주어야 한다.

② 보육교사는 놀이 촉진자로서의 역할을 수행한다.

보육교사는 유아의 흥미가 유발되도록 유아 스스로 자기활동을 선택하고 격려하고, 다양한 대안을 모색해 보고, 새로운 것을 창조하고, 새로운 아이디어를 생각해 보도록 격려함으로써 유아의 다양한 기술과 문제해결의 발달을 촉진시키는 역할을 수행해야 한다. 보육교사는 개방적이고 수용하는 태도로 융통성 있고 온화한 학습 환경을 형성해 줌으로써 유아의 학습을 촉진해야 하며, 학습이 잘 이루어지도록 격려해야 한다. 보육교사는 학습활동을 계획하고 조직하고 평가하는 과정을 수행하고 교육활동을 수행하고 난 후 그 활동에 대한 평가를 실시하고 유아의 반응을 관찰하여 다음 보육계획에 그 결과를 반영해야 한다.

다음은 만 5세 유아들의 오후 바깥놀이에서 교사의 적절한 개입과 상호작용을 통해 유아들이 능동적으로 놀이를 확장해 나가는 기회를 줄 수 있었던 한 사례이다.

교사의 적절한 개입과 상호작용으로 유아들의 능동적인 놀이 확장 기회가 되었던 사례

'색깔'이라는 생활주제를 적용하고 있었던 유아들은 지난 산책길에 공원에서 본 여러 가지 꽃의 색깔을 이야기해 보며, 유치원에서 볼 수 있는 여러 가지 색깔에 대해 이야기를 나누었다. 교실 안의 여러 가지 색깔 그리고 여러 가지 색의 꽃이 만발하였던 유치원 놀이터의 꽃들을 이야기하며, 직접 나가서 여러 가지 색의 꽃들을 찾아보자고 제안하였다.

교사 : 우리 밖에 나가서 놀이할건데, 지난번 공원에서 어떤 색을 발견했었지?
유아1 : 빨강 꽃이 있었어요.
유아2 : 제비꽃도 봤어요.
교사 : 그래, 너희가 잘 기억하고 있구나. 그럼 바깥에 나가서 다른 색의 꽃이 더 있는지 찾아보자.
교사 : (바깥놀이터 여기저기를 살펴보며) 애들아~ 우리 같이 좋아하는 색깔 찾아보자.
유아2 : (나무 아래 노란 꽃을 가리키며) 선생님~이리 와보세요.

교사 : (디지털 카메라로 찍어주며) 우와~ 노란색을 찾았구나.

유아3: (미끄럼틀 쪽으로 뛰어가며) 내가 저번에 미끄럼틀 타려고 했을 때 미끄럼틀 밑에서 보라색 제비꽃을 보았어요.

교사 : 그랬구나~ 노란색 꽃은 어디서 봤었니?

유아2 : 그네 뒤에 있었구요~ 초록색은 잔디색이에요.

교사 : 얘들아~ 우리 이번에는 떨어진 꽃잎을 주어다가 찧어보면 어떨까? 꽃잎이 어떻게 될 것 같니?

유아2 : 꽃물요! 근데 뭘로 찧어요?

교사 : 우리 교실에 가서 이걸 찧을 수 있는 것을 좀 가져와 볼까?

유아2, 4 : (유아들 신이 나서 교실로 들어가 소꿉영역의 미니 절구통과 방망이를 가져와 각자 들고) 열심히 다시 꽃잎을 주워 모은다.

유아 2, 3 : (미니 절구통에 꽃잎을 넣어 찧으며) 선생님 잘 찧어지지 않아요.

교사 : 그렇구나. 꽃잎을 잘 찧어서 꽃물을 만들려면 어떻게 하면 좋을까?

유아 2, 3 : 어떻게요? 세게 찧어 볼까요? (세게 찧어 보지만 꽃물이 만들어지지 않자) 선생님 꼭꼭 눌러 볼래요.

유아 4 : 물감을 넣어요.

유아 2 : 아니야 꽃물을 만들어야 하는데 물감을 넣으면 이상해.

교사 : 꽃물을 만들 건데, 꽃만 찧으니까 잘 찧어지지 않지? 그럼 물을 조금 넣어보면 어떨까?

유아들 : 좋아요. (유아들은 교실로 들어가 미술영역의 빈 통에 물을 채워 들고 나와, 미니 절구통의 꽃잎 위에 물을 부어 찧기 시작한다).

놀이터에서 색깔을 찾아보는 것에서 시작한 바깥놀이는 유아들이 떨어진 꽃잎을 가지고 꽃물을 만들어 놀이하면서 색깔에 대한 실험을 해 볼 수 있는 맥락을 제공해 주었다. 유아들이 놀이터에서 색을 찾아보는 놀이에 흥미를 잃어갈 즈음, 몇 명의 유아들이 자발적으로 꽃잎을 찧어 꽃물을 만들어 보려고 시도하면서 꽃잎이 잘 찧어지지 않자 이를 포기하고 다른 놀이 장소로 떠나려고 했다. 나는 유아들이 흥미를 잃지 않고 놀이가 더 확장될 수 있도록 적절한 개입을 하였다. 또한 꽃물을 만들기 위해 유아들이 미니 절구통에 꽃잎을 넣어 찧어보지만, 절구통에 뭔가를 넣으면 더 잘 찧어질 거라는 예측과는 달리 잘 찧어지지 않자 결국 점차 흥미를 잃어 포기하려 하였다. 이때 유아들에게 "얘들아~ 우리 떨어진 꽃잎을 주어다가 찧어볼까?", "물을 조금 넣어 보면 어떨까?"라고 질문을 하여 유아들이 놀이를 계속 확장시켜 나갈 수 있는 좋은 기회를 만들어 준 것 같다.

(교사일지 내용 중에서, 2018년 4월 17일)

적절한 순간 교사의 개입은 유아들의 흥미를 북돋워 주어 놀이가 능동적으로 확장되는 계기가 되었다. Piaget(1981)에 의하면, 흥미는 유아들의 지능과 지식구성 과정에 주입되고 유아가 문제 해결에 성공 혹은 실패하는 데 영향을 미치는 중요한 요인이라고 하였다. 흥미는 유아가 활동에 지속적으로 몰입하여 자발적으로 무언가를 점점 알아가게 하는 힘을 제공한다. 흥미는 지식구성에 있어 지적 에너지의 자원이며 자동차 연료와 같은 역할(Piaget, 1981)을 수행하기 때문이다. 유아는 흥미를 지니고 있을 때만 무언가를 알아내고자 노력하면서 새로운 지식을 구성하고 이해하는 필요한 힘과 에너지를 투입하게 되므로(곽향림, 2015), 유아들에게 흥미를 자극해 줄 수 있는 교사의 적절한 개입으로 능동적으로 놀이를 확장해 나가는 것을 볼 수 있었다.

출처: 안경숙, 신애선(2019). 구성주의 접근에 기초하여 운영되고 있는 유치원 바깥놀이에 대한 교육적 의미 탐색.

③ 보육교사는 사회적 관계 형성을 돕는 역할을 수행한다.

유아의 또래 관계망은 유아의 자아인식과 사회화에 큰 영향을 준다. 그러므로 보육교사는 유아들이 또래집단을 통해 자신이 속한 사회에서 통용되는 다양한 사회적 규범을 배우며 사회화되고, 인간관계를 맺고 유지하는 데 필요한 사회적 기술을 터득할 수 있도록 해주어야 한다.

④ 보육교사는 정서발달을 지원해 주는 역할을 수행한다.

유아기 정서는 불안정하고 표현이 강력하고 빈번하며 지속시간이 짧은 것이 특징이다. 그러므로 보육교사는 유아의 정서적 표현을 발달적 특성으로 수용해 주며, 바람직한 방법으로 표현할 수 있도록 수용해 준다. 이로 인해 유아 자신의 정서는 물론 타인의 정서를 인식하고 이해하도록 도움을 주어야 한다.

⑤ 보육교사는 기본생활습관을 지도하는 역할을 수행한다.

유아는 많은 시간을 어린이집에서 생활하게 되므로 일상생활에서 요구되는 기본적인 태도를 대부분 어린이집에서 배우게 된다. 그러므로 보육교사는 유아가 하루 일과를 통해 식습관, 수면습관, 정리정돈습관 등을 올바르게 형성하고, 집단생활에 필요한 규칙과 질서를 익히며, 타인을 존중할 수 있도록 지도해 주어야 한다.

⑥ 보육교사는 기록 · 관찰자 및 평가자로서의 역할을 수행한다.

보육교사는 기록 · 관찰자의 역할을 수행한다. 유아들의 놀이를 관찰할 때에는 유아의 말, 몸짓, 표정 등에서 드러나는 놀이의 의미와 특성에 주목하여 이 중 필요한 내용을 메모나 사진 등 교사가 할 수 있는 가장 용이한 방법으로 기록한다. 이러한 관찰기록 자료는 교실에서 자율적으로 수립한 계획안에 포함하여 유아의 특성과 변화 정도를 파악하는 데 활용할 수 있다.

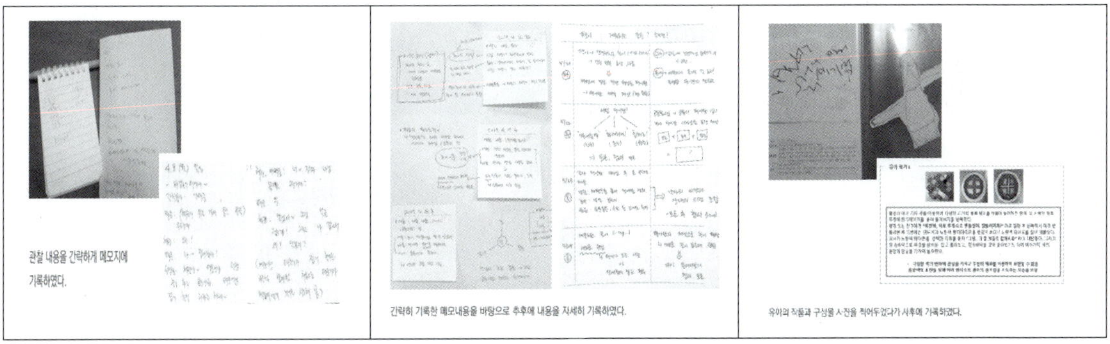

관찰 내용을 간략하게 메모지에 기록하였다. / 간략히 기록한 메모내용을 바탕으로 추후에 내용을 자세히 기록하였다. / 유아의 작품과 구성물 사진을 찍어두었다가 사후에 기록하였다.

출처: 교육부, 보건복지부(2019).

그림 2-6 유아 관찰 기록

또한 보육교사는 평가자의 역할을 수행한다. 보육교사는 유아의 놀이, 일상생활, 활동을 통해 수집된 자료를 평가의 목적에 맞게 종합하여 평가의 결과를 얻을 수 있다. 평가의 결과는 유아에 대한 이해와 누리과정 운영 개선을 위한 자료로 활용할 수 있다. 유아가 행복감을 느끼고 전인적으로 발달하도록 도움을 주는 데 활용한다. 또한 누리과정이 추구하는 인간상과 목적 및 목표 등에 비추어 유아의 특성과 변화 정도를 이해하고 유아의 배움과 성장에 도움이 되도록 지원하는 데 활용한다. 수집된 모든 자료를 바탕으로 개별 유아의 특성과 변화 정도를 종합적으로 이해하여, 이를 부모와의 면담자료 및 유아의 생활지도 등에 활용할 수 있다(교육부, 보건복지부, 2019).

표 2-16 유아 놀이 관찰 내용과 누리과정 운영 평가를 함께 기록한 예

일시	년　　월　　주
유아 놀이 관찰 내용	 지수가 봄나물로 가방을 만들었다. 서현: 이거 가방! 가방이야 가방! 서현이 거야. 지수: 서현아 너도 만들래? 지수가 서현이에게 지퍼백을 준다. 서현이가 가방 만들기를 어려워하자 지수와 교사가 도움을 주어 가방을 완성한다. 가방이 완성되자 서현이는 지수에게 가방을 보여준다. 교사: 이거 가방이야. 서현: 이거 가방이야. 교사는 서현이가 지수에게 언어로 표현할 수 있도록 지원한다.
누리과정 평가	• 친구의 놀이를 관심 있게 지켜보는 장애유아를 관찰하던 중, 일반유아가 장애유아의 놀이 참여를 유도하는 상호작용이 일어났고, 긍정적인 통합놀이의 모습을 관찰할 수 있었음 • 장애유아가 어려워하는 부분에 대해서는 교사가 신체적 촉진, 언어적 모델링을 통해 지속적인 놀이 지원을 하였음 • 놀이 전반에서 장애유아와 일반유아의 놀이가 즐겁게 이루어졌으며, 친구의 이야기에 집중하고 모방하여 표현하는 장애유아를 관찰할 수 있었음 • 바깥놀이에서 할 수 있는 통합 활동을 계획해 보고자 함

출처: 교육부, 보건복지부(2019).

◇ 발달과정에서 나타나는 성행동

성 개념	획득 시기	발달적 특성	성행동의 예
성 안정성	만 4~5세	• 시간이 지나도 자신의 성이 변하지 않을 것을 알게 된다. • 남아는 아빠가 여아는 엄마가 될 것이라고 믿는다.	• 엄마 아빠 놀이 시 행동을 모방한다. • 아기가 태어나는 과정, 의사놀이 시 옷을 벗기려는 행동이 나타난다. • 일시적으로 화장실 엿보기를 한다. • 자위행위가 나타나기도 한다.

◇ 발달과정에서 나타나는 성행동에 대한 교사의 지도

- 자연스러운 호기심의 표현이므로 일시적인 행동으로 반응한다.
- 연령에 적합한 성교육을 통해 남녀 신체의 차이를 알려주는 등 관심을 해소시켜 준다.
  예) 동화를 통한 성교육 「끙끙 혼자 눠요」

출처: 보건복지부, 중앙육아종합지원센터(2020).

◇ 영유아 교사로서 나의 비전

CHAPTER

03

보육교사의 인성과 자질 및 권리

1. 보육교사의 인성
2. 보육교사의 자질
3. 보육교사의 권리

1. 보육교사의 인성

1) 인성의 개념

인성(人性)이란 사람 됨됨이, 성품, 인격, 인품 등을 가리키며, 사전적 정의의 인성은 '사람의 성품', '다른 사람과 구별되는 사고와 태도의 행동 및 특성'을 의미한다. 즉, 개인을 특징짓는 지속적이고 일관된 행동양식이다. Aristoteles는 자연, 교육적 노력에 의한 태도, 습관의 형성을 중시하여 습관, 이성, 자연이 조화를 잘 이룰 때 인간교육이 성공할 수 있다고 했다. 훌륭한 인격이란 자신에게 있어서 옳은 행동이면서 다른 사람과의 관계에서 바르게 행동하며 살아가는 것으로 정의했다(고선옥, 김경신, 임경례, 한성민, 2018).

2) 보육교사의 인성교육

(1) 인성교육의 목적

인성교육은 인성을 길러주는 교육을 의미한다(인성교육진흥법 제2조). 인성교육은 건전하고 올바른 성품과 인성 역량을 갖춘 시민을 육성하여 개인의 행복과 안녕을 증진시킬 뿐만 아니라, 개개인의 존엄과 가치가 존중되는 세계로의 진보를 이루어 내는 데 이바지할 수 있는 인간을 육성하는 데 목적을 두고 있다.

인성교육진흥법[시행 2016.12.20]

제1조(목적) 이 법은 「대한민국헌법」에 따른 인간으로서의 존엄과 가치를 보장하고 「교육기본법」에 따른 교육 이념을 바탕으로 건전하고 올바른 인성을 갖춘 국민을 육성하여 국가사회의 발전에 이바지함을 목적으로 한다.

제2조(정의)

1. "인성교육"이란 자신의 내면을 바르고 건전하게 가꾸고 타인 · 공동체 · 자연과 더불어 살아가는 데 필요한 인간다운 성품과 역량을 기르는 것을 목적으로 하는 교육을 말한다.

(2) 인성교육의 중요성

보육교사 인성교육은 아동학대, 학교폭력 등의 심각한 사회적 문제로부터 더욱 이슈화되고 있으며, 이로 인하여 배려와 이해, 포용 등과 같은 기본적인 보육교사 인성교육이 더욱 강조되고 있다. 2017년 7월 11일자 중앙일보에서 지은림 경희대 인성교육센터장은 21세기 인성은 도덕성과 사회성 · 감성의 조화를 필요로 한다고 하였다. 이에 따라 자기조절력과 나눔 그리고 배려와 협력과 같은 시민적 역량을 키우는 방향으로 인성교육이 이루어져야 한다고 주장하였다. 보육교사는 영유아의 발달 특성을 고려하여 영유아들을 대하고 지도해야 하는 만큼, 동료교사와의 협력이 필요하며, 특히 배려와 자기조절력 등을 함양해야 한다. 인간관계의 기초가 되는 시기에 영유아의 의미 있는 타인인 보육교사의 올바른 가치관과 인성을 갖추는, 교사로서의 인성 함양은 매우 중요하다.

(3) 인성교육의 현황

미국의 교사를 대상으로 하는 인성교육을 살펴보면, 미국은 교사의 인성교육에 관한 과정을 대학원이나 외부의 인성교육 전문기관에서 주로 개발하여 실시한다. 미국에서는 영유아교사의 인성요소를 사회적응, 자아실현, 자기반성적 능력, 실천, 배려와 돌봄, 공동체 의식으로 보았다(정은희, 2019, 재인용).

또한 미국의 교사를 대상으로 하는 인성교육은 다양한 현직 연수를 통해 이루어지고 있는데, 일부 지역에서는 교사 자격 갱신의 조건으로 연수를 의무화한다. 이러한 외부 민간기관들과 함께 대학에서도 인성교육관련 강좌 및 연수 프로그램들을 다양하게 운영한다.

최근 들어 우리나라에서 실시된 인성교육의 기본정책에 관한 다양한 연구들은 미국의 인성교육 중 덕목교육에 관한 이론을 많이 참고하고 있다(안지연, 2018). 우리나라의 인성관련 연수는 교육지원청 등 교육기관이 주축이 되어 실시되고 있다.

① 교사의 인성발달을 위한 교직소양 이수

교육부는 교사의 인성의 중요성을 인정하여 2009학년도 이후 교직소양 과목을 최소 4학점 이상 이수하게 하고 있다. 그런데 많은 사람들이 교사교육에서 교사의 인성이 강조되고 있다고 생각하지 않는다(정윤경, 2015).

여기서 '교직소양'은 교사로서의 사명감, 헌신, 봉사정신, 교직윤리 등을 뜻하는 것으로 교사의 사람됨과 품성과 관련된 내용을 말한다. 즉, 교직소양은 현재 교사교육 과정 중에서 교사의 인성발달을 명시적으로 언급하면서 직접적으로 다루고 있는 영역이다. 교직소양은 교양과정, 교직과정, 전공과정으로 대별되는 교사교육과정 중 교직과정의 일부에 속한다.

교직과정은 교육학 이론과 교직소양 그리고 교육실습으로 세분화된다. 현재 교육대학 교육과정에서 교직소양은 그 중요성을 인정하여 필수로 지정해 운영된다. 교직소양 영역에 속하는 교과는 대학마다 차이가 있으나, 대개 '특수아동의 이해', '교직실무', '학교폭력예방 및 대책' 등이 있다.

② 교직 인성과 적성검사 도입

교원양성기관 재학기간 중에 2회 이상의 '교직 인·적성검사' 실시를 의무화하여 단계별 진로지도를 강화하며 그 결과를 교사자격증을 취득하기 위한 무시험 검정에 반영한다(원혜경, 이소정, 2017). 이것은 교원 자격 취득 예정자들의 교사로서의 인성과 적성을 강화하고자 한 취지이다. 현재 교육대학에서는 재학 시 2회 이상의 검사를 실시하고, 80점 이상의 점수를 받아야 교사자격증 취득을 인정한다.

유치원교사 양성대학에서 현재 활용하고 있는 교직 적성·인성검사도구는 김정환, 남현우, 염시창, 임진영(2012)이 초·중등 예비교사를 대상으로 개발한 교직 적성·인성검사도구로, 총 14개 영역, 210문항으로 구성되어 있다(조운주, 2014).

교직 인·적성에 주목하고 교사의 인성을 타당하게 평가하려는 면접방법 개발에 관한 연구, 예비교사의 교육에서 어떤 요인이 교사의 인성발달에 영향을 주는지 분석하는 연구들이 이루어지고 있다. 이와 관련하여 영유아를 교육하는 어린이집·유치원교사의 인성수준을 측정하기 위해 육아정책연구소에서 개발한 'KICCE 영유아교사 인성평가 도구'와 보건복지부의 수탁연구로 이루어진 '보육교사 인성평가(자기진단) 문항 개발'의 인성평가 도구가 있다.

표 3-1 KICCE 인성평가(예비교사 교직 인성 평가)

전혀 그렇지 않다: 1점 별로 그렇지 않다: 2점 보통이다: 3점 대체로 그렇다: 4점 매우 그렇다: 5점

	문항	①	②	③	④	⑤
1	나는 나의 감정을 잘 다스릴 수 있다.					
2	나는 좌절과 스트레스에 적절하게 대처한다.					
3	나는 나의 학습활동을 비판적으로 성찰하고 개선한다.					
4	나는 나의 교육활동(예컨대, 교수-학습 지도안 작성 교육봉사, 보육실습, 수업 시연 등)을 비판적으로 성찰하고 개선한다.					
5	나는 타인의 조언과 비판을 긍정적으로 수용하고 활용한다.					
6	나는 배움에 대한 열의와 지적 호기심을 가지고 있다.					
7	나는 최신 교육이론, 교수법, 교과지식 등에 늘 관심을 갖고 배우고자 노력한다.					
8	나는 교사로서의 전문성을 계발하기 위하여 교내·외 다양한 활동(예컨대, 교육봉사, 학회활동, 교육관련 사회활동 등)에 참여한다.					
9	나는 타인의 감정을 그 사람의 입장에서 이해하고 공감한다.					
10	나는 나와 다른 생각, 관점, 의견 등을 존중한다.					
11	나는 학습 요구, 능력, 양식, 속도 등에 있어 개인차를 이해하고 존중한다.					
12	나는 타인의 말을 경청한다.					
13	나는 소통의 목적, 상황, 대상 등에 맞게 적절한 언어, 화법, 소통방식 등을 사용하여 의사소통한다.					
14	나는 상대방을 존중하는 태도로 의사소통한다.					
15	나는 다른 사람들과 협력하는 것에 대해 긍정적인 태도를 가지고 있다.					
16	나는 다른 사람들과 협력할 때 팀이 성공적으로 과제를 수행할 수 있도록 나의 책임을 다해 노력한다.					
17	나는 다른 사람들과의 의견을 잘 조율한다.					
18	나는 높은 수준의 도덕적, 윤리적 가치를 가지고 있다.					
19	나는 개인적 어려움이나 희생을 감수하고라도 도덕적, 윤리적으로 행동한다.					
20	나는 정직하고 진실되게 행동한다.					
21	나는 교육과 관련된 편견, 차별, 불평등 해소를 위해 노력한다.					
22	나는 사회적, 경제적 불평등 문제에 관심을 가지고 있다.					
23	나는 교육을 통해 사회정의를 향상시키고자 노력한다.					
24	나는 아이들을 가르치는 일에 열정과 사명감을 가지고 있다.					
25	나는 모든 아이들의 학습과 성장을 위한 책임을 다하고자 노력한다.					
26	나는 교육공동체 구성원으로서 교사의 사회적 책임을 다하고자 노력한다.					

출처: 육아정책연구(2015).

표 3-2 영유아교사의 인성

① 전혀 그렇지 않다 ② 그렇지 않다 ③ 보통이다 ④ 그렇다 ⑤ 매우 그렇다

하위 요인	문항 내용	①	②	③	④	⑤
원만한 인간관계	1. 나는 동료, 상사, 부모 등을 만나면 항상 밝게 인사한다.					
	2. 나는 부모를 비롯한 동료교사, 기관장과의 원만한 관계를 유지한다.					
	3. 나는 동료교사와 협조하고 필요할 때는 힘이 되어 준다.					
성실성	4. 나는 주어진 일에 최선을 다하여 성실히 수행한다.					
	5. 나는 일과가 시작되기 전에 오늘의 활동을 점검한다.					
	6. 나는 기한이 정해진 일은 반드시 기한을 지킨다.					
	7. 나는 내가 맡은 일은 싫더라도 끝까지 하는 편이다.					
	8. 나는 사소한 일이라도 성심성의껏 최선을 다한다.					
영유아에 대한 사랑과 이해	9. 나는 영유아를 자주 안아주고 따뜻하게 대해 준다.					
	10. 나는 영유아와 함께 있는 것을 즐거워하며 좋은 놀이의 친구가 되어 준다.					
	11. 나는 영유아의 언행이나 생각을 편견 없이 받아주고, 영유아의 실수를 잘 수용해 준다.					
	12. 나는 영유아의 능력을 인정하고, 영유아를 독립된 주체라고 생각한다.					
도덕성	13. 나는 영유아교육기관의 업무와 관련하여 부당 이익을 취하면 안 된다고 생각한다.					
	14. 나는 정치적으로 편향된 사고를 영유아들에게 강요하지 않는다.					
	15. 나는 환경 및 배경에 따라 부모를 차별하지 않는다.					
	16. 나는 영유아의 정보를 철저하게 비밀로 해야 한다고 생각한다.					
	17. 나는 영유아 교사는 더 높은 윤리의식을 가져야 한다고 생각한다.					
인간에 대한 사랑	18. 나는 길에서 어려운 사람을 보면 주저 없이 도와준다.					
	19. 나는 조금 손해를 보더라도 남의 일을 돕는 편이다.					
	20. 나는 다른 사람이 상처를 주거나 피해를 입힌 경우에 사과하면 잘 수용한다.					
	21. 나는 다른 사람의 잘못에 너그럽다					

봉사 정신	22. 나는 영유아를 위해 헌신적으로 봉사한다.					
	23. 다른 사람을 위해 봉사하는 것은 중요하다.					
	24. 내 학급과 어린이집 · 유치원을 위한 봉사활동에 적극 참여할 필요가 있다.					
	25. 나는 다른 사람이 도움을 필요로 할 때 함께 협력하며 돕는 편이다.					
인내심	26. 나는 모든 일에 인내심을 가지고 임한다.					
	27. 나는 영유아가 스스로 말할 수 있는 일에 대해서는 시간이 걸려도 기다려 주는 편이다.					
	28. 나는 아무리 바쁘고 정신 없어도 영유아의 질문에 성실히 답해준다.					
	29. 나는 뒤처지는 영유아가 스스로 끝낼 수 있도록 격려해 주는 편이다.					
	30. 나는 신체적인 불편함이나 좋지 않은 감정을 참고 영유아에게 친절하게 대할 수 있다.					

출처: 정은희(2019).

표 3-3 영유아교사 인성교육프로그램

영역	교육과정	주제 / 제목
자존감 (8시간)	힐링	감정 코칭과 자긍심 / 보육교사의 행복씨앗 심기
	직무능력 향상	영유아 상호작용 / 눈썹에 맞추오이다
	역량 강화	보육교사의 자아존중감 / 나다운 나, 세상을 아름답게 하다!
소명감 (8시간)	힐링	브레인 힐링 / 힐링 시크릿, 뇌로 풀어가요!
	직무능력 향상	갈등의 예방과 관리 / 소명감 충전으로 갈등을 극복하자!
	역량 강화	보육교사의 윤리 및 책무성 / 보육교사로 산다는 것
정서능력 (8시간)	힐링	감정관리의 기술 / 행복한 교사, 행복한 생활
	직무능력 향상	문제행동 영유아에 대한 이해 및 대처 / Me Time! We Time!
	역량 강화	정서 · 행동 조절 / 나를 행복하게 만드는 생각
대인관계 (8시간)	힐링	타인 배려와 공감 능력 증진 / 드라마를 통해 공감해요! 그랬구나!
	직무능력 향상	학부모와의 효과적인 대화법 / 이해 up! 관계 up! 소통 up!
	역량 강화	소통능력 함양 / 소통능력과 마음근력

출처: 보건복지부, 육아정책연구소(2016).

3) 보육교사의 인성적 자질

보육교사는 성공적인 어린이집의 질적 수준을 결정하는 중요한 변인으로(신애선, 김영실, 2017), 영유아의 성장과 발달에 있어 보육교사와의 경험이 많은 영향을 준다. 그러하기에 보육교사의 자질은 영유아의 발달에 중요한 영향을 미친다(NACE, 2001).

보육교사의 자질에는 따뜻한 마음, 활발하고 명랑함, 즐거운 웃음, 끊임없는 상호작용, 창의적인 생각, 영유아의 눈높이, 근면과 성실함, 적극적인 사고방식, 영유아에 대한 사랑, 열정적인 모습 등이 있다. 자질이란 '타고난 성품이나 소질'을 말하며 '어떤 분야의 일에 대한 능력이나 실력의 정도'를 의미한다. 보육교사의 자질에 있어서 필요한 인성의 덕목은 다음과 같다.

(1) 영유아에 대한 사랑

보육교사는 영유아를 사랑하는 따뜻한 마음을 지니고, 함께 있고 활동하기를 즐기며, 영유아들에게 교육적 애정과 열정을 쏟을 수 있어야 한다. 그러기 위해서는 영유아의 가치로운 존재 인식과 인권을 존중해야 한다. 보육교사는 영유아의 발달에 있어서 창의적이고 안정적인 안내자이며, 많은 시간을 영유아와 함께하므로 영유아에게 따뜻한 사랑을 주어야 한다.

(2) 평등

평등이란 인간의 존엄, 권리, 인격, 가치, 행복의 추구 등에 있어 차별이 없는 상태를 말한다. 「영유아보육법」 제3조 보육 이념에서 "보육은 영유아의 이익을 최우선적으로 고려하여야 하며, 영유아는 자신의 보호자의 성, 연령, 종교, 사회적 신분, 재산, 장애, 인종 및 출생지역 등에 따른 어떠한 종류의 차별도 받지 아니하고 보육되어야 할 것"을 명시하고 있다. 이에 보육교사는 영유아를 차별하지 않고 평등하게 보육하고, 영유아를 하나의 인격체로 생각하고 존중하고 동일한 가치를 지닌 존재로서 인정해 주어야 한다.

(3) 인내심

인내심은 '괴로움이나 어려움을 참고 견디는 마음'이다(국립국어원 표준국어대사전, 2018). 유능한 보육교사는 모든 영유아를 단시간에 쉽게 변화시키려 하지 않고, 영유아들을 위해 기꺼이 기다릴 수 있는 특성을 지니고 있다. 또한, 다양한 요구를 지닌 학부모, 행정가, 동료교사들과의 관계에서도 서두르지 않고 충분한 설득의 시간을 가진다(김현란, 2015). 인내심이 있는 교사들은 분노와 좌절, 억울함 등의 부정적인 감정의 상황에서도 이를 인내하고 조절하는 능력을 가지고 있다(박은혜, 2009). 영유아교육은 어린 영유아가 대상이기에 그 무엇보다 인내심이 많이 요구되므로, 보육교사는 개성이 제각각인 영유아들을 지도하기 위해서 인내심을 갖고, 이성적으로 문제를 해결하기 위한 노력을 기울여야 한다.

그냥 화가 나요!
요즘 아이들이 울고 떼쓰는 소리, 싸우는 소리만 들으면 가슴이 답답하고 화가 날 때가 많습니다. 아침마다 아이들에게 화를 내면 안 된다고 다짐하며 출근하지만 저도 모르게 자꾸 큰 소리를 낼 때가 많아요. 저 이럴 때 어떻게 해야 할까요?

◇ 감정조절 방법
- 원장, 동료교사에게 도움을 요청한다.
- 혼자 고민하지 않고 가족, 친구, 동료에게 이야기한다.
- 취미, 운동, 명상 등 충전시간을 갖는다.

출처: 보건복지부, 어린이집 안전공제회, 중앙육아종합지원센터(2020).

◇ 나만의 감정조절(스트레스 해소) 방법을 기록해 보세요.
- 화가 나는 순간 마음에 쉼표를 찍는다.
-
-
-
-

(4) 봉사정신

봉사는 '국가나 사회 또는 남을 위하여 자신을 돌보지 아니하고 힘을 바쳐 애씀'을 말한다(국립국어원 표준국어대사전, 2018). 교직을 바라보는 교직관에는 전문가, 근로자, 성직자의 관점이 일반적인데(강성복, 강유정, 김규태, 2014), 성직자적인 관점에서 보육교사는 영유아들에게 윤리적인 모범을 보이는 역할을 하는 동시에 영유아에 대한 사랑과 헌신, 희생과 봉사를 실천해야 한다. 봉사정신은 이타주의적 성격을 띠며, 자율적이고 인간에 대한 애정을 바탕으로 한다. 특히 보육교사직은 다른 직업보다도 헌신적인 봉사정신이 요구된다.

(5) 성실성

성실성은 '거짓됨이 없고, 자기가 하는 일에 정성을 다하려는 자세'(정창우, 2013)이다. 즉, 자기 자신을 비롯한 다른 사람에게 정직한 마음으로 진실되게 행동하는 것을 의미한다. 성실한 사람은 현재 주어진 일에 최선을 다하고, 목표에 도달할 때까지 지속적으로 집중하는 특징이 있다(Lickona, 2004). 영유아를 보육하는 보육교사도 이러한 성실성 안에 일관성을 지니고, 도덕적 원리를 준수하며, 도덕적 양심에 충실하고, 자기가 한 말을 실행하고 믿는 것을 지켜나갈 수 있어야 한다.

(6) 도덕성

도덕성은 '도덕적 품성으로 곧 선악의 견지에서 본 인격 판단, 행위 따위에 관한 가치'(국립국어원 표준국어대사전, 2018)이다. 또한, 인간 본성을 존중하고, 사회적 규범을 준수하는 태도를 의미하고, 인간존중, 공정성, 도덕성 등이 포함되는데(조주연 외, 2004), 보육교사는 자신을 포함한 인간 본성에 대해 신뢰하고 이를 존중하는 태도를 견지(堅持)하는 것이 필요하다.

또한 보육교사의 중요한 자질 중 하나로 영유아 개개인의 특성을 제대로 평가하여 발달시킬 수 있는 능력으로, 이때 중요한 것이 공정성이다. 또한 도덕성은 도덕적 양심을 가지고 정직한 태도로 임하는 것인데, 영유아 시기에 적절한 도덕성에 관한 교육이 제대로 이루어지지 않는다면, 후일 올바른 인성교육을 기대하기란 어려울 것이다. 우리나라 속담에 '세 살 적 버릇이 여든까지 간다.'는 속담이 있듯이 영유아기에 도덕성 교육이 제대로 이루어지기 위해서는 보육교사의 도덕성이 좋은 모델링으로 제시되어야 한다.

(7) 자아존중감과 자아효능감

자아존중감이란 자신의 특성에 대한 자신의 평가를 나타낸다. 즉, 자기가 자신을 소중하게 여기는 정도를 말하며, 자신이 능력 있고, 의미 있고, 성공적이며 가치 있다고 믿는 정도를 가리킨다. 자아존중감이 높은 보육교사일수록 직무스트레스가 낮았는데(조성연, 2005), 이는 자아존중감이 보육교사의 소진이나 이직 등의 주요 원인이 되는 과다한 직무스트레스를 줄여 주는 효과가 있음을 보여준다.

교사 소진

소진이란 직업상의 스트레스, 좌절과 관련된 우울증과 무관심의 한 형태로 지루해하고 의욕을 상실하며, 비창조적이 되고, 조건이 개선되어도 잘 적응하지 못하는 것을 말한다.

교사 소진 발달단계에 대하여 살펴보면 다음과 같다(Jones & Emanuel, 1981).

- 1단계는 가열되는 단계로 흥미가 상실되고 고립감과 불안감을 느끼며, 내부로부터 자신이 배척당한다고 느끼게 된다.
- 2단계는 애태우는 단계로 무감각해지고 교사로서 자신의 능력에 대한 회의감, 무력감이 들어 다른 직업을 부러워하게 된다.
- 3단계는 자신이 로봇처럼 임무를 수행하고 있어 주변이 어떻게 되든 자신과는 상관이 없다고 생각하는 행동으로 폭발단계로 나누어진다고 하였으며, 그 정도가 심하면 이직을 하게 된다고 기술하였다.

자아효능감은 자신이 하는 일을 수행할 수 있는 능력이 어느 정도 있는지를 평가하는 것을 의미한다. 일반적으로 자기효능감이 높은 보육교사는 교육할 때 학습자의 입장을 잘 고려하고 상황에 따른 융통적인 교수방법을 취한다.

보육교사의 소진에 미치는 영향(최형성, 2014)

1. 정신적 고갈
2. 비인간화
3. 개인의 성취감 저하

▶ **번아웃 증후군**

일에 몰두하던 사람의 신체적 · 정신적 피로로 인한 무기력감, 자기혐오, 직무 거부 등의 증상

▶ **번아웃 증후군 예방법**

1. 정서적 즐거움 찾기 : 영유아들과의 스킨십으로 영유아는 물론 보육교사도 정서적인 즐거움을 찾기
2. 나만의 멘토 만들기 : 닮고 싶은 친구나 마음을 열고 이야기 나눌 수 있는 동료교사 등을 멘토로 만들어 보육교사로서의 고충을 서로 이야기 나누며 스트레스 해소하기
3. 취미생활 즐기기 : 매일 바쁘지만, 좋아하는 운동과 같은 취미생활로 스트레스 해소하기

부모와 원만한 관계 맺는 법

- 객관적인 사실을 바탕으로 하여 부모와 신뢰감 형성하기(보건복지부, 어린이집 안전공제회, 중앙육아종합지원센터, 2020).

→ 영유아 관련 이야기를 할 때 사실을 있는 그대로 전달해야 하며, 상황 모면을 위한 대처는 부모의 불신을 유발할 수 있다.

교사: "하원 준비하면서 보니까 영진이 팔에 멍이 들어 있네요. 바깥놀이터에서 다친 것 같은 데 제가 잘 보지 못했습니다. 죄송해요."

부모: "아니에요. 주원이가 다쳐서 속상하지만 선생님께서 상황을 알려주셔서 안심이 됩니다."

공격적인 말과 행동을 하는 유아가 있었다. 학부모들과 전화통화를 할 때면 그 친구 때문에 내 아이가 속상해한다는 이야기를 듣곤 했다. 그 아이는 할머니, 할아버지와 사는데 직장 때문에 주말에만 보는 아이에게 늘 미안한 마음을 갖고 있었던 엄마는 아이에 대한 이야기를 해도 인정하지 않으시려고 하였다. 그래서 더 객관적으로 이야기를 자세히 설명하니 어머니가 눈물을 보이시고 마음 아파하셨다. 이를 보고 어느 정도까지 이야기를 해야 하나 고민이 되었다. 하지만 있는 그대로 정직하게 의사소통을 해야 한다고 생각을 했고 지금 다 이야기하지 않으면 다음에 이야기하게 될 때 두 번 상처를 받게 되실 것 같아서 전부 이야기를 해야겠다고 생각을 하였다 -중략- 훗날 엄마와 전화상담을 하고 할머니와 상담을 하면서 아이가 놓은 상황과 함께 도와줘야 할 부분에 대하여 이야기를 나누었다. 먼저 아이의 상황에 대해 더 자세히 알고 있었더라면 더 잘 도와줄 수 있었던 것은 아닌가 생각해 보았고 가족과의 연계를 더 적극적으로 했었다면 하는 아쉬움이 남았었다(조형숙, 박은주, 2009).

생각해 보기

- '부모에 대한 진실성, 공정성, 성실을 중시할 것인가' 아니면 '조화, 수용을 중시할 것인가?'

(8) 원만한 인간관계

보육교사는 어린이집에서 원장, 동료교사, 보육교직원, 영유아, 부모, 지역사회와 관계를 형성하는데, 모든 사람들과 잘 어울려 지낼 수 있는 원만한 인간관계 능력은 매우 중요한 자질이다. 원만한 인간관계를 형성하는 능력은 영유아뿐 아니라 학부모나 동료교사들과 좋은 관계 맺기로 이어져, 보육교사직을 지속하는 중요한 바탕이 된다. 또한 보육교사가 원만한 대인관계를 형성하기 위해서는 도덕적인 품성이 요구되며, 다른 사람을 도와주거나 보살펴주려는 배려심, 남에게 베풀 수 있는 봉사정신, 매사에 깊게 생각하는 사려성 등이 필요하다(김규수, 임승렬, 2016).

나의 다짐

나는 (표정이 아름다운) 교사가 되겠습니다.

나는 (즐겁게 놀이하는) 교사가 되겠습니다.

나는 ______________ 교사가 되겠습니다.

출처: 보건복지부, 육아정책연구소(2016).

4) 보육교사의 인성의 중요성

보육교사의 인성은 영유아 보육에서 매우 중요한 요인으로, 영유아의 인성교육과 질적인 보육을 위해서는 보육교사의 인성이 요구된다(최일선, 2009). 또한 인성은 근본적인 인간화 과정(Hamachek, 1992)으로 훌륭한 인성을 갖춘 보육교사는 유머감각과 이해능력 및 융통성이 있으며, 영유아와 동료교사들과 좋은 관계를 유지한다. 훌륭한 인성을 가진 보육교사일수록 교사 역할수행에 있어 긍정적이다. 특히 영유아의 행동에 관심을 갖고 도움을 주며, 이러한 영유아와의 적절한 상호작용은 신뢰로운 분위기를 조성한다(황선영, 2016). 이렇듯 보육교사의 인성은 보육의 질을 결정하는 데 있어서 매우 중요한 요인이다.

나의 보육교사 인성 수준 체크하기

다음 〈표 3-4〉는 보육교사의 인성을 측정하기 위한 도구이다. 1~14번까지는 자존감, 15~26번까지는 소명감, 27~39번까지는 정서능력, 40~50번까지는 대인관계 지수를 체크하는 문항이다. 점수가 높을수록 보육교사의 인성 수준이 높은 것을 의미한다(최저 점수 50점~최고 점수 250점).

표 3-4 보육교사의 인성

번호	내용	전혀 아니다.	아니다.	그렇지 않다.	그렇다.	매우 그렇다.
1	나는 보육에 필요한 자료나 도구를 활용하는 아이디어가 많다.	①	②	③	④	⑤
2	나는 학부모들의 요구를 잘 조정할 수 있다.	①	②	③	④	⑤
3	나는 영유아가 어린이집에 오는 것을 즐기도록 만들 수 있다.	①	②	③	④	⑤
4	나는 내가 일을 잘하고 있는 것 같다.	①	②	③	④	⑤
5	나는 예민하고 까다로운 영유아를 효과적으로 지도할 수 있다.	①	②	③	④	⑤
6	나는 무슨 일이든 정신을 집중하여 할 수 있다.	①	②	③	④	⑤
7	나는 위험한 상황에서 잘 대처할 수 있다.	①	②	③	④	⑤
8	나는 큰 문제가 생겨도 불안하지 않고 잘할 수 있다.	①	②	③	④	⑤
9	나는 남들만큼은 일을 잘할 수 있다고 생각한다.	①	②	③	④	⑤
10	나는 영유아가 어린이집 생활에 자신감을 갖도록 할 수 있다.	①	②	③	④	⑤
11	나는 하려고만 하면 무엇이든 해낼 수 있다고 생각한다.	①	②	③	④	⑤
12	다른 사람을 잘 대할 수 있다.	①	②	③	④	⑤
13	나는 매력이 있는 사람인 것 같다.	①	②	③	④	⑤
14	나는 어려운 일이 생겨도 당황스러워서 하지 않고 잘할 수 있다.	①	②	③	④	⑤
15	나는 보육교사라는 일에 열정을 가지고 임하고 있다.	①	②	③	④	⑤
16	보육교사로서의 나의 일에 만족한다.	①	②	③	④	⑤
17	나는 보육교사가 지켜야 할 윤리적 실천사항에 대해 알고 있다.	①	②	③	④	⑤
18	내가 종사하는 보육교사직은 더 좋은 세상을 만드는 데 도움이 되는 일이다.	①	②	③	④	⑤
19	다른 일을 선택할 수 있어도 나는 보육교사를 선택할 것이다.	①	②	③	④	⑤
20	보육교사는 전문성을 지닌 직업이라고 생각한다.	①	②	③	④	⑤
21	나는 보육교사로서 지켜야 할 철학과 신념이 투철하다.	①	②	③	④	⑤
22	나는 보육교사의 일을 계속해서 하고 싶다.	①	②	③	④	⑤

23	나는 보육교사라는 직업을 다른 사람에게 적극 추천하고 싶다.	①	②	③	④	⑤
24	나는 보육교사로서 역량을 향상시키려고 노력하고 있다.	①	②	③	④	⑤
25	나는 보육교사 일을 하는 것이 운명으로 느껴진다.	①	②	③	④	⑤
26	나는 보육교사로서 책임감을 느낀다.	①	②	③	④	⑤
27	나는 내가 느끼는 것이 무슨 감정인지 이해한다.	①	②	③	④	⑤
28	나는 대부분의 경우에 내가 느끼는 감정의 원인을 알고 있다.	①	②	③	④	⑤
29	나는 화가 났을 때 내 감정을 잘 조절할 수 있다.	①	②	③	④	⑤
30	나는 영유아가 오랫동안 밥을 먹어도 짜증나지 않고 잘 돌봐줄 수 있다.	①	②	③	④	⑤
31	나는 내가 행복한지 그렇지 않은지 항상 알고 있다.	①	②	③	④	⑤
32	영유아의 더딘 행동에 일과가 지연돼도 화가 나지 않는다.	①	②	③	④	⑤
33	나는 내 정서를 잘 통제하는 것이 힘들지 않다.	①	②	③	④	⑤
34	머릿속에 떠오르는 대로 쉽게 말하지 않는다.	①	②	③	④	⑤
35	충동적으로 말하고 나서 후회하는 경우는 없다.	①	②	③	④	⑤
36	기분이 안 좋고 마음이 복잡할 때에도 영유아에게 짜증내지 않는다.	①	②	③	④	⑤
37	때때로 슬플 때도 있지만 나는 대부분 낙관적이다.	①	②	③	④	⑤
38	나는 아무리 기분이 나빠도 즐거운 일을 생각하려고 노력한다.	①	②	③	④	⑤
39	영유아가 스스로 할 수 있는 일에 대해서는 시간이 걸려도 기다려 주는 편이다.	①	②	③	④	⑤
40	원장(보육교사)과 의견이 다른 경우, 나의 의견을 제대로 전달할 수 있다.	①	②	③	④	⑤
41	내가 손해를 보더라도 다른 사람을 먼저 생각하여 행동하는 편이다.	①	②	③	④	⑤
42	주변의 약자나 곤란에 처한 사람을 잘 도와주는 편이다.	①	②	③	④	⑤
43	나는 학부모를 만나는 것이 어렵지 않다.	①	②	③	④	⑤
44	나는 동료교사 등과 쉽게 어울리는 편이다.	①	②	③	④	⑤
45	나는 상대방에게 나의 생각과 감정을 이해하도록 이야기할 수 있다.	①	②	③	④	⑤
46	나는 다른 사람의 기분이 상하지 않도록 말과 행동을 조심하는 편이다.	①	②	③	④	⑤
47	나는 동료교사와 내 생각과 감정을 터놓고 이야기할 수 있다.	①	②	③	④	⑤
48	상대방의 의견이 내 의견과 다르더라도 상대방 의견을 존중한다.	①	②	③	④	⑤
49	나는 상대방에게 친밀감을 느끼고 상대방도 나에게 친밀감을 느끼는 것 같다.	①	②	③	④	⑤
50	나는 영유아나 동료교사의 기분이나 생각을 잘 파악하는 편이다.	①	②	③	④	⑤

출처: 한국보육진흥원(2018, 재구성).

2. 보육교사의 자질

자질(姿質)이란 사전적 정의는 '타고난 성품이나 소질' 혹은 '어떤 분야의 일에 대한 능력이나 실력의 정도'를 의미한다. 보육교사의 자질이란 영유아교사 역할을 잘 수행하기 위해 갖추어야 할 개인적 특성, 교직에 대한 태도 등을 말하며 역할과 마찬가지로 자질에 대한 관점은 사회, 문화, 시대적으로 변화되어 왔다. 보육교사의 자질 요인에 대해 협의를 도출해야 하는 이유는 질 높은 보육교사의 양성이라는 교사교육의 목표를 구체화시켜 주며 보육교사 활동에 대한 평가의 준거로도 활용될 뿐 아니라 보육교사의 질을 향상시키기 위한 방안을 모색하는 데 도움이 되기 때문이다.

"교육의 질은 교사의 질을 넘을 수 없다"

독일의 인지학자이자 교육자인 루돌프 슈타이너는
"결코 교육의 질은 교사의 질을 넘어설 수 없다."고 하였다.
교사가 교육받은 정도, 교사의 지식수준, 교사의 교양수준, 교사의 도덕관,
교사의 생활지도 능력, 교사의 수업지도 능력 등 교사 자신이 갖추고 있는
능력이나 수준, 관념에 따라 교육의 질이 달라진다는 의미이다.

1) 성공적 교사로서의 3가지 차원의 '교사의 질'

(1) 교수에서의 성공

교수의 의미는 가르치는 대상과의 관계 속에서 형성되는 것이므로 대상에 맞는 교수를 하지 않는 보육교사는 교수에 성공했다고 볼 수 없다(가르칠 교과에 대한 지식, 영유아의 발달 수준에 대한 심리적 이해 그리고 이러한 교과의 내용과 영유아에 대한 이해를 바탕으로 한 적절한 교수법의 활용, 타당한 평가활동에서의 성공).

(2) 전문적 질

전문적 질은 계속적으로 교수 활동에 대해 연구하는 자세를 견지하며 전문적 성장과 비전을 가지고 전문성을 향상하기 위해 끊임없이 노력하는 것을 뜻한다(동료교사와 학부모, 학교 및 지역사회와의 다양한 관계 속에서 자원을 활용하는 능력을 포함함).

(3) 인성적 질

인성적 질은 보육교사에게 전문적 노력을 부단히 하도록 하는 원동력으로 이타적 도덕성 측면에서의 인성과 강한 교육적 동기를 포함한다(인간관, 가치관, 교육적 열정, 동기와 같은 내면적 영역).

2) 영유아교사의 자질

개인적 자질		전문적 자질		
인성	건강	지식	교수기술	교육관
1. 영유아에 대한 사랑 2. 인간에 대한 사랑 3. 성실성 4. 봉사성 5. 사려성 6. 자발성 7. 도덕성 8. 원만한 인간관계	1. 신체적 건강 2. 정신적 건강 - 긍정적 자아관 - 타인에 대한 긍정적 사고 - 건전한 인생관 - 정서적 안정	1. 일반 교양 지식 2. 어린이집 교육과정에 대한 지식 3. 교수 방법 및 평가에 대한 지식 4. 영유아에 대한 지식	1. 교육과정 구성 기술 2. 프로그램 실천 및 평가 기술 3. 의사소통 기술 4. 부모 및 전문가 참여 기술 5. 창의성 6. 융통성 7. 교재, 교구의 제작 및 활용 기술	1. 교육에 대한 소명감 2. 직업윤리 3. 전문성 함양의 노력

(1) **개인적 자질**: 인성적 측면으로서 교사가 개개인의 사람됨이나 태도에 관한 특성	• 보육교사는 모든 영유아를 존중하고 귀하게 여기는 마음이 있어야 한다. • 보육교사는 신체적 · 심리적 · 정신적으로 건강해야 한다. • 보육교사는 다양한 사람과 더불어 살아갈 수 있는 원만한 인격을 지녀야 한다. • 보육교사는 따뜻함, 친근감, 생동감, 성실함, 관용, 낙천주의, 온화함, 창의성, 독창성 등이 필요하다.
(2) **전문적 자질**: 직업인으로서 직무를 수행하기 위해 필요한 전문성에 관한 특성	• 영유아 발달에 대한 지식, 영유아의 기본적인 건강과 안전에 대한 지식, 보육과정 및 교수방법에 대한 지식과 기술을 갖춰야 한다. • 보육교사는 영유아를 대상으로 교육적 기능과 보호적 기능을 동시에 수행해야 한다. • 영유아의 바람직한 의사소통능력을 갖춰야 한다. • 영유아의 발달적 요구와 특성을 이해하고 효과적으로 대응하기 위한 이해심과 인내심, 융통성이 필요하다. • 교직에 대한 건전한 태도를 가져야 한다. • 보육교사로서 직업윤리와 도덕성을 가져야 한다. • 보육교사는 우리 사회에서 보육의 현실을 바르게 직시하며 이를 바탕으로 미래를 준비하는 안목이 있어야 한다. • 보육교사의 전문적 특성은 오랜 기간 훈련과 실습을 거쳐 습득이 가능하므로, 항상 자신을 관리하며 관심분야에 대해 연구하는 자세를 지녀야 한다.

보육교사의 자질은 보육교사가 영유아와의 상호작용 시간이 길고, 영유아의 생활에 깊이 관여되므로 매우 중요하다. 보육교사는 우선 영유아 양육에 대한 확고한 철학을 지니고 따뜻한 성격에, 영유아에 대한 애정을 가지고, 영유아기 경험의 중요함을 인식해야 한다. 보육교사에게는 다음과 같은 자질이 요구된다.

(1) 보육교사는 영유아를 진심으로 사랑하는 따뜻한 마음을 가져야 한다.

보육교사는 영유아를 진심으로 자신의 자녀처럼 애정을 지니고 돌보고, 충분한 신체적인 접촉을 하며 보살펴 주어야 한다. 보육교사는 새로운 환경에 대한 영유아의 불안감을 해소해 주고 영유아가 건강하게 적응하고 정서적으로 안정감을 가질 수 있도록 온화하고 따뜻한 태도로 보육해야 한다. 또한, 영유아와 친밀한 정서적 관계를 형성하고 영유아의 행복을 추구해야 하고, 영유아를 있는 그대로 받아들이고 정서적으로 지지하며, 영유아의 감정을 수용해 주며, 여유를 가지고 허용적으로 돌보아 주어야 한다.

(2) 보육교사는 신체적 · 심리적으로 건강해야 한다.

영유아는 하루일과에서 보육교사가 도와주고 배려해야 할 부분이 많으므로 보육교사 자신의 신체적, 심리적 상태는 영유아의 전인발달에 큰 영향을 미친다. 하루종일 영유아를 돌보는 보육교사에게는 많은 희생과 봉사가 요구되며, 신체적으로나 심리적으로 많은 체력이 소모되는 일이다. 신체적으로 건강한 보육교사는 영유아들의 요구에 민감하게 반응하고 그들에게 풍부한 기회를 마련해 주는 가운데 기쁨을 느낀다. 또한, 정신적으로 안정된 보육교사는 영유아와 다른 사람들을 편안하게 해 줄 수 있다. 반면, 보육교사가 신체적, 정신적으로 건강하지 못하면 보육교사로서의 책임과 의무를 다하지 못할 뿐만 아니라 영유아에게도 바람직한 영향을 줄 수 없다. 신체적으로 건강해야 정신적으로 건강하며, 명랑하고, 인내심을 지닌 건강한 보육교사로서의 자질을 갖출 수 있다. 보육교사는 신체적 · 정신적으로 건강할 때 열성적이며 부지런할 수 있으며, 이런 자세는 영유아에게 바람직한 영향을 미친다.

(3) 보육교사는 모두가 더불어 살아갈 수 있는 원만한 성격을 지녀야 한다.

보육교사는 자신에 대한 신뢰와 긍정적인 자아개념을 지니고 영유아의 부모와 좋은 관계를 맺고 이야기를 나누며, 함께 일하는 원장, 동료직원 등과 협력하며, 또한 많은 자원봉사자들과도 잘 지낼 수 있어야 한다. 보육교사는 부모와 의사소통을 원활하게 하여 항상 영유아에 관해 의논하고 상담하

며 이들이 보육활동에 참여하고 협조하도록 유도하는 능력이 필요하다. 또한 영유아 보육활동에 관계되는 전문가와 여러 지역사회의 인사와 교류를 활발히 하도록 하며 항상 지역사회와 더불어 일할 수 있는 능력을 길러 공동육아를 실현하도록 노력해야 한다. 이렇듯 보육교사는 영유아를 돌보는 사회 내의 모든 지원체계와 함께 힘을 합쳐서 일할 수 있는 원만한 인격을 지녀야 한다.

(4) 보육교사는 우리 사회와 보육 현실을 직시하고 미래를 준비하는 안목이 있어야 한다.

우리 사회에서의 보육이 가지는 의미와 사회가 지닌 빈곤 영유아에 관한 문제, 그리고 남녀평등의 문제, 전통 계승 발전의 문제, 환경보존 등에 대한 올바른 이해와 이에 대한 바람직한 변화를 시도하는 능력을 지녀야 한다. 특히 앞으로 영유아들이 살아갈 변화가 빠르고 국제화된 미래사회의 모습을 예견하고 미래가 요구하는 영유아의 배출을 위해 보육교사는 폭넓게 사고하고 가능한 한 많은 독서와 여러 가지 방법 등을 동원하여 노력하여야 한다.

3. 보육교사의 권리

보육교사의 권리란 보육 전문가이자 '영유아를 가르치는 사람'으로서 보육교사의 권리를 뜻하며, 이는 교육권과 보육교사로서 신분 및 지위를 보장받을 권리, 재산 및 경제상의 권리, 그리고 기본적 인권의 측면을 포괄한다(김미정, 임예슬, 2019). 양육자가 자신을 돌보고 사랑하여 행복감을 가지고 있을 때 영유아를 더 넓은 마음으로 보듬고 양육할 수 있듯이 보육교사가 행복해야 영유아도 행복할 수 있다. 보육교사가 행복하지 않으면서 영유아의 행복을 위해 마냥 희생하는 것은 모순이고 불행일 수밖에 없다. 보육교사의 권리를 보호하는 것은 곧 영유아의 권리를 보호하는 것과 마찬가지라고 해도 과언이 아니다. 인권은 영유아와 교사 모두에게 존중되어야 하며, 영유아의 권리를 존중하는 어린이집이 되기 위해서는 보육교사의 권리 역시 존중되어야 하고 보육교사 개인의 행복감이 증진되어야 한다.

1) 보육교사 권리의 구성요소

보육교사 권리의 구성요소를 전문성 측면의 권리와 공공성 측면의 권리, 근로성 측면의 권리로 나누어 살펴보면 다음과 같다(이강재, 2019).

(1) 전문성 측면의 권리

전문성 측면의 권리에는 보육과정 편성 및 운영권, 보육내용 및 방법결정권, 영유아 평가권, 영유아지도권 등이 있다.

(2) 공공성 측면의 권리

공공성 측면의 권리에는 신분보유권, 교권단체 결성권, 교섭권, 사회적 우대권, 쟁송제기권, 보수청구권, 연금청구권, 실비변상청구권이 포함될 수 있다.

(3) 근로성 측면의 권리

근로성 측면의 권리에는 노동에 대한 권리, 교원단체 결성권, 교원단체 교섭권 등이 포함될 수 있다.

보육교사의 적극적 권리와 소극적 권리

- **적극적 권리**
  - 교육자유권 : 교육에 있어서 자율성을 의미하는 것으로, 교사의 활동이 자유롭고 창의성을 신장시킬 수 있는 학문의 자유권

- 생활보장권 : 안정적 생활보장을 말하는 것으로, 확고한 교직관, 사명감을 가지고 교육에 전념할 수 있는 여건의 조성
- 근무조건 개선권 : 만족스러운 근무조건을 보장하는 것으로, 근무시간, 원아 수, 잡무 등의 개선
- 복지후생제도 확충권 : 생활안정, 교육 전념을 위한 복지후생 대책으로, 각종 보험 가입, 퇴직금 적립, 연수비, 자녀교육비 지원

- **소극적 권리**
  - 신분보장권 : 교육기본법, 교원지위 향상을 위한 특별법에서 신분보장을 규정
  - 쟁송제기권 : 위법 부당한 처분에 대한 소청, 행정소송권
  - 불체포특권 : 현행법 외에 교육현장에서 체포되지 않는 권리
  - 교직단체 활동권 : 복지, 자질 향상 등 공동목표 추구 시 단체활동을 할 수 있는 권리

출처: 국가인권위원회(2011).

2) 보육교사의 권리 침해와 대책

교사의 권리가 침해되고, 사회 · 경제적으로 정당한 대우를 받지 못하면 교사의 사기는 저하되고 교수 능률은 떨어지게 된다. 교사 권리에 대한 법률적 보장을 보면, 영유아보육법 제4조 제4항에는 '근로여건 개선 노력을 받을 수 있다'는 조항이 있다. 또한 처우 및 지위 향상을 위한 법률 제3조 제2항에는 '보수 수준에 도달하도록 노력하여야 한다'는 조항이 있다. 그러나 이 두 조항 모두 노력규정으로 제정되어 있다. 이를 통해 보육교사의 권리를 위한 법률적인 제정이 미흡하고 그에 따라 보육교사의 교사권리 중 신분보장권이 침체되었으며, 이를 존중하기 위한 법적 제정과 제도적 노력이 필요함을 알 수 있다(정지은, 2020).

보육교사는 부모와 원장, 동료교사로부터 권리 침해를 받을 수 있다. 이에 보육교사의 권리 침해와 대책에 대한 고찰이 필요하며, 이를 간략하게 살펴보면 다음과 같다(김미정, 임예슬, 2019).

(1) 보육교사의 권리 침해

① 부모

- 보육시간 중 전화한다.
- 야간이나 주말에 전화나 문자, 카톡메시지 등을 보낸다.
- 야간이나 주말에 걸려온 전화나 문자, 카톡메시지에 답을 하지 않을 경우 항의를 한다.
- 자녀에 대해 무리한 요구를 하며 항의를 한다.
- 아동학대를 의심하며 폭언이나 모욕적 발언을 한다.
- 교육내용이나 일과운영에 대해 부당한 간섭을 한다.
- 폭언이나 모욕적인 발언을 한다.

② 원장

- 교육내용이나 일과운영에 대해 부당한 간섭을 한다.
- 부당한 업무지시를 한다.
- CCTV 등을 통해 노동 감시를 한다.
- 정당한 휴가 사용에 대해 제지를 한다.
- 정당한 근로에 대한 수당 등의 지급을 거부한다.
- 냉대나 무시, 혹은 직장 내 괴롭힘을 한다.
- 폭언이나 모욕적 발언을 한다.
- 폭행을 한다.
- 부당한 해고 압박이나 사직 권고를 한다.
- 부당하게 해고한다.

③ 동료교사

- 동료교직원들이 따돌리거나 괴롭힌다.
- 폭언이나 모욕적 발언을 한다.

(2) 보육교사의 권리 보호를 위해 필요한 대책

① 권리 보호를 위해 법령(영유아보육법) 개정

② 보육교사를 존중하는 사회적 분위기와 인식 개선

③ 교사 대 영유아 비율 개선 및 초과보육의 예외적 허용 폐지

④ 원장의 인식 개선과 원장교육 강화

⑤ 부모의 인식 개선과 부모교육 강화

⑥ 행정당국의 철저한 지도감독과 조치

CHAPTER

04

보육교사의 교직윤리와 윤리강령

1. 보육교사의 교직윤리

윤리(ethics)란 인간이 사회생활에서 지켜야 할 규범이며, 사람들의 관계를 규정하는 규범, 규칙, 원리의 총제로, 사회관계를 규율하는 가치규범을 의미한다.

교직의 관점에서 윤리는 인간의 삶 속에 포함되는 모든 관계 속에서 일어나는 생활규범으로 인간답게 살아갈 수 있도록 하는 필수 요소이다. 즉, 윤리에 대해 우리가 올바르게 여기는 것을 행동으로 옮길 수 있도록 도와주는 안내서이기도 한다.

보육교사의 역할은 크게 가르치는 것과 돌보는 것으로 나누어지는데, 돌봄의 역할이 크게 기대되는 보육교사는 돌봄의 윤리를 갖추는 것이 매우 중요하다. 보육교사의 교직윤리는 정의지향 윤리와 관계적인 돌봄 윤리의 두 가지 차원으로 분류된다. 정의지향 윤리는 윤리적 의사결정에서 평등과 공정을 촉진하고자 하며, 객관적이고 이성적인 핵심가치, 이상, 원칙을 추구하고(Giovacco-Johnson, 2011), 돌봄의 윤리는 딜레마를 해결하거나 의사결정을 할 때 걱정하고, 돌보고, 배려하는 돌봄 행동과 관련되는 것이다(Tronto, 1993). 윤리적 실천은 의사결정 시에 상호 의존, 협력, 상호 보완의 특징을 보여, 돌봄 윤리와 관련이 있다. 윤리적인 보육교사가 된다는 것은 다른 사람의 관점과 상황의 문화적 복잡성을 고려하고 그들의 행동 결과에 대한 평가를 고려하는 것이기도 하다.

윤리적 딜레마란

행위자가 두 가지의 선택해야 할 문제에 대해 양자택일해야 하지만 선택하기 어려운, 최선의 방법이나 적절한 반응이 불확실한 복잡한 상황을 뜻한다. 윤리적 딜레마는 보육교사가 직무를 수행하는 일상에서 수없이 일어나는 도덕적 갈등으로서, 교사 개인이 직업과 관련한 가치 및 책임들 간의 갈등에 직면하여 스스로 적절한 행동을 결정해야 하는 것을 말한다.

1) 보육교사의 교직윤리 인식

한 연구에서, 우리나라 보육교사의 도덕성 점수는 원장과 보육교사가 비슷한 점수가 나왔으며, 선행연구들에서 보고하고 있는 초·중·고교 교사들의 도덕성 점수보다 비교적 높은 결과를 보였다. 또한 윤리실천 수준도 초·중·고교 교사들보다 높은 결과를 보인 바 있다.

보육교사는 신임인가 경력인가에 따라, 교육 배경에 따라, 업무 경험에 따라 윤리 이해의 정도가 다르며, 윤리적 이해의 발달은 자각단계, 윤리적 판단단계, 윤리적 딜레마 분석단계, 일상의 실제에 윤리강령 적용하기의 4단계 발달단계를 가진다.

윤리적 이해의 발달단계

- (1단계) 자각단계 : 삶을 다스리는 가치, 전문적 강령에 표현된 가치, 강령의 구체적 내용에 초점 맞추는 단계
- (2단계) 윤리적 판단의 구별단계 : 무엇이 윤리적 판단이고 무엇이 아닌지를 구별하고 이해하는 단계
- (3단계) 윤리적 딜레마 분석단계 : 윤리적 딜레마 해결을 위해 방법론적 기술과 전략을 사용하는 단계
- (4단계) 매일의 실제에 NAEYC Code 적용단계 : 윤리적 사고를 윤리적 행동으로 바꾸는 방법을 학습하는 단계

2) 보육교사의 교직윤리 필요성

가르치는 일은 필연적으로 많은 딜레마에 직면하게 된다. Katz(1995)는 보육교사라는 직업 특성상 발생할 수 있는 여러 가지 유혹을 잘 다룰 수 있는 기준을 세울 수 있도록 도와주는 것이 윤리강령이라고 정의했다. 윤리강령은 보육교사들이 딜레마에 직면했을 때 가장 적절한 의사결정을 내릴 수 있도록 이끌어 주는 지침이라고 할 수 있다. Katz는 영유아교육에서 윤리강령이 필요한 이유에 대해서 다음 네 가지의 구체적인 근거를 통해

제시하였다.

(1) 보육교사의 힘과 지위

보육교사들은 대개 영유아들의 인격을 존중하고 그들의 요구를 들어주기 위해 노력하며, 학급의 모든 영유아들을 공평하게 대하기 위해 노력한다. 그러나 경우에 따라 영유아들을 함부로 대하기도 하고, 공평하지 못하게 일을 처리하는 경우도 있으며 영유아의 의사를 무시하기도 하고 영유아의 마음에 상처를 주기도 한다. 윤리강령은 바로 이러한 상황에서 영유아들의 안녕을 위하여 옳은 판단을 내릴 수 있도록 도와준다.

(2) 영유아의 다양성

보육교사는 학급 전체의 영유아에게 관심을 기울여야 하지만 상황에 따라 보육교사 개인의 관심을 필요로 하는 영유아가 있을 수도 있다. 이때 보육교사는 개인과 집단의 요구 가운데 어떠한 것을 받아들여야 하는지 어려울 수 있다. 어떤 영유아는 인지적으로 매우 뛰어나 학급의 다른 영유아를 대상으로 하는 활동을 주면 매우 지루해하고 산만해질 수 있는데 이런 경우에도 보육교사는 어떻게 해야 할지 혼란스러울 수 있다. 또한 자신이 속한 기관의 철학과 일치하지 않는 교육을 요구하는 부모와의 갈등이 있을 수도 있다. 윤리강령은 서로 다른 요구를 가진 영유아나 부모로 인해 발생하는 문제들을 해결하는 데 도움을 준다.

(3) 경험적 기초의 애매성

어린이집 교육과정은 다른 교육과정과는 달리 영유아의 경험과 과정을 중요시한다. 이는 반드시 가르쳐야 하는 영유아교육의 내용이 미리 결정되어 있는 것이 아니라 끊임없이 변할 수 있다는 것이다. 이러한 교육과정 운영의 자율성은 때로 흥미진진함을 불러일으키기도 하지만, 보육교사가 끊임없이 의사결정을 해야 한다는 의미가 된다. 보육교사가 내리는 대부분의 의사결정 과정에는 보육교사의 의도 여부에 관계없이 보육교사 개인의 가치가 포함될 수도 있다. 즉, 보육교사는 다른 어떤 학년의 교사들보다도 보육교사 개인의 가치에 따라 교육과정의 내용 및 방법을 정할 가능성이 높은 것이다. 윤리강령은 이렇게 불확실성이 높은 상태에서 철학적 기초를 제공해 줌으로써 보육교사의 결정에 방향을 잡아 주는 역할을 할 수 있다.

(4) 역할의 모호성

최근 영유아교육기관에 맡겨지는 영유아의 연령은 점점 하향화되고, 시간은 더욱 길어지고 있으며, 그 수요는 점점 더 많아지고 있다. 영유아의 연령이 어리고 어린이집에서 지내는 시간이 더 많아지면 먹이고, 입히고, 씻기고, 기본생활습관을 길러 주어야 하는 등 보육교사의 역할이 많아진다. 이렇게 역할이 많아지다 보면 부모의 역할과 구분이 어려워지는 문제가 생긴다. 특히 이러한 문제에 있어 부모와 의견이 일치하지 않는 경우 보육교사는 자신과 부모, 영유아 사이에서 판단을 내리기 어려운 딜레마에 빠지기 쉽다. 윤리강령은 이러한 딜레마 상황에서 보육교사가 옳은 판단을 내릴 수 있도록 도와줄 것이다.

2. 보육교사 윤리강령

최근 영유아교사의 책임과 전문성에 대한 논의가 활발해지면서 유치원교사 및 보육교사와 원장을 위한 윤리강령이 제정되었다. 윤리강령은 영유아, 가정, 동료, 지역사회에 대한 윤리의 네 부분으로 이루어져 있다. 다음은 어린이집 원장 · 교사 · 영유아에 대한 윤리강령(한국보육시설연합회, 육아정책연구소, 2010)이다.

어린이집 원장, 교사 윤리강령

보육은 영유아를 건강하게 양육하고, 안전하게 보호하며, 발달특성에 적합한 교육을 제공하는 복지서비스이며, 보육인은 사랑과 존중과 전문지식을 바탕으로 영유아의 전인적 성장에 영향을 미치는 전문직업인이다. 그러므로 보육인은 윤리적 의식과 태도를 가지고 사회적 본분에 임해야 한다. 이에 어린이집 원장과 보육교사는 스스로 책무성을 발현하여 윤리강령을 제정함을 밝힌다. 본 강령을 직무수행의 규준으로 삼아, 보육현장에서 발생하는 윤리적 갈등을 해결하고, 생존권, 보호권, 발달권, 참여권 등 영유아의 권리를 보장함으로써, 직무상의 윤리적 책임을 다하여 전문직업인으로서의 위상을 공고히 하고자 한다. 더불어 영유아와 그 가정, 동료와 사회의 존엄성을 존중하는 보육의 실천으로 다각적인 신뢰를 구축하고, 영유아의 잠재력을 최대한 발휘시킴으로써 영유아가 긍정적인 자아개념을 형성하고 유능한 사회인으로 성장할 수 있도록 도와, 궁극적으로는 영유아와 그 가정, 동료와 사회의 통합적·이상적 복지실현에 기여하고자 한다.

(제1장 영유아에 대한 윤리강령)

1. 영유아에게 고른 영양과 충분한 휴식을 제공하며 몸과 마음이 건강한 사람으로 자라도록 한다.
2. 성별, 지역, 종교, 인종, 장애 등 어떤 이유에도 영유아를 차별하지 않고 공평한 기회를 제공한다.
3. 영유아는 다치기 쉬운 존재임을 인식하여 항상 안전하게 보호한다.
4. 영유아에 대한 정서적, 언어적, 신체적 학대를 행하지 않는다.
5. 시설 내외에서의 영유아의 학대나 방임을 민감하게 관찰하며 필요한 경우 관련 기관(아동보호전문기관 등)에 보고하고 조치를 취한다.
6. 영유아의 인격을 존중하고 개인의 잠재력과 개성을 인정한다.
7. 개별적 상호작용 속에서 영유아의 요구를 수용하기 위해 노력한다.
8. 영유아의 사회, 정서, 인지, 신체발달을 통합적으로 지원하는 보육 프로그램을 실시한다.
9. 특별한 도움을 필요로 하는 경우 전문가와 협력하여 영유아의 입장에서 최선의 대안을 찾는다.
10. 보육활동을 계획, 실행, 평가하는 모든 과정에서 영유아의 흥미와 의사를 반영한다.
11. 영유아의 개인적 기록과 정보에 대해 비밀을 보장한다.

(제2장 가정에 대한 윤리강령)

1. 상호 신뢰를 바탕으로 영유아의 가정과 동반자적인 관계를 유지한다.
2. 각 가정의 양육가치와 의사결정을 존중한다.
3. 경제적 수준, 가족 형태, 지역, 문화, 관습, 종교, 언어 등 어떤 것에 의해서도 영유아의 가정을 차별 대우하지 않는다.
4. 보육활동 및 발달 상황에 관한 정보를 정확하게 제공하여 영유아에 대한 가정의 이해를 돕는다. 다문화, 심신장애 등으로 의사소통에 도움이 필요한 경우 문제를 해결할 최선의 방법을 도모한다.
5. 어린이집 운영 전반에 관한 정보를 공개하여 영유아 가정의 알 권리에 응한다.
6. 보육프로그램과 주요 의사결정에 영유아의 가정이 참여하도록 안내한다.
7. 필요한 사회적 지원, 전문서비스 등 관련 정보를 제공하여 영유아 가정의 복리 증진을 돕는다.
8. 영유아 가정의 사생활을 보호하고 익명성을 보장한다.

(제3장 동료에 대한 윤리강령)

[어린이집 원장]

1. 최상의 보육서비스 제공에 필요한 인적, 물적 환경의 조성 및 유지를 위해 노력한다.
2. 보육교사를 신뢰하고 존중하며 전문성과 자율성을 인정한다.
3. 성별, 학연, 지연, 인종, 종교 등에 따라 보육교사를 차별하지 않는다.
4. 업무 관련 의사결정이 필요한 경우, 보육교사의 의견 개진 기회를 보장한다.
5. 보육교사에게 지속적 재교육 등 전문적 역량 제고의 기회를 부여한다.
6. 보육교사에게 적정 수준의 보상(보험, 급여 등)을 안정적으로 제공하며, 복지증진에 힘쓴다.
7. 보육교사 개인의 기록과 정보에 대한 비밀을 보장한다.

[보육교사]

1. 존중과 신뢰를 바탕으로 협력하며, 서로의 전문성과 자율성을 인정한다.
2. 상호 간 역량계발과 복지증진에 부합하는 근무환경이 되도록 힘쓴다.
3. 어린이집 원장 및 동료와 영유아 보육에 대한 신념을 공유한다.
4. 보육교사로서의 전문성 향상을 위해 스스로 노력한다.
5. 어린이집 내에서 영유아 및 보육교사의 인권과 복지를 위협하는 비윤리적 사태가 발생한 경우, 법률규정이나 윤리기준("한국보육시설연합회 윤리강령위원회" 참조)에 따라 조치를 취한다.

(제4장 사회에 대한 윤리강령)

1. 공보육에 대한 책임을 인식하고, 항상 질 좋은 보육서비스를 제공한다.
2. 영유아의 안전을 위협하는 환경이나 정책이 발견될 시, 관계기관과 협의하여 개선한다.
3. 공적 책임이 있는 어린이집으로서 재정의 투명성을 유지하고, 부정한 방법으로 사적 이익을 취하지 않는다.
4. 영유아의 권익보호를 위해 관련 정책 결정 및 법률 제정에 적극 참여하며, 사회적으로 이를 널리 알리는 데 앞장선다.
5. 지역사회 실정에 맞는 어린이집의 책임과 역할을 인지하고, 실천하고자 노력한다.

나의 보육윤리강령

나는 보육교사로서 다음과 같은 윤리적 책무성을 실천한다.

영유아를 위하여______________________________

영유아의 부모와 가족을 위하여________________________

동료를 위하여________________________________

국가와 사회를 위하여____________________________

출처: 보건복지부, 육아정책연구소(2015).

우리나라 윤리강령은 영유아의 권리존중을 특히 강조하고 갈등해결의 준거로써 활용될 수 있도록 구성되어야 함을 시사하고 있다(김은설, 박수연, 2010). 그래서 영유아에 대한 윤리를 담고 있는 항목들은 유엔아동권리협약에 의거한 영유아의 4가지 기본권(생존권, 보호권, 발달권, 참여권)의 나열 순서에 따라 제시되었다.

www.unicef.or.kr

어린이를 위한 약속 유엔아동권리협약

유엔아동권리협약(Convention on the Rights of the Child: CRC)은 1989년 11월 20일 유엔이 채택한 어린이 권리조약으로 우리나라를 포함한 전세계 192개국이 이 협약을 지킬 것을 약속했습니다. 건강하게 자랄 권리, 교육받을 권리, 놀 권리 등 어린이가 누려야 할 권리를 모두 담고 있는 유엔아동권리협약은 각 나라에서 어린이 상황을 개선하는 기반이 되고 있습니다. 전문과 54개 조항으로 구성되어 있으며 1조부터 40조까지가 실제적인 아동권리 내용을 담고 있습니다.

1조 아동의 범위
18세가 안 된 우리 모두는 이 협약에 적힌 권리를 가지고 있습니다.

2조 차별 안 하기
우리는 절대 차별받아서는 안 됩니다. 우리와 우리의 부모님이 어떤 사람이건, 어떤 인종이건, 어떤 종교를 믿건, 어떤 언어를 사용하건, 부자건 가난하건, 장애가 있건 없건 모두 동등한 권리를 누려야 합니다.

3조 어린이를 제일 먼저
정부나 사회복지기관, 법원 등 우리와 관련된 일을 하는 모든 기관은 우리에게 무엇이 가장 이익이 되는지 그 점을 제일 먼저 생각해야 합니다.

4조 정부의 할 일
정부는 우리의 권리를 지켜 주기 위해 필요한 모든 일을 해야 합니다.

5조 부모의 지도
우리의 부모님이나 우리를 보호하는 다른 어른들은 우리를 지도할 권리와 책임이 있습니다.

6조 생존과 발달
우리는 타고난 생명을 보호받고 건강하게 자랄 권리가 있습니다.

7조 이름과 국적
우리는 이름과 국적을 가질 권리가 있으며 부모가 누구인지 알고 부모의 보살핌을 받을 권리가 있습니다.

8조 신분 되찾기
우리가 이름과 국적 등을 빼앗긴 경우 정부는 이를 신속하게 다시 찾을 수 있도록 도와주어야 합니다.

9조 부모와의 이별
부모님과 함께 사는 것이 우리에게 나쁜 영향을 미치지 않는 한 우리는 부모님과 함께 살아야 합니다. 어쩔 수 없이 헤어져 살아야 하는 경우 정기적으로 엄마와 아빠를 모두 만날 수 있어야 합니다.

10조 가족과의 재결합
우리가 부모님과 떨어져 다른 나라에 살고 있는 경우 정부는 우리가 다시 부모님과 함께 살거나 계속 만날 수 있도록 입국이나 출국을 쉽게 허가해 주어야 합니다.

11조 내 나라에서 살기
우리를 강제로 외국으로 보내서는 안 됩니다. 그런 경우 정부는 우리가 돌아올 수 있도록 모든 노력을 다해야 합니다.

12조 의견 존중
우리에게 영향을 미치는 문제를 결정할 때 우리는 의견을 말할 권리가 있습니다. 어른들은 우리의 의견에 귀를 기울여야 합니다.

13조 표현의 자유
우리는 말이나 글, 예술을 통해 우리의 생각을 표현할 권리가 있으며 국경을 넘어 모든 정보와 생각을 서로 주고받을 수 있는 권리도 있습니다.

14조 양심과 종교의 자유
우리는 자유롭게 생각하고 우리의 양심에 따라 행동하며 원하는 종교를 가질 수 있어야 합니다.

15조 모임의 자유
우리는 모임을 자유롭게 조직할 수 있어야 하며 우리의 목적을 위해 평화로운 방법으로 모임을 열 수 있어야 합니다.

16조 사생활 보호
우리는 사생활을 간섭받지 않아야 합니다. 우리가 주고받는 전화나 메일 등을 다른 사람이 맘대로 보아서는 안 됩니다.

17조 유익한 정보 얻기
우리는 우리에게 도움이 되는 정보를 얻을 수 있어야 합니다. 정부는 해로운 정보로부터 우리를 보호하는 한편 우리에게 유익한 도서의 제작 등을 장려해야 합니다.

18조 부모의 책임
부모님은 우리에게 무엇이 필요한지 알고 우리를 잘 기를 책임이 있습니다. 정부는 우리의 부모가 우리를 잘 기를 수 있도록 도와주어야 하며 특히 맞벌이 부부의 자녀들이 좋은 시설에서 자랄 수 있도록 해 주어야 합니다.

19조 폭력과 학대
우리의 부모님이나 보호자가 정신적, 신체적으로 우리에게 폭력을 쓰거나 학대하거나 돌보지 않고 방치하는 일이 없도록 정부는 모든 노력을 해야 합니다.

20조 가족 없는 어린이
부모가 없거나 부모와 함께 사는 것이 우리에게 이롭지 않아서 부모와 헤어져 사는 경우 우리는 특별한 보호와 도움을 받아야 합니다.

21조 입양
우리가 입양되어야 할 때, 우리의 입양을 결정하는 곳은 믿을 만한 정부기관이어야 하며 부모나 친척 등 우리와 관련된 어른들의 동의를 얻어야 합니다.

22조 난민어린이
전쟁이나 자연재해 등으로 난민이 되었을 때 우리는 특별한 보호와 도움을 받아야 하며 우리가 가족과 헤어졌을 때 우리에게 가족을 찾아 주어야 합니다.

23조 장애아 보호
우리의 몸이나 마음에 장애가 있을 때 우리는 특별한 보호를 받아야 합니다.

24조 영양과 보건
우리는 건강하게 자랄 권리가 있습니다. 충분한 영양을 섭취하고 깨끗한 물을 얻을 수 있어야 하며 병원이나 보건소 등에서 치료받을 수 있어야 합니다.

25조 시설아동 실태 조사
우리를 잘 보호하고 치료하기 위해 정부가 우리를 특정한 시설에서 키우도록 한 경우 정부는 우리가 어떻게 자라고 있는지 정기적으로 조사해야 합니다.

26조 사회보장제도
정부는 우리의 권리를 지켜줄 수 있는 사회보장 제도를 만들어 주어야 합니다.

27조 적절한 생활수준
우리는 제대로 먹고 입고 교육받을 수 있는 생활수준에서 자라야 합니다.

28조 교육
우리는 교육받을 권리가 있습니다. 초등교육을 무료로 받을 수 있어야 하며 능력에 맞게 더 높은 교육도 받을 수 있어야 합니다.

29조 교육의 목적
우리는 교육을 통해 인격과 재능, 정신적 · 신체적 능력을 마음껏 개발하고 인권과 자유, 이해와 평화의 정신을 배울 수 있어야 합니다.

30조 소수민족 어린이
소수민족인 우리는 고유의 문화 속에서 우리의 종교를 믿고 우리의 언어를 사용할 권리가 있습니다.

31조 여가와 놀이
우리는 충분히 쉬고 놀 권리가 있습니다.

32조 어린이 노동
우리는 위험하거나 교육에 방해가 되거나 우리의 몸과 마음에 해가 되는 노동을 해서는 안 됩니다.

33조 해로운 약물
우리는 마약을 만들고 판매하는 행위에 이용되어서는 안 됩니다.

34조 성 착취
우리를 성적으로 학대하거나 성과 관련된 활동에 우리를 이용해서는 안 됩니다.

35조 인신매매와 유괴
정부는 우리가 유괴를 당하거나 물건처럼 사고 팔리지 않도록 모든 노력을 다해야 합니다.

36조 모든 착취로부터의 보호
정부는 우리를 나쁜 방법으로 이용해 우리의 복지를 해치는 어른들의 모든 이기적인 행동으로부터 우리를 보호해야 합니다.

37조 어린이 범죄자 보호
우리에게 사형이나 종신형을 내릴 수 없으며 우리를 고문해서도 안 됩니다. 우리를 체포하거나 가두는 일은 최후의 방법으로 선택해야 합니다. 우리를 어른 범죄자와 함께 지내게 해서도 안 됩니다.

38조 전쟁 속의 어린이
우리는 전쟁지역에서 특별한 보호를 받아야 하며 15세 미만일 때에는 절대 군대에 들어가거나 전투 행위에 참여해서는 안 됩니다.

39조 몸과 마음의 회복
우리가 학대 받거나 버려지거나 고문을 당했거나 전쟁 중에 고통 받은 경우 정부는 우리가 몸과 마음을 회복할 수 있도록 모든 노력을 해야 합니다.

40조 공정한 재판과 대우
범죄혐의를 받은 경우 변호사의 도움을 받아야 하고 신속하고 공정한 재판을 받아야 합니다. 우리에게 증언이나 자백을 강요해서도 안 됩니다. 재판과정에서 사생활을 보호받아야 하며 사법절차의 모든 단계를 거쳐야 합니다.

unicef
유니세프한국위원회

출처: 유니세프(http://childfriendlycities.kr/uncrc/)

여성가족부
유엔아동권리협약
"유엔아동권리협약이란?"
국제인권조약 가운데 가장 많은 가입국을 보유한 조약이며 18세 미만의 어린이와 청소년을 아동으로 규정하며 아동에게 최상의 이익을 제공해야 한다는 것이 우선적인 원칙입니다
생존권 기본적인 삶을 누리는데 필요한 권리
▪ 적절한 생활수준을 누릴 권리
▪ 안전한 주거지에서 살아갈 권리
▪ 충분한 영양을 섭취하고 기본적인 보건서비스를 받을 권리
보호권 유해한 것으로부터 보호받을 권리
▪ 모든 형태의 학대와 방임, 차별 폭력, 고문, 징집, 부당한 형사처벌, 과도한 노동, 약물과 성폭력 등 으로부터의 보호
발달권 잠재능력을 발휘하는데 필요한 권리
▪ 교육을 받을 권리
▪ 여가를 즐길 권리
▪ 문화생활을 하고 정보를 얻을 권리
▪ 생각과 양심·종교의 자유를 누릴 권리
참여권 나라와 지역사회에 참가할 수 있는 권리
▪ 자신의 의견을 표현할 권리
▪ 자신의 삶에 영향을 주는 문제들에 대한 발언권
▪ 단체에 가입하거나 평화적인 모임에 참여할 수 있는 권리

출처: 여성가족부.

영유아 권리존중 보육을 위한 가이드 ① - 인권의 눈으로

과거의 훈육은 교사가 원하는 대로 영유아가 행동할 수 있도록 아이들을 통제하고 조정하는 결과에 초점을 맞추었으나 현대의 훈육의 개념은 교사가 영유아의 권리를 인정하여 존중하는 가운데 영유아가 스스로 자신의 행동을 통제하고 조절할 수 있도록 그들의 힘을 기르는 과정이라고 볼 수 있다.

영유아를 대하는 성인

"우리가 영유아들에게 줄 수 있는 가장 큰 도움은 조용히 함께 있어 주고, 어린이들이 나름의 방식으로 자유롭게 자신을 개발할 수 있도록 해 주는 것이다."(마리아 몬테소리)

"영유아들에게 필요한 것은 오직 한 가지, 사랑받고 존중받는 것. 영유아들에게는 그럴 권리가 있다. 영유아들은 또한 보호받을 권리가 있다. 존중받고, 보호받으며 자란 영유아들은 다른 사람을 존중하고 아끼는 방법을 배우며, 사회에 이바지하는 사람으로 자라는 것이다." (야누스 코르착. 아이들 중에서)

아동학대 현황을 살펴보면 아동학대의 85% 이상이 가정에서 일어나고 있으며, 아동학대의 근본적인 원인을 보면 여전히 영유아는 미숙한 존재일 뿐만 아니라 성인의 소유물이라는 인식이 바뀌지 않고 있음을 알 수 있다. 유엔아동권리협약에서는 아동은 18세 미만의 모든 사람을 말하며 성인과 동등한 인격체로 존중받아야 함을 명시하고 있을 뿐만 아니라 생존권과 발달권, 보호권, 참여권의 기본권과 비차별, 아동 최상의 이익, 생존 및 발달, 아동의 견해존중의 4원칙을 명시하고 있다.

영유아는 자신의 권리를 가진 인격체이다. 이들은 사전에 결정된 어떤 연령에 이르거나 어떤 기준을 충족시킨 다음에 인격체가 되는 것이 아니다. 영유아는 나름대로의 독특한 성격을 가지고 있는데 이 독특함은 아동의 삶에서 양육자에게 달려 있는 것이 아니며, 영유아 개인의 중요성은 물론 아동 행동의 기능 또한 양육자에게 달려 있지 않다. 그 자체로 영유아는 개인으로서의 가치와 존엄성을 가지고 있기 때문에 존중받을 가치가 있는 것이다. "개인으로서의 영유아"에게 반응하는 양육자들은 이들의 독특함을 인정하고 받아들여야 하며 영유아는 어떠한 차별을 받아서도 안 되며 발달과 정상의 독특한 인격체로 이해되어야 한다. 모든 인간이 가치 있는 개인으로 인식되기를 바라는 열망만큼 영유아 또한 자신들의 소리에 귀 기울여 주기를 열망하고 매일 매일의 삶에서 끊임없이 그 메시지를 전달하고 있다. 이제 우리는 그들의 소리를 들을 수 있어야 한다.
영유아 학자들은 아동의 특성을 다음과 같이 설명하고 있다.

- 영유아는 축소된 성인이 아니다. 그들은 인간으로서 깊은 정서적 고통과 즐거움을 경험할 능력이 있으며 방해물이나 환경을 극복할 수 있는 엄청난 힘을 가지고 있다.
- 영유아는 독특하며 존중받을 가치가 있다. 양육자는 영유아의 독특함을 인정하고 그 자체로 존중하여야 한다.
- 영유아에게는 성장과 성숙을 향한 타고난 성향이 있다.
- 영유아에게는 긍정적으로 자기를 안내할 능력이 있다.
- 영유아의 자연적인 언어는 놀이이며 이것은 영유아가 가장 편안해 하는 자기표현 매체다.
- 성인은 영유아의 성장을 재촉할 수 없다. 양육자는 이것을 인식하고 영유아의 발달과정에 대한 인내심을 가져야 한다.

많은 보육교사들은 영유아를 사랑으로 보육하고 자신의 책임을 다하여 훈육하고 있으나 사랑으로 대하는 훈육방식들이 때로는 영유아를 존중하지 않거나 영유아의 권리를 침해하며 학대로 이어지는 위험한 상황이 될 수도 있다.

영유아의 존중을 위해 보육교사가 어떤 의식을 가지고 어떻게 실천해야 할 것인가? 그들의 언어인 놀이를 통해 그들의 방법대로 세상을 알아가는 독특한 인격체인 영유아의 권리를 인정하고 그들의 존엄성을 인식하며 가르쳐야 할 대상이 아닌 존중받아야 함을 기억하여 인권존중 보육의 민감성을 키워나가는 보육현장을 만들어야 한다.

출처: 원장 역량강화 자료(2016).

영유아 권리존중 보육을 위한 가이드 ②

– 인권의 눈으로 : 영유아기 인권존중의 중요성

1. 영유아 권리의 개념

인간의 권리란 출생과 동시에 소유하게 되는 자연법적 권리이다. 성인에게 주어지는 권리가 영유아에게도 적용되나 영유아는 아직 스스로 생존하고 보호할 수 없으므로 보호와 양육을 받아야 하는 권리가 추가된다. 따라서 아동권리란 영유아가 인간으로서 누려야 할 기본적 제 권리를 총칭하는 것으로 그 주체인 영유아가 태어나면서부터 성, 언어, 종교, 인종, 피부색, 능력에 관계없이 인간으로서 가지는 기본적인 권리이며 생애 시기적 특수성에 입각해 특별한 보호와 배려를 받을 권리를 말한다.

2. 영유아 권리의 중요성 및 영향

영유아는 출생과 함께 자신의 권리를 누릴 권리의 주체로서 살아간다. 그러나 많은 성인들은 그릇된 아동관과 양육관을 가지고 영유아를 성인의 소유물로 생각하거나 의존적 존재로 생각한다. 영유아의 권리를 무시하거나 인정하지 않는 것이다. 이는 영유아가 성장하는 데 많은 어려움을 겪게 하는 요인이 된다. 따라서 영유아는 태어나면서부터 자신의 권리를 누릴 가치가 있으며 권리의 주체로서 존재한다는 사실을 잊어서는 안 된다. 영유아는 어른의 소유물이 아니며 무능한 존재가 아니라는 것이다. 또, 존중받지 못한 영유아는 타인의 권리를 존중하는 성인으로 자라기 힘들게 되므로 성인은 아동의 권리를 존중하고 하나의 인격체로서 가치를 소중하게 생각해야 할 것이다. 따라서 영유아에게 적합한 환경과 교육의 기회를 제공하고 영유아를 인격체로서 존중하여 영유아 자신의 권리와 타인의 권리를 존중하도록 해야 한다. 이것이 바로 영유아 권리를 존중하여야 되는 중요한 이유다.

보육현장에서 만나는 보육교사의 영아와의 상호작용 유형을 살펴보면 다음과 같다.

군대 조교형	영유아 중심의 상호작용보다는 절대 복종, 명령 하달식, 경고, 주의, 위협, 훈계, 비판, 조소, 비난, 모욕, 독단적 해석, 비교, 유아 감정 부정하기 등의 상호작용을 주로 하는 유형
따로국밥형	지시어를 포함한 모든 대화를 단조롭고 낮은 평서문 어조로 이야기하는 초지일관형, 목소리는 밝은 톤을 유지하면서 웃고 있으나 눈은 웃지 않는 등 영유아와 이면적 교류를 하는 유형
에너지급 소급형	오전에는 영유아의 요구에 민감하고 친절하게 반응하지만 점심을 먹고 12시가 되기 전에 에너지가 다 소진되는 유형
금상첨화형	영유아의 요구에 민감하고 다정다감하게 반응하며 영유아의 흥미, 욕구, 긍정적 행동에 관심을 보이고 영유아의 현재 모습 그대로 모두를 평등하게 인정하며 칭찬과 격려 등 따뜻한 언어와 비언어를 통해 애정을 표현하는 하는 유형

보육교사가 상황에 따라 영아와 발달적, 개별적으로 적절하고 민감하게 상호작용을 하면 보육실의 전반적인 분위기는 안정되고 개별 영유아의 자존감이 향상될 뿐만 아니라 또래들과 긍정적으로 상호작용할 수 있게 된다. 따라서 영유아를 존중하는 상호작용 유형인 금상첨화형의 보육교사가 더욱 많아져 영유아를 존중하고 영유아의 권리가 교실 내에서 보장되는 현장이 되어야 한다.

출처: 원장 역량강화 자료(2016).

출처: 2016 원장 역량강화 자료(2016).

영유아 권리존중 보육을 위한 가이드 ③

-인권의 눈으로: 사례를 통한 영유아를 존중하는 하루일과의 운영

인간의 권리란 태어나면서부터 소유하게 되는 자연법적 권리이다. 영유아 권리는 이러한 권리가 영유아에게도 그대로 적용되며 생애 시기적 특수성에 입각해 특별한 보호와 배려를 받을 권리를 말한다. 특히 존중받지 못한 영유아는 타인의 권리를 존중하는 성인으로 자라기 힘들므로 성인은 영유아의 권리를 존중하고 하나의 인격체로서 가치를 소중하게 생각해서 영유아 자신의 권리와 타인의 권리를 존중하도록 해야 한다. 이것이 영유아 권리가 중요한 이유이다.

다음 사례는 어린이집의 하루일과 속에서 일어나고 있는 일부이다.

사례 1

영아가 역할놀이영역에 있는 놀잇감을 가지고 역할놀이영역을 벗어나 놀이를 하고 있다.

보육교사: 과일 놀이는 어디서 하라고 했지요?
윤서: 여기서요(카페트 안을 가리킨다).
보육교사: 윤서, 선생님하고 약속한 것 너무 잘 안다.
(역할놀이영역에 있는 놀이용 가방을 들고 돌아다니는 영아에게) 지훈이가 가방 가지고 오면 친구한테 방해가 될까? 안 될까?
지훈: 돼요.
보육교사: 너무 잘 안다. (지영이를 바라보며) "지영이한테도 카페트 위에서 노는 거야" 라고 말해줄 수 있어요?

사례 2

자유놀이 시간에 영아들이 보육교사가 보육실 문을 열고 거실로 나올 때마다 따라 나와 거실에 있는 미끄럼틀을 타려고 한다. 거실에 있는 미끄럼틀과 자동차는 정해진 신체활동 시간이나 실외놀이 대체활동 시간에만 이용하고 있다. 보육실은 영아들이 신체활동을 하기에는 좁은 공간이다.

보육교사: 지수! 거실에 나오면 안돼요. 병아리 반에서 노는 거예요.(지수를 보며 은규도 따라 나온다.)
보육교사: 은규도~ 이렇게 나오면 안 되는데~ 병아리반은 병아리 반에서 노는 거예요. 자! 들어가자(보육교사가 문을 닫는 흉내를 내면서 리드미컬하게) 문을 닫는다.

▶ **생각해 봅시다.**

1. 이 상황을 아이들은 어떻게 느낄까?
2. 이 상황에 대해서 아이들의 입장과 보육교사의 입장은 어떻게 다른가?
3. 이런 상황에서 연령에 따라 아이들의 권리를 존중할 수 있는 방안은 무엇인가?

☞ 보육교사의 융통적인 사고가 영아의 권리를 존중하는 기초가 된다.

영아의 긍정적 자존감은 보육교사로부터 받는 애정 어린 관심과 사랑으로부터 나온다. 보육교사가 영아의 자율적인 행동을 도울 때, 아이들은 "작은 성공"을 경험하게 된다. 그러므로 보육교사는 영아가 안정감을 느낄 수 있는 환경을 조성하고 한계를 설정해 주어야 한다.

사례에서와 같이
"역할놀이는 꼭 정해진 영역에서만 이루어져야 하는가?"
"이는 과연 영아를 위한 규칙일까?"

보육교사가 각 영역을 표시하고 그곳에 교구를 가져다 놓았을 때는 분명 영아의 발달을 도모하기 위함이었을 것이다. 하지만 영아는 다른 방식으로 교구를 사용하거나 영역별 교구를 섞어 놓기도 한다. 그럴 때 보육교사는 영아가 자신이 계획했던 방식대로 교구를 사용하고 정해진 영역에서만 놀이했으면 좋겠다고 생각할 수 있다. 하지만 영아의 발달을 위해 교구를 제시한 것이라면 영아가 교구를 다양한 방식으로 영역을 확장하여 놀이하는 것은 분명 바람직한 모습일 것이다. 이러한 관점에서 앞의 예시를 살펴본다면 놀이시간에 신체운동영역이 자리한 유희실에 나가 놀이하고 싶어 하는 영아의 행동을 금지하는 것에 대해서 고려해 볼 필요가 있다. 이보다는 영아가 가진 욕구와 의사를 파악하고 존중하기 위해 어떤 노력을 할 수 있는지 생각해야 한다. "지수랑 은규랑 미끄럼틀을 타고 싶구나!"라며 영아의 욕구를 읽어주고 상황을 조정하여 이를 반영하도록 할 수 있으며 영아의 발달수준에 맞춰 일과를 계획하였는지 살펴보고 필요하다면 이를 수정할 필요가 있다. 처음에는 영아의 의사를 존중하고 이를 반영하는 것이 익숙하지 않고 버거울 수 있겠지만 영아의 욕구와 신체, 정서 발달에 맞춰 적절한 수준으로 환경과 여건을 조성하려는 보육교사의 노력은 영아의 권리를 존중하는 기초가 될 것이다.

영유아는 특별한 보호를 필요로 하는 대상이다. 다음의 상황을 보며 무의적으로 일어나고 있는 하루일과 속 나의 습관을 통해 다음의 사항을 점검해 보자.

- 나는 영유아에 대해 어떤 신념을 갖고 있나?
- 어린이집 보육교사가 가져야 할 기본적인 소양은 무엇일까?
- 나는 영유아의 행동지도를 위해 어떠한 방법을 주로 사용하고 있나?

상황	부적절한 대처방법	적절한 대처방법
등원을 거부하거나 울면서 등원하는 경우	(분리불안인 영유아) - 이제 엄마 가셨으니까 그만 울어. - 친구들은 아무도 울지 않고 있네. - 계속 울면 선생님이 안아 주지 않을 거야.	• OO야! 엄마와 함께 있고 싶었는데 엄마가 가셔서 속상하구나. 친구들이랑 놀고 있으면 엄마가 OO를 데리러 오신대. 친구들이 OO를 기다리고 있는데 같이 가볼까?
	(엄마가 헤어지기 힘들어 하는 영유아) - 이러면 엄마 힘들지? - 씩씩하게 헤어져야 착한 친구지?	(영유아를 안고 토닥이며) • 엄마랑 같이 있고 싶구나. • 선생님이 엄마처럼 안아줄까?
늦게 등원하는 경우	- 누가 늦게 오래요? 일찍 오세요. - 들어오기 싫어? 그럼 들어오지 말고 거기서 우리 노는 거 구경하세요.	• OO야 선생님이 OO를 아침 일찍부터 보고 싶었는데 무슨 일 있었어? 내일은 일찍 와서 선생님이랑 재미있게 놀자.
아침을 못 먹고 등원하는 경우	(아침을 못 먹고 등원한 영아를 챙겨달라는 부탁을 받았을 때) - 아침에 일찍 일어나서 밥 먹고 오지. - 네 거니까 혼자서 먹으세요. 선생님은 친구들을 도와줘야 해요 - (귀찮은 듯 인상 쓰며) 휴~	• OO는 아침을 못 먹었구나. 배고프겠네. • 우리 교실에 들어가서 맛있게 먹을까?
집에서 장난감을 가져온 경우	- 선생님이 이런거 가져오지 말라고 했을 텐데... 다음에 또 가져오면 뺏어서 선생님이 가질 거야.	• 친구들에게 장난감을 보여주고 싶었구나. 그런데 장난감을 가져오면 다른 친구들도 갖고 싶어 할 수 있는데 어떡하지?
놀면서 칭얼거리는 경우	- 졸리면 혼자 가서 자면 되지 왜 이렇게 칭얼대니? 짜증내고 우는 소리하면 선생님은 안 들어줄 거야?	• OO가 졸립구나. 휴식영역에 가서 좀 쉬었다가 놀이할까?
놀잇감을 정리하지 않는 경우	- OO는 또 정리 안하는구나. 다음에 놀이하지 마세요. - 제자리가 어딘지 모르니? 잘 정리해 봐! - 너 정리 안하고 혼자 돌아다녀 우리끼리 간다. - 너 혼자 여기 있어! - 정리하기 싫어? 그럼 하지마! 우리끼리만	• (장난감 바구니를 제시하고) 우리 장난감을 집에 넣어 주자. • 놀이 후 정리하지 않는다면 우리 교실은 어떻게 될까? • 장난감이 울고 있어요. 집에 가고 싶어 울고 있나 봐요. 누가 이 장난감을 집에 데려다 줄 수 있을까?

	정리하자 00는 정리하지 마세요. 우리는 정리하고 재밌는 거 할건데 00이는 재미있는 거 못하겠다. - 불 끈다. - 정리하지 않는 것을 보니 정리하는 방법을 모르나 봐. 아기반에 가서 다시 배우고 와야겠구나.	• 00가 더 놀고 싶구나. 그런데 이제 산책을 가야할 시간이니깐 여기에 올려놓고 오후 시간에 다시 놀이하면 어떨까?
돌아다니면서 먹는 경우	- (영아의 팔을 세게 붙잡고) 돌아다니면서 먹으면 안 돼. - 저기00는 밥 안 먹고 돌아다니네. - 애들아 저렇게 돌아다니면 되니? - 간식 들고 다닐 거야? 안 다닐 거야?	• 00야 우리 세 번만 앉아서 먹어볼까?
떠들거나 장난치는 경우	- 넌 애기야? 밥을 혼자 못 먹니? - 밥 입에 넣어. 얼른 삼켜. - 밥 다 먹을 때까지 이야기 하지 마.	• 00야 입안에 있는 음식을 다 먹은 후에 이야기하자.
책상이나 바닥에 먹기 싫은 음식을 버리는 경우	- (어깨나 몸을 꽉 잡고 흔들며) 지금 뭐하는 거야? - 째려보거나 무서운 눈빛으로 제압	• 당근 먹기 싫니? 그럼 조금만 먹을까? 그렇다고 바닥에 버리면 안 되는 거야. 나중에 선생님에게 "조금만 먹을래요." 하고 이야기하거나 선생님과 먹는 연습을 해보도록 하자.
더 놀고 싶어하는 경우	- 너 혼자 여기서 놀이해. 우리는 들어갈 거야. - 너 자꾸 이러면 경찰아저씨에게 잡아가라고 전화할 거야.	• 00는 놀이가 더 하고 싶은가 보구나? 그런데 벌써 점심시간이 되었네. • 00야 우리 내일 또 와서 할까? • 내일은 00좋아하는 놀잇감도 가져와서 놀이하자.
놀잇감, 애착물을 안고 자려는 경우	- 주세요~ 치우고 자야지. - 잘 때는 이런 거 정리하라고 했지?	• 00가 인형을 찾는구나. 선생님이 인형 줄게요. 인형이랑 같이 꿈나라 갈까? • 00이가 가지고 온 수건이구나~ 음~ 좋은 향기가 나네. 수건을 덮고 잘까?
자고 일어나서 짜증내는 경우	- 잘 잤으면 웃고 일어나야지 왜 시끄럽게 울면서 짜증내는 거야?	• 무서운 꿈을 꾸었니? 괜찮아. 선생님이 옆에 있을게. • 잘 잤니? 좀 더 잘래? 친구들이 아직 일어나지 않았으니 언어영역에서 책 읽으면서 조금 기다릴까?

보육교사들은 영유아를 사랑으로 보육하지만, 때로는 영유아를 존중하지 않거나 영유아 권리를 침해하며 학대로까지 이어지는 위험한 상황이 될 수도 있다. 영유아는 독립적인 객체로서 존중받아야 하며 차별과 편견 없이 평등하게 대해야 할 존재이다. 보육교사의 온정적인 관계를 경험한 영유아는 자신이 신뢰관계 속에서 존중받고 있는 존재임을 깨달아 자신에 대한 긍정적인 자아개념이 형성되며 다른 사람을 존중하고 배려하는 태도를 기를 수 있다.

성평등 어린이사전

◇ 엄마는 아빠다리 할 수 없고, 여아는 형님반 갈 수 없나요?

- 아빠다리 → 모양에 따라 나비다리로 표현하기
- 형님반 → 여아, 남아 모두 포함하도록 7세반, 나무반 등으로 표현하기

◇ 여아는 인형놀이, 남아는 공놀이?

- 학예회에서 여아는 발레, 남아는 태권도를 하는 것
- 역할극에서 여아는 토끼, 남아는 사자 역할을 맡는 것
- 이름표, 실내화 등의 준비물, 학용품이 '여아용은 분홍, 남아용은 파랑'으로 고정된 것
  → 자신이 원하는 것으로 자유롭게 선택하기

◇ 졸업식에서 여아는 드레스, 남아는 턱시도?

- 생일파티에서 여자는 공주 옷, 남자는 왕자 옷 입고 오게 하는 것
  → 자신이 원하는 옷으로 자유롭게 선택하기
- 여아는 긴 머리에 날씬한 몸매, 남아는 짧은 머리에 큰 키
  → 자신이 원하는 모습으로 자유롭게
- 멋진 왕자님, 예쁜 공주님
  → 이름으로 부르기 예) 멋진 지원, 수빈, 준영 등
- 여아는 치마, 남아는 바지로 정해진 원복
  → 편안한 옷으로 자유롭게 선택하기
- 남아가 앞 번호인 출석번호
  → 가나다 순으로 출석번호 정하기
- 짝의 성별을 고정한 남녀 짝꿍
  → 좋아하는 친구나 제비뽑기 등으로 짝을 정하기

출처: 서울시여성가족재단(2020). 재구성.

PART 2

보육교사의 직무 수행

CHAPTER

05

임용과 복무*

1. 자격과 채용관리
2. 처우와 근무환경
3. 보육교사 직무

* 2020년 보육사업안내에서 부분 발췌함.

1. 자격과 채용관리

1) 보육교사 자격검정 및 자격증 발급

(1) 자격검정 및 자격증 발급 기관: 보육교사의 자격검정과 자격증 발급·재발급에 관한 업무는 한국보육진흥원에서 수행한다.

(2) 보육교사의 자격검정 : 보육교사의 자격검정은 무시험을 원칙으로 하며, 「영유아보육법」 시행령 제21조에 의한 자격기준을 갖추었는지 여부를 신청자가 제출한 서류를 심사하여 검정한다.

(3) 자격증 발급신청 및 교부 절차

보육인력 국가자격증 홈페이지 접속
(http://chrd.childcare.go.kr)

↓

홈페이지 회원가입

↓

자격증 신청
(인터넷 신청)

수수료 결제
(신용카드결제/가상계좌 입금/실시간 계좌이체)

↓

Ⅰ 구비서류 제출(등기우편) Ⅰ

◎ 구비서류 - "홈페이지 자격기준" 참고

◎ 보내실 곳 - 서울특별시 용산구 청파로 345 주연빌딩 5층 한국보육진흥원 보육사업지원국 자격관리팀 (☎ 1661-5666)

↓

보육교사 자격검정
보육시설종사자 자격검정위원회

↓

자격증 발급
(등기 발송 또는 방문 수령)

2) 보육교사의 자격기준

(1) 보육교사 자격 요건

보육교사는 자격기준(시행령 제21조)에 해당하는 자로서 보건복지부 장관이 검정·수여하는 국가자격증을 받은 자이어야 한다(법 제21조).

(2) 보육교사 자격기준

표 5-1 보육교사의 등급별 자격기준

등 급	자격 기준
보육교사 1급	1. 보육교사 2급 자격을 취득한 후 3년 이상의 보육업무 경력이 있는 사람으로서 보건복지부 장관이 정하는 승급교육을 받은 사람 2. 보육교사 2급 자격을 취득한 후 보육 관련 대학원에서 석사학위 이상을 취득하고 1년 이상의 보육업무 경력이 있는 사람으로서 보건복지부장관이 정하는 승급교육을 받은 사람
보육교사 2급	1. 전문대학 또는 이와 같은 수준 이상의 학교에서 보건복지부령으로 정하는 보육관련 교과목 및 학점을 이수하고 졸업한 사람 2. 보육교사 3급 자격을 취득한 후 2년 이상의 보육업무 경력이 있는 사람으로서 보건복지부 장관이 정하는 승급교육을 받은 사람
보육교사 3급	고등학교 또는 이와 같은 수준 이상의 학교를 졸업한 사람으로서 보건복지부령으로 정하는 교육훈련시설에서 정해진 교육과정을 수료한 사람

출처: 영유아보육법 시행령 제21조 [별표 1] 〈개정 2019. 6. 4.〉

(3) 보육교사 2급 자격취득을 위한 보육관련 교과목 및 학점 기준

① 적용 대상

- 「고등교육법」에 의한 전문대학, 대학 등에서 보육관련 교과목 및 학점을 이수하고 전문학사학위 이상을 취득한 사람이다.
- 「학점인정 등에 관한 법률」에 따라 학점은행제로 보육관련 교과목 및 학점을 이수하고 전문학사학위 이상을 취득한 사람이다.
- 다른 법률에서 졸업 시 전문대학 이상의 학력이 인정되는 시설에서 보육관련 교과목 및 학점을 이수하고 전문학사학위 이상을 취득한 사람이다.

② **교과목 및 학점기준**(시행규칙 제12조 제1항)

- 시행규칙 제12조 제1항의 규정에 의한 보육관련 교과목 중 총 17과목 51학점 이상 이수하고 졸업하는 경우 보육교사 2급 자격증 취득 가능하다.

※ 학위를 수여한 기관에서 인정한 교과목으로, 성적증명서에 기재된 교과목과 학점을 의미한다.

표 5-2 교육영역별 교과목 및 학점

구 분		교과목	이수과목(학점)
교사 인성 영역	필수교과목	보육교사(인성)론, 아동권리와 복지	2과목(6학점)
보육 지식과 기술 영역	필수교과목	보육학개론, 보육과정, 영유아발달, 영유아교수방법론, 놀이지도, 언어지도, 아동음악(또는 아동동작, 아동미술), 아동수학지도(또는 아동과학지도), 아동안전관리(또는 아동생활지도)	9과목(27학점)
	선택교과목	아동건강교육, 영유아 사회정서지도, 아동문학교육, 아동상담론, 장애아 지도, 특수아동 이해, 어린이집 운영관리, 영유아 보육프로그램 개발과 평가, 보육정책론, 정신건강론, 인간행동과 사회환경, 아동간호학, 아동영양학, 부모교육론, 가족복지론, 가족관계론, 지역사회복지론	4과목(12학점) 이상
보육 실무영역	필수교과목	아동관찰 및 행동연구, 보육실습	2과목(6학점)
전체		17과목 51학점 이상	

※ 각 과목은 3학점을 기준으로 하며 최소 2학점 이상이어야 함

(4) 보육교사 자격 취득을 위한 보육실습 기준

① 보육실습 교과목 및 학점기준

- 보육실습은 '보육실습'이라는 교과목으로 이수하는 것이 원칙(보육실습은 현장실습과 이론수업으로 구성되어야 함). 따라서 성적증명서를 통하여 교과목 확인이 가능하여야 한다.
- 다만, 교과목 명칭이 다르더라도 다음의 유사교과목을 이수한 경우로서 실습기관과

실습기간의 조건을 만족하는 경우에는 보육실습 교과목을 이수한 것으로 인정한다.

※ 유사교과목 인정 범위 : 보육현장실습, 교육실습, 학교현장실습

• 보육실습 교과목은 반드시 3학점 이상으로 이수하여야 하고, 평가점수가 80점 이상(B학점)인 경우에만 실습을 이수한 것으로 인정하므로, 80점(B학점) 이상의 성적을 취득하여야 한다.

② 보육실습 실시기준

보육교사 자격증 취득을 위해서는 보육실습 교과목을 이수하고 어린이집, 「유아교육법」에 따른 교육과정과 방과후 과정을 운영하는 유치원에서 보육실습을 실시하여야 한다.

가. 실습기관 : 정원 15인 이상으로 평가인증을 유지하는 어린이집 또는 교육과정과 방과후 과정을 운영하는 유치원(교육청에 방과후 과정 운영 유치원으로 등록되어야 함)에서 실시한다.

※ 평가인증 어린이집 확인방법: 어린이집 정보 공개 포털(http://info.childcare. go.kr) 내 "통합정보공시 〉 어린이집 · 유치원 찾기 〉 어린이집 검색"을 통해 확인한다.

나. 실습기간 : 6주, 240시간 이상을 원칙으로 하되, 2회에 나누어 실시할 수 있다.

다. 실습 인정시간 : 보육실습의 한 회는 연속하여 평일 오전 9시부터 오후 7시 사이에 한 경우에만 인정하며, 보육실습시간은 하루 8시간을 초과할 수 없다.

라. 실습시기 : 실습은 보육실습 교과목이 개설된 학기(직전 후 방학 포함)에 실시한다.

마. 실습 지도교사

• 실습 지도교사는 실습지도 이전에 보육교사 1급 또는 유치원 정교사 1급 자격증을 소지한 사람이어야 한다.

• 실습 지도교사는 동일한 실습기간 내에 1명당 보육실습생을 3명 이내로 지도하여야 한다.

바. 보육실습확인서 : 보육교사 자격증을 발급받고자 하는 사람은 보육교사 자격증 발급 신청 시 보육실습 내용의 적절성을 증명하는 보육실습확인서를 제출한다.

3) 보육교사 채용 및 임면보고 등 일반절차

표 5-3 보육교사 채용 및 임면보고 등 일반절차

보육교사 채용 및 임면보고 절차	
보육교사 채용	○ 채용주체 : 어린이집 설치자 ○ 채용조건 : 자격기준을 갖춘 자 ○ 채용 시 구비서류 • (공통) 인사기록카드, 주민등록등본, 채용신체검사서, 성범죄경력조회결과서, 아동학대관련범죄 전력 조회 회신서, 개인정보제공 및 고유식별정보 처리동의서 • (자격이 필요한 자) 자격증 또는 면허증 사본
↓	
보육교사 임면보고	○ 임면보고 절차 : 어린이집 → 시·군·구청장(채용 후 14일 이내) ○ 임면보고 시 구비서류 • 인사기록카드, 채용신체검사서, 자격증사본, 성범죄경력조회결과서, 아동학대관련범죄 전력 조회 회신서, 개인정보제공 및 고유식별정보 처리 동의서 ※ 자격증 사본은 보육통합정보시스템으로 확인 가능한 경우 제출 제외
↓	
보육교사 자격의 적격성 확인	○ 확인주체 : 시·군·구청장 ○ 확인방법 : 각 자격별 자격증명 서류 및 보육통합정보시스템
↓	
보육교사 결격사유 조회 및 범죄경력 조회	○ 결격사유 조회 및 범죄경력 조회 주체 : 시·군·구청장 ○ 내용 : 보육교사 결격 사유(법 제20조)
↓	
경력관리시스템 입력 관리	○ 보육교사 임면 사항을 경력관리시스템에 입력 관리

보육교사 결격 사유(법 제16조 및 제20조)

1) 법 제16조 각호의 어느 하나에 해당하는 자(어린이집을 설치 · 운영할 수 없는 자)
   1. 미성년자 · 피성년후견인 또는 피한정후견인
   2. 「정신보건법」 제3조 제1호의 정신질환자
   3. 「마약류 관리에 관한 법률」 제2조 제1호의 마약류에 중독된 자
   4. 파산선고를 받고 복권되지 아니한 자
   5. 금고 이상의 실형을 선고받고 그 집행이 종료(집행이 종료된 것으로 보는 경우를 포함)되거나 집행이 면제된 날부터 5년(「아동복지법」 제3조 제7호의2에 따른 아동학대관련범죄를 저지른 경우에는 20년)이 경과되지 아니한 자
   6. 금고 이상의 형의 집행유예를 선고받고 그 유예기간 중에 있는 사람. 다만, 「아동복지법」 제3조 제7호의2에 따른 아동학대 관련범죄로 금고 이상의 형의 집행유예를 선고받은 경우에는 그 집행유예가 확정된 날부터 20년이 지나지 아니한 사람
   7. 제45조에 따라 어린이집의 폐쇄명령을 받고 5년이 경과되지 아니한 자
   8. 제54조에 따라 300만 원 이상의 벌금형이 확정된 날부터 2년이 지나지 아니한 사람 또는 「아동복지법」 제3조 제7호의2에 따른 아동학대관련범죄로 벌금형이 확정된 날부터 10년이 지나지 아니한 사람
   9. 제23조의3에 따른 교육명령을 이행하지 아니한 자

2) 법 제46조 및 제47조의 규정에 의하여 자격이 정지 중인 자
   ※ 원장 및 보육교사 자격정지 기간에는 어린이집에서 다른 직종으로도 근무할 수 없음

3) 법 제48조 제1항의 규정에 의하여 자격이 취소된 후 자격 재교부 기한 2년(제48조 제1항 제3호에 따라 취소된 경우는 10년*)이 경과되지 아니한 자
   다만, 「아동복지법」 제3조 제7호의2에 따른 아동학대관련범죄로 금고 이상의 실형을 선고받고 그 집행이 종료되거나 집행이 면제된 날부터 20년이 지나지 아니한 사람 또는 「아동복지법」 제3조 제7호의2에 따른 아동학대관련범죄로 금고 이상의 형의 집행유예가 확정된 날부터 20년이 지나지 아니한 사람

4) 보육교사 임면(채용)

(1) 보육교사

- 원장의 제청으로 법인 · 단체의 대표자 또는 어린이집 설치자(교직원 임면권을 위임받은 수탁자 포함)가 임면한다.

① 보육교사 채용

가. 보육교사 채용조건

- 시행령 제21조의 보육교사 자격기준에 해당하는 자로서 보육교사 국가자격증을 발급받은 자를 채용. 다만, 자격증 발급을 신청하고 자격검정이 완료되어 자격증 발급이 예정된 자(자격번호가 부여된 자)는 자격증을 발급받은 것으로 본다.
- 보육교사의 출산휴가, 육아휴직, 장기 병가 등의 사유 발생 시 채용하는 대체교사(임시교사)도 보육교사 자격기준을 갖춘 자이어야 한다.

나. 채용방법

- 국가 또는 지방자치단체로부터 보육교직원의 인건비를 보조받는 어린이집의 경우 보육교직원의 채용은 공개경쟁을 원칙으로 한다.
  - * 국·공립어린이집 보육교사 채용은 보육교사 1급, 2급 자격소지자로 제한함(적용 시점 '22.1월부터)
  - 국·공립어린이집의 경우 국가 또는 지방자치단체의 장이 선발고사 등을 통하여 별도로 보육교사를 채용·배치할 수 있다.
- 교직원 채용 시 임금, 근로시간 및 그 밖의 근로조건 등을 명시한 근로계약을 체결하여야 하되, 이 경우 근로계약과 관련하여 부당한 내용(결혼, 출산, 육아휴직 등으로 인한 퇴직 요구 등)이 포함되어서는 아니 되며, 관할 행정기관은 이를 적극 지도·감독하여야 한다.
  - 근로계약은 가능한 계약기간을 명시하지 않는 계약을 체결함을 원칙으로 한다.

다. 채용 시 구비서류

- 임면권자가 보육교사를 채용할 경우에는 반드시 아래 구비서류를 제출받아 자격의 적격 여부를 판단하고, 관련 서류를 보관한다.

공통서류	보육교사
• 인사기록카드 • 주민등록등본 • 채용신체검사서(공무원 채용 신체검사서 준용 가능)	• 보육교사 국가자격증 사본 - 국가자격증 발급 예정자는 자격증 취득 후 자격증 사본을 구비한다.

라. 보육교사 결원 시 채용시기

- 임면권자는 보육교사 결원 시 1개월 이내에 신규 보육교사를 채용한다.

마. 성범죄 경력 조회 및 관리

- 임면권자는 「아동청소년의 성보호에 관한 법률」 제56조에 따라 어린이집에 취업 중이거나 사실상 노무를 제공 중인 자 또는 취업하려 하거나 사실상 노무를 제공하려는 자에 대해 성범죄 경력 조회를 경찰청 온라인시스템(명칭 : 범죄경력회보서 발급시스템, http://crims.police.go.kr)을 통하여 신청하고 확인한다.
- 성범죄 경력 조회 결과 어린이집에 취업 또는 사실상 노무 제공이 제한되는 자는 배제하여야 하고, 근무 중인 자에 대해서는 해임하여야 한다.

5) 보육교사 임면보고

(1) 일반원칙

- 어린이집 원장은 보육교사의 채용, 휴직, 출산전후휴가, 육아휴직, 육아기 단축근무, 1개월 이상의 장기 병가 · 연수 · 휴가, 퇴직 등의 임면사항을 보육통합정보시스템에 즉시 등록하고, 이를 14일 이내에 관할 시 · 군 · 구청장에게 보고한다.

(2) 임면보고 방법 및 첨부서류

- 보고방법 : 보육교사 임면보고 시 원칙적으로 보육통합정보시스템에 첨부서류와 함께 등록한다.
- 첨부서류
  - 인사기록카드 사본(시스템을 통하지 않고 시 · 군 · 구에 직접 임면보고하는 경우)
  - 채용신체검사서 사본
  - 성범죄 경력 조회 결과서
  - 아동학대 관련 범죄 전력 조회 회신서
  - 개인정보제공 및 고유 식별정보 처리 동의서

6) 보육교사 경력관리

- 보육교사 임면보고를 받은 시장 · 군수 · 구청장은 교직원 자격 및 결격사유에 이상이 없는 자(주당 30시간 이상 근무하는 교직원)에 대해서는 경력관리시스템(보육통합정보시스템)에 임면 사항을 입력 · 관리한다.
- 보육교사의 출산전후휴가, 육아휴직, 육아기 근로시간 단축 근무, 자격정지, 자격취소, 퇴직 등의 사항도 경력관리시스템에 입력 · 관리한다.

육아기 근로시간 단축 근무란?

1. 육아기 근로시간 단축 근무제도란?
   육아휴직을 신청할 수 있는 근로자는 육아휴직을 대신하여 육아기 근로시간의 단축을 신청할 수 있는데, 이를 육아기 근로시간 단축이라 한다.
2. 육아기 근로시간 단축기간 및 단축 근로시간
   근로자는 육아기 근로시간 단축을 신청하는 경우에 1년 이내의 기간으로 사용할 수 있다. 사업주가 해당 근로자에게 육아기 근로시간 단축을 허용하는 경우 단축 후 근로시간은 주당 15시간 이상이어야 하고 30시간을 넘어서는 안 된다. 자녀 1명당 육아휴직과 육아기 근로시간 단축을 합산하여 1년까지 사용할 수 있다.

- 경력 및 재직증명서 발급: 보육교사로부터 경력(재직)증명서 발급 요청이 있는 경우 시장 · 군수 · 구청장은 경력(재직)증명서를 발급한다.
  - 방법: 경력관리 프로그램에 의하여 경력(재직)증명서 발급, 온라인 홈페이지 정부24(http://www.gov.kr)에서도 발급 가능하다.

7) 보육교사 호봉인정기준

(1) 목적과 적용범위

① 보육교직원의 보수 책정 시 호봉 산정 기준을 제시한다.

② 적용범위

- 국고보조어린이집(정부지원어린이집) 인건비 책정을 위한 호봉 산정 기준으로 적용함을 원칙으로 한다.
  ※ "호봉"이란 근무경력의 기간에 따라 1년을 단위로 인건비 책정을 달리하는 기준을 말한다.

(2) 호봉획정 및 호봉승급

- 호봉획정 및 호봉승급은 당해 어린이집을 설치 · 운영하는 자가 호봉인정 기준에 따라 시행하고 관련 서류를 첨부하여 관할 시장 · 군수 · 구청장에게 보고하여야 하며, 시장 · 군수 · 구청장은 호봉획정 및 호봉승급의 내용을 확인하고 그에 따라 보육교직원의 호봉을 확정한다.
- 초임호봉은 1호봉으로 하되 호봉인정 근무경력 1년을 1호봉씩으로 하여 초임호봉을 획정한다.
- 호봉승급에 필요한 기간은 1년으로 한다.
- 호봉승급은 매달 1일자로 시행한다.

※ 적용시기 : '21년 7월 1일부터 실시(호봉 자동산정 시스템 개발 이후)

8) 보육교사 배치기준

보육교사 배치기준은 다음 〈표 5-4〉와 같다.

표 5-4 보육교사 배치기준

구분	배치기준	자격기준	비 고
보육교사	• 만 1세 미만 ⇒ 영아 3인당 1인 • 만 1세 이상 만 2세 미만 ⇒ 영아 5인당 1인 • 만 2세 이상 만 3세 미만 ⇒ 영아 7인당 1인 • 만 3세 이상 만 4세 미만 ⇒ 유아 15인당 1인 • 만 4세 이상 미취학 유아 ⇒ 유아 20인당 1인 ※ 유아 40인당 1인은 보육교사 1급 자격자여야 함	영유아보육법 시행규칙 제10조 [별표2]	현원기준

9) 보육교사 복무관리

(1) 보육교사의 근무시간

- 보육교사 등 기타 교직원의 근무시간은 평일 8시간을 원칙으로 한다.

※ 보육교사의 근무시간 및 근로조건 등은 근로기준법 등 노동관계법령에 따라야 하며 이를 위반하는 경우가 발생하지 않도록 주의한다.

- 어린이집 원장(교사겸직원장 포함)이 휴가, 병가, 보수교육 참여 등 불가피한 사유로 직무를 수행할 수 없는 경우 보육교사가 그 직무를 대행할 수 있는 기간은 15일(연속, 휴일 제외) 이내로 제한하며 실제 대행 시작일을 기준으로 15일을 초과할 경우 대체원장을 배치하여야 한다.

(2) 보육교사의 휴가 등 기타 복무관리

- 보육교사의 휴가는 보육 공백을 최소화할 수 있도록 순번제로 실시하고, 보수교육, 출산휴가 등으로 보육교사의 공백이 생기는 경우에는 이를 대체할 수 있는 대체교사 또는 그 밖의 인력을 각각 배치하여야 한다.
- 「근로기준법」 제54조(휴게)에 따라 보육교사의 근로시간이 4시간인 경우에는 30분 이상, 8시간인 경우에는 1시간 이상의 휴게시간을 근로시간 도중에 주어야 한다.
  - 휴게시간은 조기퇴근 또는 수당지급으로 대체할 수 없다
  - 담임교사가 휴게시간을 사용하는 동안 원장 또는 보조교사가 담임교사의 업무대행 가능하다.
- 보육교사의 휴가, 휴일, 휴식 등 근로시간과 관련이 있는 사항에 대하여서는 「근로기준법」 등 노동관련 법령에 따른다.
- 고용, 산전후휴가, 육아휴직 등과 관련이 있는 사항에 대하여서는 「남녀고용평등과 일·가정 양립 지원에 관한 법률」의 규정을 준용한다.
- 보육교사의 최저임금 보장 등과 관련이 있는 사항에 대하여서는 「최저임금법」의 규정을 준용한다.

2. 처우와 근무환경

1) 처우와 복지

보육교사는 보육교직원의 책임과 권리를 명문화한 근로계약서와 복무규정을 통해 자신의 업무와 근로상황을 이해하게 된다. 근로계약 시 보육교사는 근로계약을 서면으로 체결하여 상호 날인해야 한다. 근로계약서에는 보수(임금, 경력, 시간 외 근무수당 등), 근로 및 휴게시간, 휴일, 연차(유급휴가) 등의 내용이 명시되어야 한다.

기본보육 담임교사 근무시간

기본보육시간 운영으로 (09시 출근하는 담임교사의) 정기적 대면 보육시간은 7시간을 기준으로 설정할 수 있다(대면보육 7시간, 휴게 1시간, 기타 업무 1시간). 기본 보육교사의 근로시간은 현재와 동일하게 8시간으로 휴게시간(1시간)을 포함하여 일일 9시간 근무해야 한다. 다만, 기본보육시간 운영 및 연장 교사 배치로 인해 줄어든 보육시간을 활용하여 보육준비, 행정업무 등 업무를 할 수 있다.

표 5-5 기본보육 담임교사 근무시간

<table>
<tr><th>시간</th><th>07:30~09:00</th><th>09:00</th><th>09:00~16:00</th><th>16:00</th><th>16:00~17:00</th><th>17:00~18:00</th><th>18:00</th></tr>
<tr><td rowspan="2">역할</td><td rowspan="2">통합보육
(당직)</td><td rowspan="2">출근</td><td>기본보육</td><td>기본보육
영유아 하원</td><td colspan="2">필요시 통합·연장보육</td><td rowspan="2">퇴근</td></tr>
<tr><td>(휴게 가능)</td><td>연장보육
영유아
연장반으로 이동</td><td>휴게시간</td><td>보육준비
및
행정업무</td></tr>
</table>

또한 근무 중 기대되는 역할에 대하여 적절한 수준으로 합의한 후 명문화되어야 한다. 어린이집에서는 보육교직원에 대한 4대 보험료를 모두 납부해야 한다.

보육교사는 영유아에게 커다란 영향을 주는 인적 환경으로, 안정된 근무환경에서 적절한 처우를 받을 때 근무의욕이 향상될 수 있다. 즉, 적절한 처우와 재교육, 기타 복지혜택 등을 제공받을 때, 직무만족도와 직업에 대한 자부심, 보람, 소속감, 근무 의욕 등을 향상시켜 나갈 수 있다. 특히 보육업무의 특성상 스트레스로 인해 소진될 수 있으므로 교사의 직무스트레스를 완화하고 신체 및 정신건강을 유지할 수 있는 기회가 제공되어야 한다. 이를 통해 보육교사의 직무스트레스에 대한 예방, 관리가 이루어지며, 영유아를 향한 질 높은 보육이 제공될 수 있어야 한다. 따라서 근무조건과 복지(포상휴가, 상여금, 명절 선물, 보육교직원 동호회 활동 지원 등)의 향상을 통해 보육교사 자신의 직무 및 소속된 조직에 대한 만족감을 경험할 수 있도록 해야 한다(보건복지부, 한국보육진흥원, 2020).

보육교사 보수기준

- 보육교사의 보수관련 일반적인 사항은 근로 관계 법령(근로기준법, 근로자 퇴직급여보법 등)을 기본으로 한다.
- 국고보조어린이집(정부인건비지원어린이집, 직장어린이집)에 적용함을 원칙으로 한다.
  ※ 모든 어린이집에서는 사용자와 고용자 간에 근로계약서를 작성하여야 하며, 근로계약서에는 임금, 근로시간 및 기타 근로조건 등을 명시하여야 한다.
- 보수는 매월 25일에 지급하되, 지급일이 공휴일인 경우에는 그 전일에 지급한다.

표 5-6 보육교직원 인건비 지급기준 (2021년도 기준, 단위: 원)

호봉	원장		보육교사		조리원	
	보수총액	월지급액	보수총액	월지급액	보수총액	월지급액
1	25,546,800	2,128,900	23,289,600	1,940,800	21,904,800	1,825,400
2	26,341,200	2,195,100	23,601,600	1,966,800	22,000,800	1,833,400
3	27,171,600	2,264,300	23,983,200	1,998,600	22,166,400	1,847,200
4	28,033,200	2,336,100	24,429,600	2,035,800	22,396,800	1,866,400
5	28,921,200	2,410,100	24,936,000	2,078,000	22,687,200	1,890,600
6	29,830,800	2,485,900	25,636,800	2,136,400	23,032,800	1,919,400
7	30,757,200	2,563,100	26,248,800	2,187,400	23,428,800	1,952,400
8	31,695,600	2,641,300	26,767,200	2,230,600	23,870,400	1,989,200
9	32,641,200	2,720,100	27,465,600	2,288,800	24,352,800	2,029,400
10	33,589,200	2,799,100	28,200,000	2,350,000	24,871,200	2,072,600
11	34,538,400	2,878,200	28,965,600	2,413,800	25,420,800	2,118,400
12	35,514,000	2,959,500	29,757,600	2,479,800	25,996,800	2,166,400
13	36,399,600	3,033,300	30,571,200	2,547,600	26,594,400	2,216,200
14	37,309,200	3,109,100	31,401,600	2,616,800	27,208,800	2,267,400
15	38,197,200	3,183,100	32,244,000	2,687,000	27,835,200	2,319,600
16	39,058,800	3,254,900	33,093,600	2,757,800	28,468,800	2,372,400
17	39,889,200	3,324,100	33,945,600	2,828,800	29,104,800	2,425,400
18	40,683,600	3,390,300	34,795,200	2,899,600	29,738,400	2,478,200
19	41,437,200	3,453,100	35,637,600	2,969,800	30,364,800	2,530,400
20	42,145,200	3,512,100	36,468,000	3,039,000	30,979,200	2,581,600
21	43,128,000	3,594,000	37,281,600	3,106,800	31,576,800	2,631,400
22	43,904,400	3,658,700	38,073,600	3,172,800	32,152,800	2,679,400
23	44,598,000	3,716,500	38,839,200	3,236,600	32,702,400	2,725,200
24	45,290,400	3,774,200	39,573,600	3,297,800	33,220,800	2,768,400
25	46,063,200	3,838,600	40,272,000	3,356,000	33,703,200	2,808,600
26	46,779,600	3,898,300	40,929,600	3,410,800	34,144,800	2,845,400
27	47,443,200	3,953,600	41,541,600	3,461,800	34,540,800	2,878,400
28	48,132,000	4,011,000	42,103,200	3,508,600	34,886,400	2,907,200
29	48,764,400	4,063,700	42,609,600	3,550,800	35,176,800	2,931,400
30	49,458,000	4,121,500	43,056,000	3,588,000	35,491,200	2,957,600

※ 보육교사: 간호사, 영양사, 특수교사, 치료사 포함

2) 근무환경

보육교사를 배려한 근무환경은 교사의 근무 의욕을 고취시켜 주며, 교사 자신의 능력을 최대한 발휘할 수 있도록 하여 직무만족감을 높이고 질 높은 보육을 수행할 수 있도록 한다. 어린이집에서는 장시간 보육실에서 근무해야 하는 교사를 위해 성인용 공간과 설비를 마련하여 불편과 긴장을 완화시키고 업무 지원 설비를 충분히 구비하여 직무를 원활하게 수행할 수 있도록 한다.

영유아 활동 공간이 아닌 어린이집 실내 공간에 교사실이 별도로 마련되어 있거나, 휴게실과 같은 교사의 휴식을 위한 공간 또는 설비가 마련되어 있어 교사가 편안하게 휴식을 취할 수 있어야 한다. 어린이집 내에 교사가 개인별로 사용할 수 있는 개인사물함이 보육실이나 교사실 등 일상적으로 사용하기 쉬운 장소에 마련되어야 한다. 또한 업무용 책상과 의자, 업무지원 설비(컴퓨터, 프린터, 스캐너, 복사기, 카메라, 캠코더, 빔 프로젝터, OHP 등)가 구비되어야 한다. 어린이집 내에 교사가 편안하게 사용할 수 있도록 성인용 화장실을 별도로 마련하거나, 영유아용 화장실 내 한 칸에 성인용 변기가 설치되어야 한다(보건복지부, 한국보육진흥원, 2020).

3. 보육교사 직무

보육교사의 직무는 어린이집에서 수행해야 할 업무를 말한다. 영유아보육법 제8조 제2항에 "보육교사는 영유아를 보육하고 원장이 불가피한 사유로 직무를 수행할 수 없을 때에는 그 직무를 대행한다."라고 규정되어 있다. 또한 보육교사는 어린이집에서 영유아의 보육, 건강관리 및 보호자와의 상담, 그 밖에 어린이집의 관리와 운영 등의 업무를 담당해야 한다(제2조). 보육교사의 직무는 다음과 같다(강문숙, 황해익, 2008).

1) 보육교사의 직무영역과 내용

① 보육활동 준비	• 연간, 월간, 주간, 그리고 일일계획과 현장학습계획, 교재교구 제작과 보수, 정리 • 주제에 따라 흥미영역 구성과 흥미영역 외 교실 환경구성과 교실 외 환경구성, 실외 흥미영역 구성 • 수업준비를 위한 정보검색, 자료준비, 다른 교사와 수업에 대한 협의, 학급 내 교사 간 역할분담 공동시설 사용 협의 등
② 활동 실제	• 실내, 실외놀이 활동 및 평가와 발달수준에 따른 개별지도와 인사지도, 정리지도, 언어사용지도, 독립성 격려, 영양교육, 행동관리 등
③ 활동평가	• 표준화 검사, 놀이관찰 기록, 흥미영역 평가, 포트폴리오 제작과 분석일과 평가, 저널쓰기, 학급경영록, 운영평가, 평가척도를 이용한 프로그램, 부모 의견 수렴 평과 결과를 반영
④ 전문성 신장	• 원내 연수참여와 외부 연수참여, 외부 수업 및 기관참여 및 참관 • 영유아 보육박람회 참관과 연구회 활동 • 신입교사 오리엔테이션 진행하기와 실습생지도, 동료장학 실시 및 받기, 자기장학, 교사윤리 실천과 법적 관리와 의무 이행 구성원 협동 등
⑤ 영유아 보호 관련 업무	• 건강검진 계획 세우기와 보육교사 건강검진 • 적절한 휴식지도, 식단 설계, 씻기기, 기저귀 갈아주기 • 배변처리, 온도, 습도, 채광, 조도 조절 • 영유아 안전교육, 안전 규칙 세우기, 응급상황훈련 및 대비, 부모동의서 받기와 응급처치, 사고 시 적법절차 따르기 등
⑥ 학부모 관련 업무	• 부모-교사 협의회, 수시로 정보교환지원요청, 학부모 상담, 부모참여 수업, 부모 간 교류제공, 다양한 방법의 가족 지원
⑦ 행사 관련 업무	• 행사계획을 위한 정보수집, 역할분담과 진행 및 뒷정리
⑧ 사무 관련 업무	• 보육과정 운영 문서 작성과 원아관리. 보육교직원 관리, 재무관리, 보건복지부 요청 자료작성 • 각종 보고서와 문서 작성 및 관리, 회의록 • 신청서, 공문처리, 유인물 제작 및 발송과 우편물 확인, 예금관련 업무, 사진 홈페이지, 물품 구입, 재고조사, 원아모집 관련 등
⑨ 시설 관련 업무	• 실내외 안전점검 의뢰와 안전점검 • 실내 소독계획 및 의뢰, 기자재 사용법 익히기 기자재 점검과 보수
⑩ 대인관계 및 사회적인 업무	• 교사 친목 및 경조활동 참여와 상사업무 보조하기 • 손님 및 상사 접대하기와 졸업생 관리하기, 지역사회 행사 참여하기 등

2) 보육교사 업무분장의 예

	고유업무	문서	화재시	안전사고시
원장	• 원 전반적인 운영 • 업무 계획 및 관리 • 운영 및 보육 정보 수립 • 시설정비 및 재정관리 • 업무분담 '감독' 근무평정 등	• 회계업무, 공문서 관리 • 업무관리, 종사자 관리 • 이용아동 연명부 • 졸업 및 퇴소처리대장	• 총 지휘 • 관계기관신고 • 전체대피동승 • 소화공동지휘	• 총지휘 • 학부모와 관계 기관 통보 • 지정병원으로 긴급후송
교사	• 보육 공동 계획 및 실행, 평가 • 각 보육실의 환경구성 및 환경정리 • 학부모 상담 • 영유아 건강 및 안전관리 • 안전교육 계획 및 실행 • 영유아 영양 및 급식관리	• 보육일지 작성, 월별 환경 구성 계획표 • 영아 관찰 및 일지, 부모상담일지 • 보육실, 놀잇감 안전점검표 • 가정통신문, 차량 안전점검표 • 원아 서류 : 출석부, 생활기록부, 응급처치동의서, 귀가동의서, 등본, 건강검진표 등		

	업무	문서	청소	화재시	안전사고시
주임 교사	• 원장 부재 시 원장 업무 대행 (상담, 교사 업무분담 등) • 각종 문서 최종점검 • 행사 진행 및 섭외 • 교재교구 관리 담당 • 홈페이지 관리	• 교재교구 관리대장 • 교사회의록 • 시설운영일지	• 교실 청소 • 자료실 정리	• 원아대피선두 • 응급처치 • 구급약 챙기기	• 학부모와 관계기관 통보 • 지정병원으로 긴급후송
교사 1	• 도서(영유아, 교사), 시청각 자료 담당 • 약품관리	• 도서 시청각 자료대장 • 약품관리대장	• 교실 청소 • 현관, 신발장 청소	• 원아대피 후진 • 대피유도 • 응급처치	• 응급처치 • 시설 및 안전점검
교사 2	• 소모품 담당 : 기타 종이류, 시트지, 미술재료, 사무용품, 문구, 환경정리, 물품, 휴지, 비누, 세제 등	• 소방대피 훈련일지 • 교사연수대장 • 행사일지	• 화장실 청소 • 칫솔 살균기 관리	• 전기스위치 차단 • 가스벨브 차단 • 진화작업	• 응급처치 • 시설 및 안전점검
교사 3	• 소방대피훈련 • 게시판 관리	• 소방대피 훈련일지 • 교사연수대장 • 행사일지	• 전체 마무리 청소 • 화장실 청소	• 진화작업 • 응급처치 • 대피유도	• 학부모와 관계기관 통보 • 응급처치

3) 직무 수행을 위한 보육교사의 자질

(1) 보육활동에 대한 지식

보육교사는 영유아 발달에 대한 전문적 이해가 필요하다. 영유아는 언어 표현의 한계로 자신의 욕구를 제대로 표현하기 어렵고, 발달과정상 빠른 성장이 이루어지는 시기이므로 보육교사는 영유아의 보편적 발달특성뿐 아니라 개인차를 존중해 주어야 한다. 또한 보육교사는 다양한 연령의 영유아의 전인적 발달을 지원하고 교육하기 위한 영유아 보육과정에 대한 지식이 필요하다. 이에 국가수준의 교육과정인 표준보육과정과 누리과정에서의 교수방법 및 평가에 대한 지식을 습득하고, 영유아 건강과 영양 및 안전에 대한 지식과 부모교육 등에 관한 지식을 알고 있어야 한다.

(2) 보육계획 수립 및 실행능력

보육교사는 보육과정을 실행하는 데 요구되는 제반 교수기술을 갖추고 있어야 한다. 보육교사는 보육과정에 대해 이해하고, 보육활동을 계획하고 실행하며, 평가를 통해 다시 재조정하는 수업설계에 대한 지식과 실행능력을 갖추어야 한다. 이러한 과정에서 독창적인 사고능력과 융통성으로 영유아뿐만 아니라 부모 및 전문가들과의 상호 협조체제를 유지하여 참여시킬 수 있는 능력도 갖추어야 한다.

(3) 교육관

보육교사는 교사로서의 소신과 철학 및 직업윤리를 가지고, 영유아를 사랑과 믿음으로 공정하게 대하여, 영유아 개개인의 개성을 존중하고 수용해 주어야 한다. 또한 동료교사들과 협력하며 지역사회에 봉사함으로써 보육교사로서의 지위 향상에 노력해야 한다.

CHAPTER

06

보육실 운영관리

1. 흥미영역의 구성과 운영
2. 교재교구관리
3. 시설 · 설비 · 비품관리

1. 흥미영역의 구성과 운영

1) 0세~만 1세 영아를 위한 보육환경

(1) 환경구성 원리

보육환경이란 넓은 의미로는 물리적, 인적, 심리적, 시간적 환경을 포괄하는 개념이나 여기서는 보육공간과 놀잇감을 중심으로 한 물리적 환경에 중점을 둔다. 쾌적한 보육공간과 적절한 놀잇감이 갖추어진 어린이집의 물리적 환경은 보육활동 전반에 영향을 미치는 중요한 요인이다. 영아를 위한 환경은 편안하고, 안전하며, 영아의 발달에 적합하도록 구성되어야 한다. 그 구성원리는 다음과 같다.

가. 영아의 건강과 안전을 최우선으로 고려한다. 쾌적하고 위생적인 공간과 설비, 놀잇감이 마련되고, 지속적으로 청결하게 관리되어야 한다.

나. 정서적 안정감을 줄 수 있어야 한다. 집과 같이 포근하고 편안하게 느껴지도록 환경을 구성한다. 또한 영아가 안락하게 쉴 수 있는 휴식공간을 갖춘다.

다. 움직임과 이동성을 확보한다. 공간은 영아가 탐색하며 활동할 수 있을 만큼 충분히 넓어야 한다. 또한 걸음마를 배우고 활동성이 증가하는 영아의 발달특성을 고려한 공간 배치가 필요하다.

라. 탐색과 발견의 기회가 마련되어야 한다. 영아의 특성을 반영하여 탐색과 놀이가 충분히 이루어지도록 다양한 놀이영역을 구성한다.

마. 영아의 일과를 고려하여 일상생활 영역과 놀이영역을 함께 구성한다. 영아에게는 수유, 낮잠, 기저귀 갈이 등 일상생활을 위한 공간이 필요하다.

(2) 실내환경

영아를 위한 환경의 구성은 일상생활영역과 놀이영역으로 구성된다. 영아보육프로그램(보건복지부, 2013)에 의하면 영아를 위한 보육환경 구성을 다음과 같이 제시한다.

구분	영아반 보육환경							
	일상생활영역		놀이영역					
0세~ 만 1세반	수유	기저귀 갈이	신체	언어	감각 · 탐색	-	-	-
만 1세반	수유	기저귀 갈이	신체	언어	감각 · 탐색	역할 · 쌓기	-	-
만 2세반	-	-	신체	언어	감각 · 탐색	역할 · 쌓기	미술	음률

출처: 보건복지부, 육아정책연구소(2013).

0세~만 1세 영아를 위한 실내 보육공간은 놀이공간과 더불어 비품 정리 공간, 휴식을 위한 공간, 수유 및 기저귀 갈이를 위한 공간 등의 일상생활영역이 필요하다. 또한, 0세~만 1세 영아는 혼자서 이동하기 어려워 실외환경을 접할 기회가 제한적이므로 보육공간은 햇빛이 잘 드는 곳에 위치하는 것이 좋다.

일상생활영역

1) 개인 사물함

영아의 겉옷, 여벌 옷, 기저귀 가방, 개인 소지품이나 일과 중 만든 물건 등을 보관·정리하는 사물함이 필요하다. 사물함은 가능한 보육실 내 또는 입구 가까운 곳에 두어 물품 정리가 용이하도록 한다. 이와 더불어 각 영아의 상태를 기록하거나, 교사와 부모와의 의사소통을 위해 수첩 등을 비치한다.

① 놀잇감 및 교재교구

- 서랍장이나 사물함
- 영아 개인의 사진이 부착된 이름표
- 영아 부모와의 소통을 위한 수첩 및 통신문

② 구성의 예

출처: 보건복지부, 육아정책연구소(2013).

③ 유의점

- 사물함이나 개인 서랍에는 영아의 이름과 사진을 부착하여 영아가 자기 것을 구분할 수 있도록 돕는다.
- 사물함 대신 선반을 활용해도 좋다.
- 영아가 자기 물건 등을 넣어두거나 찾아갈 수 있도록 아래쪽에 바구니 등을 놓아두는 것도 좋다.

2) 휴식영역

영아가 조용히 쉴 때 이용하는 공간으로 조용한 곳에 아늑함과 부드러움을 느낄 수 있도록 구성한다. 교사가 쉬고 있는 영아를 언제나 쉽게 관찰할 수 있는 곳에 마련한다. 0세~만 1세 영아의 경우 다른 연령에 비해 더욱 충분한 낮잠이 필요하므로 개별 영아의 필요에 따라 자유로이 이용할 수 있는 휴식공간이 필요하다. 영아가 안정감을 느끼도록 선호하는 인형이나 애착물을 함께 두어도 좋다. 영아가 누워서 볼 수 있는 곳에 모빌을 설치하거나, 잠에서 깨어나거나 잠드려는 영아에게 부드러운 음악을 제공하기 위한 카세트 등을 비치한다.

① 놀잇감 및 교재교구

- 부드러운 느낌의 베개 및 담요

- 푹신한 의자나 가구, 바닥 깔개, 드리우는 천(캐노피)
- 헝겊 그림책, 인형

② 구성의 예

출처: 보건복지부, 육아정책연구소(2013).

③ 유의점

- 휴식공간을 별도로 마련하기 힘든 경우에는 놀이공간 중 의사소통을 위한 영역을 이용하여 휴식을 취할 수도 있다.
- 아주 어린 영아의 질식사고 예방을 위해 바닥 깔개나 침구류는 너무 푹신하지 않아야 한다.
- 0세~만 1세 영아는 월령에 따라, 개인 특성에 따라 낮잠자는 시간이 불규칙하고 개별적이기 때문에 좀 더 오래 자는 영아를 위한 배려가 필요하다.

3) 수유영역

영아의 월령이 증가함에 따라 수유 및 식사 자세의 변화가 이루어진다. 모유수유처럼 성인에게 안겨서 수유하는 상태에서 우유병 혼자 잡고 마시기, 이유식 먹기, 의자에 앉아서 성인의 도움으로 먹기, 식탁에 앉아 혼자 먹기 등의 순서로 이어진다. 0세~만 1세 영아의 이러한 발달특성을 고려하여 위생적이고 편안한 수유 및 식사를 위한 공간 확보에 노력한다.

우유병과 젖꼭지는 사용할 때마다 소독해야 하는데 매번 소독하기 어려운 경우에는 소독된 우유병과 젖꼭지를 넉넉히 준비해 둔다. 이유식을 하는 영아나 식사를 시작하는 영아를 위한 별도의 테이블을 마련할 수 있다. 일반적으로 영아의 이유식과 식사를 위해서는 보육실 내 낮은 책상에서 이용하기도 한다.

① 놀잇감 및 교재교구

- 냉장고, 수유 준비 테이블, 우유병과 젖꼭지 소독을 위한 도구
- 푹신한 의자나 베개, 바닥 깔개
- 낮은 책상이나 영아용 식사 테이블

② 구성의 예

출처: 보건복지부, 육아정책연구소(2013).

③ 유의점

- 우유는 냉장고에 보관하고, 분유는 습기 차지 않도록 건조하고 서늘한 곳에 둔다.
- 식탁에 앉아 혼자 먹기가 가능한 월령인 경우에는 낮은 책상에서 다른 영아들과 소집단으로 함께 식사하여도 좋다.

4) 기저귀 갈이영역

기저귀 갈기는 영아와 교사 간 긴밀한 상호작용이 이루어지는 중요한 시간이며 이 동안 교사와의 언어적 상호작용을 통해 영아의 언어발달을 촉진할 수 있는 시간이기도 하다. 기저귀 갈이영역은 영아의 휴식공간 가까이에 따뜻한 공간이어야 한다. 영아를 눕히

기에 적당한 크기로, 청소하기 쉬운 마감재의 매트를 사용한다. 사용한 기저귀를 처리할 폐기용 비닐과 휴지통을 준비하고, 기저귀를 가는 데 필요한 도구를 수납할 장이나 선반을 비치한다. 배변훈련을 시작하는 영아를 위해 화장실을 안전하게 구성한다. 영아가 미끄러지지 않도록 바닥에 미끄럼 방지처리를 하고, 손을 씻을 수 있도록 수건, 물비누 등을 비치한다. 영아용 변기를 비치하여 영아의 배변훈련을 돕는다. 성인용 변기일 경우에는 성인용 변기 위에 영아용 변기 뚜껑을 올려서 사용하고, 이동용 변기를 사용할 경우에는 항상 변기가 깨끗하게 비워져 있어야 한다.

① 놀잇감 및 교재교구

- 매트, 기저귀, 물휴지, 파우더, 일회용 장갑, 폐기용 비닐, 휴지통
- 수납장이나 선반
- 거울, 모빌
- 영아용 변기(영아용 변기 뚜껑) 또는 이동식 변기, 개수대
- 휴지, 물비누, 수건(종이 수건)

② 구성의 예

출처: 보건복지부, 육아정책연구소(2013).

③ 유의점

- 기저기 갈이영역은 가능하면 음식 준비하는 곳에서 떨어진 곳에 배치한다.
- 기저귀를 가는 동안 영아가 탐색할 수 있도록 거울이나 모빌 등을 설치해도 좋다.
- 화장실 청소용품이나 소독제 등은 영아의 손이 닿지 않는 곳에 보관한다.

놀이영역

1) 신체영역

영아들은 움직임에 대한 욕구가 강하고 끊임없이 움직인다. 영아기는 신체 및 운동기능의 발달과 협응이 급격한 성장을 보이는 시기이므로 일상생활을 통해 자연스럽게 다양한 대근육 활동을 할 수 있는 환경을 구성할 필요가 있다. 영아가 기고, 걷고 움직이기 시작하면서 영아의 움직임 발달을 고려한 안전하면서도 도전적인 환경을 제공한다. 보육실 내에서 영아가 오르고 내리고, 타고, 밀고, 뛰고 길 수 있는 시설과 설비를 갖춘다.

① 놀잇감 및 교재교구

- 잡고 걸을 수 있도록 벽을 따라 설치된 봉
- 잡고 서서 밀고 걸을 수 있는 바퀴 달린 장남감
- 실내용 미끄럼틀, 그네, 흔들말, 세발자전거나 붕붕차
- 낮은 계단과 경사로, 건너뛰거나 통과하는 장애물
- 영아용 침대에서 사용 가능한 놀이기구
- 스펀지 블록, 공

② 구성의 예

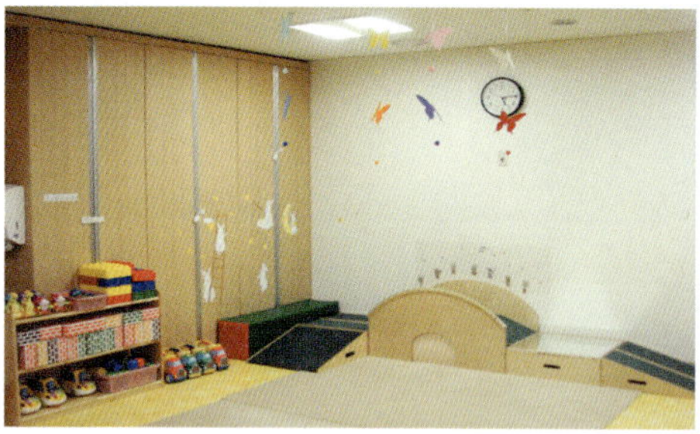

출처: 보건복지부, 육아정책연구소(2013).

③ 유의점

- 만 1세 영아들은 걷기 시작하면서 활동의 범위가 넓어지기 시작하나, 스스로의 조절력은 충분하게 발달하지 못하기 때문에 안전사고가 일어나기 쉬우므로 공간구성 안에 이에 대한 배려가 필요하다.

2) 언어영역

언어영역은 보육실 중 가장 조용하고 밝은 곳에 두되 출입구, 화장실, 피아노 등과 떨어진 곳에 배치한다. 영아와 교사의 언어적 상호작용을 풍부하게 경험할 수 있도록 공간을 구성한다. 교사와 함께 앉아 책을 읽어줄 수 있을 만큼의 공간을 확보하는 것이 좋다. 이 영역에는 영아를 위한 감각책, 그림책뿐만 아니라 인형이나 그림, 사진 같은 다양한 자료를 준비하여 언어적 상호작용이 빈번하게 일어날 수 있도록 한다. 또한 책을 읽거나 놀이를 하면서 영아와 교사가 편안한 느낌을 경험하도록 아늑한 분위기의 공간을 구성한다.

① 놀잇감 및 교재교구

- 낮은 소파나 푹신한 등받이 쿠션, 방석, 책장이나 상자
- 단순한 그림책, 감각그림책, 스펀지책, 헝겊책 등 영아용 그림책
- 손인형, 그림이나 사진, 끼적거릴 도구
- 모형 전화기나 카세트

② 구성의 예

출처: 보건복지부, 육아정책연구소(2013).

③ 유의점

- 영아용 책꽂이에는 그림책을 비치할 경우에는 글을 모르는 영아의 특성을 고려하여 책의 앞면을 볼 수 있도록 정리한다.
- 책이나 자료를 사용한 뒤에 영아가 정리하는 습관을 기르도록 돕는다.
- 자연조명이 잘되는 밝은 곳에 배치하는 것이 좋으며, 아늑한 분위기를 위해 적절한 조명을 할 수도 있다.

3) 감각 및 탐색영역

영아는 보고, 듣고, 만지고, 냄새 맡고, 맛보는 오감을 이용하여 자신의 환경을 탐색한다. 영아가 풍성한 감각적 경험을 형성할 수 있도록 다양한 재질과 형태의 놀잇감을 제공한다. 영아의 발달에 맞추어 놀잇감의 종류를 선별하여 제공한다.

누워 있는 영아에게는 모빌, 딸랑이 등을, 앉거나 이동하기 시작하면서는 쌓기 상자, 통 안에 모양 맞추어 넣기, 작동에 따라 소리나는 놀잇감 등 그 범위를 넓혀간다. 손과 눈의 협응과 소근육 발달이 이루어지기 시작하는 영아에게는 소근육 조작 경험을 충분히 할 수 있도록 배려한다.

① 놀잇감 및 교재교구

- 모빌, 딸랑이, 손에 쥘 수 있는 놀잇감, 오뚝이
- 건드리면 다양한 소리가 나는 놀잇감, 상자 블록, 누르면 작동하는 놀잇감
- 다양한 질감의 인형, 여러 가지 재질과 크기의 공
- 모양 블록, 모양 끼우기 통, 고무나 플라스틱 재질의 고리 끼우기 등

② 구성의 예

출처: 보건복지부, 육아정책연구소(2013).

③ 유의점

- 영아는 밝은 색상, 대비가 분명한 것, 단순한 디자인, 두드러지는 특징이 있는 것, 사람 얼굴 모양 등을 선호하므로 이런 특징을 갖춘 놀잇감을 마련한다.
- 모든 자료는 항상 청결하게 관리하고 파손된 자료는 즉시 수리한다.
- 영아가 삼킬 수 있는 작은 자료는 비치하지 않는다.

4) 역할 및 쌓기영역

영아는 초보 수준의 역할놀이를 통해서도 자신을 표현하는 기회를 가질 수 있다. 가상놀이나 역할놀이를 할 수 있는 놀잇감을 좋아하기 시작하면서 자신을 둘러싼 생활을 모방하는 놀이를 할 수 있다. 영아의 창의적 표현을 북돋을 수 있는 공간을 준비한다. 쌓기놀이를 통해 영아는 공간에 대한 지각력뿐 아니라 도형에 대한 이해의 기초를 형성한다. 또한 쌓기놀이 과정에서 일어나는 또래와의 자연적인 상호작용은 영아의 사회성 발달에도 긍정적 영향을 미친다. 이를 위해 다양한 재질과 크기의 쌓기놀잇감을 준비한다.

① 놀잇감 및 교재교구

- 다양한 인형(인형놀이를 위한 인형, 봉제인형)
- 밀고 당기는 놀잇감(쇼핑용 손수레, 유모차, 자동차)
- 부엌용품, 청소용품 등의 역할놀잇감

- 다양한 크기, 색, 모양의 쌓기놀잇감
- 쌓기놀이에 함께 할 수 있는 모형 자동차 및 인형

② 구성의 예

출처: 보건복지부, 육아정책연구소(2013).

③ 유의점

- 영아가 삼킬 수 있는 작은 자료는 비치하지 않는다.
- 제공하는 자료가 위생적이고 안전한지 점검한다.

(3) 실외환경

0세~만 1세 영아는 신체조절능력이 덜 발달되어 다른 연령에 비해 바깥놀이가 자유롭지 못하다. 그러나 바깥놀이터는 영아가 날씨의 변화와 자연현상을 감각적으로 경험할 수 있는 공간이며, 0세~만 1세 영아가 직접 참여하지 않더라도 다른 연령의 영유아의 놀이를 관찰할 수 있는 흥미로운 공간이다.

실외환경은 동적인 영역과 정적인 영역을 구분하여 배치한다. 동적인 영역에서는 걷기 전 영아를 위한 유모차나 걷기 시작한 경우에는 붕붕차 등 영아의 발달수준에 맞추어 바깥놀이를 위한 놀잇감도 준비한다. 영아는 교사와 함께 미끄럼틀과 그네, 시소 등의 놀잇감을 경험할 수도 있다. 정적인 영역에서는 휴식하기나 물놀이나 모래놀이 등을 할 수 있도록 실외환경을 구성할 수 있다.

출처: 보건복지부, 육아정책연구소(2013).

2) 만 2세 영아를 위한 보육환경

(1) 환경구성 원리

보육환경이란 넓은 의미로는 물리적, 인적, 심리적, 시간적 환경을 포괄하는 개념이나 여기서는 보육공간과 놀잇감을 중심으로 한 물리적 환경에 중점을 둔다. 쾌적한 보육공간과 적절한 놀잇감이 갖추어진 어린이집의 물리적 환경은 보육활동 전반에 영향을 미치는 중요한 요인이다. 영아를 위한 환경은 편안하고, 안전하며, 영아의 발달에 적합하도록 구성되어야 한다. 그 구성원리는 다음과 같다.

가. 영아의 건강과 안전을 최우선으로 고려한다. 쾌적하고 위생적인 공간과 설비, 놀잇감이 마련되고, 지속적으로 청결하게 관리되어야 한다.

나. 정서적 안정감을 줄 수 있어야 한다. 집과 같이 포근하고 편안하게 느껴지도록 환경을 구성한다. 또한 영아가 안락하게 쉴 수 있는 휴식공간을 갖춘다.

다. 움직임과 이동성을 확보한다. 공간은 영아가 탐색하며 활동할 수 있을 만큼 충분히 넓어야 한다. 또한 걸음마를 배우고 활동성이 증가하는 영아의 발달 특성을 고려한 공간 배치가 필요하다.

라. 탐색과 발견의 기회가 마련되어야 한다. 영아의 특성을 반영하여 탐색과 놀이가 충분히 이루어지도록 다양한 놀이영역을 구성한다.

마. 영아의 일과를 고려하여 일상생활영역과 놀이영역을 함께 구성한다. 영아에게는 수유, 낮잠, 기저귀 갈이 등 일상생활을 위한 공간이 필요하다.

(2) 실내환경

만 2세 영아를 위한 실내 보육공간은 다양한 놀이공간과 더불어 비품 정리 공간, 휴식을 위한 공간, 간식 및 식사를 위한 공간, 화장실 등의 일상생활영역이 필요하다.

일상생활영역

1) 개인 사물함

개인 사물함은 영아의 여벌옷, 비품 등 개인용품을 보관·정리하기 위하여 설치한다. 가능하면 보육실 내 또는 입구 가까운 곳에 두어 물품 정리가 용이하도록 한다. 사물함이나 개인 서랍에는 영아의 이름과 사진을 부착하여 영아가 자기 것을 구분할 수 있도록 돕는다. 각 영아의 상태를 기록하거나, 교사와 부모와의 의사소통을 위해 수첩 등을 비치한다.

① 놀잇감 및 교재교구

- 서랍장이나 사물함
- 영아 개인의 사진이 부착된 이름표
- 영아 부모와의 소통을 위한 수첩 및 통신문

② 구성의 예

출처: 보건복지부, 육아정책연구소(2013).

③ 유의점

- 2세 영아들은 스스로 하고자 하는 욕구가 강한 시기이다. 영아가 스스로 옷을 입고 벗고 정리하며 자신감을 기르고, 자기 것에 대한 소유감을 갖도록 사물함은 영아가 쉽게 접근하여 이용할 수 있도록 구성한다.

2) 휴식영역

영아가 조용히 쉴 때 이용하는 공간으로 조용한 곳에 아늑함과 부드러움을 느낄 수 있도록 구성한다. 2세 영아는 긴 낮잠을 자기도 하고 기분이 좋으면 자지 않으려 할 수도 있다. 다른 활동영역과는 분리된 조용하고 편안한 휴식공간이 필요하다. 교사가 쉬고 있는 영아를 언제나 쉽게 관찰할 수 있는 곳에 마련한다. 영아가 안정감을 느끼도록 선호하는 인형이나 애착물을 함께 두어도 좋다.

① 놀잇감 및 교재교구

- 부드러운 느낌의 베개 및 담요
- 푹신한 의자나 가구, 바닥 깔개, 드리우는 천(캐노피)
- 헝겊그림책, 인형

② 구성의 예

출처: 보건복지부, 육아정책연구소(2013).

③ 유의점

• 휴식공간을 별도로 마련하기 힘든 경우에는 놀이공간 중 의사소통을 위한 영역을 이용하여 휴식을 취할 수도 있다.

3) 간식 및 식사영역

간식 및 식사시간은 음식을 먹으면서 교사와 또래와 함께 이야기 나누며 상호작용할 수 있는 시간이다. 만 2세 영아들은 활동적이고 쉽게 산만해지기 쉬워 음식을 엎지르거나 떨어뜨리는 일이 빈번히 발생한다. 이런 이유로 간식 및 식사영역은 안전하고 쉽게 닦을 수 있는 재질의 바닥과 도구가 배치되어야 한다. 일반적으로 영아의 간식과 식사를 위해서는 보육실 내 낮은 책상을 이용한다. 영아들이 빈번하게 지나다니거나 활발하게 놀이하는 곳과 떨어진 장소의 책상을 활용하고, 간식 전과 후에는 물휴지나 행주로 책상을 깨끗이 닦는다.

① 놀잇감 및 교재교구

• 낮은 책상이나 물휴지, 행주

② 구성의 예

출처: 보건복지부, 육아정책연구소(2013).

③ 유의점

• 식탁에 앉아 혼자 먹기가 가능하므로 또래 영아가 함께 하는 소집단으로 친밀한

식사공간을 구성한다.

- 가능하면 스스로 배식할 수 있도록 낮은 조리대나 급식대를 배치해도 좋다.

4) 화장실

배변훈련을 시작하는 영아를 위해 화장실을 안전하게 구성한다. 영아가 미끄러지지 않도록 바닥에 미끄럼 방지처리를 하고, 손을 씻을 수 있도록 수건, 물비누 등을 비치한다. 만 2세 영아는 일상생활 중 옷입기, 손씻기, 배변 등 자조기술이 필요한 부분에서 혼자서 스스로 하려는 경향을 보인다. 영아가 혼자 할 수 있도록 화장실에서 변기를 사용하는 방법, 세면대에서 손씻는 순서와 방법 등을 사진이나 그림으로 안내해 주면 좋다.

영아용 변기를 비치하여 영아의 배변훈련을 돕는다. 성인용 변기일 경우에는 성인용 변기 위에 영아용 변기 뚜껑을 올려서 사용한다. 이동용 변기를 사용할 경우에는 항상 변기가 깨끗하게 비워져 있어야 한다.

① 놀잇감 및 교재교구

- 영아용 변기(영아용 변기 뚜껑) 또는 이동식 변기, 개수대
- 휴지, 물비누, 수건(종이 수건), 휴지통
- 변기 사용하는 방법, 손 씻는 순서와 방법 등에 대한 사진이나 그림

② 구성의 예

출처: 보건복지부, 육아정책연구소(2013).

③ 유의점

- 화장실은 영아가 접근하고 이용하기 쉽도록 구성되어야 한다.
- 부드러운 조명이나 큰 거울 등을 설치하면 좀 더 집 같은 느낌을 준다.
- 영아가 대소변의 실수를 하거나 변기의 물을 내리지 않아 생기는 냄새 제거를 위해 환기에 신경을 써야 한다.
- 청소용품이나 소독제 등은 영아의 손이 닿지 않는 곳에 보관한다.

놀이영역

1) 신체영역

영아들은 움직임에 대한 욕구가 강하고 끊임없이 움직인다. 만 2세가 되면 신체의 움직임이 민첩해지고 신체활동을 더 즐기게 되므로 보다 넓은 대근육 활동영역이 필요하다. 대근육 활동은 실외놀이터를 주로 이용하기도 하나 보육실 내에서 다른 활동에 방해가 되지 않는 범위 내에서 영아가 오르고 내리고, 타고, 밀고, 뛰고 길 수 있는 시설과 설비를 갖추어 줄 수 있다.

① 놀잇감 및 교재교구

- 실내 미끄럼틀, 종합놀이대
- 이동식 목마, 자동차, 끌차
- 공, 후프, 볼풀 놀이대
- 낮은 계단과 경사로, 건너뛰거나 통과하는 장애물

② 구성의 예

출처: 보건복지부, 육아정책연구소(2013).

③ 유의점

• 비가 오거나 추워서 바깥놀이가 어려운 날에는 실내에서 대근육 활동을 포함한 신체활동을 할 수 있도록 보육실 중심 공간을 이용하기도 한다.

2) 언어영역

만 2세 영아는 자신의 의사를 말로 표현하기 시작하며 즐기는 시기로 언어를 이용한 의사소통에 많은 흥미를 보인다. 영아가 말하고, 듣고, 읽고, 쓰는 의사소통의 기회를 충분히 경험할 수 있도록 공간과 놀잇감을 배치한다. 성인인 교사뿐만 아니라 또래와의 언어적 상호작용을 풍부하게 경험할 수 있도록 배려한다. 또한 문자에도 관심이 확장되는 시기이므로 교사와 함께 앉아 책을 읽어 줄 수 있을 만큼의 공간을 확보하고 영아와 교사가 편안한 느낌을 경험하도록 아늑한 분위기로 구성한다. 이 영역에는 그림책뿐만 아니라 사진책, 포스터, 동시판, 노래판, 팜플렛, 전단지, 메뉴판 등을 준비하여 영아가 생활 속에서 문자의 역할을 이해하고 문자와 친숙해질 수 있도록 돕는다. 또한 벽면에는 칠판이나 커다란 전지를 붙여주고 분필, 크레파스, 색연필, 사인펜 등을 비치하여 영아의 끼적거리는 활동을 격려한다. 카세트와 녹음기, 마이크 등을 이용하여 자신의 말소리를 녹음하고 듣는 등의 말하기와 듣기 경험을 확장하도록 한다.

① 놀잇감 및 교재교구

- 낮은 소파나 푹신한 등받이 쿠션, 방석, 책장
- 다양한 주제의 그림책, 사진책
- 포스터, 동시판, 노래판, 팜플렛, 전단지, 메뉴판
- 칠판이나 전지 및 끼적거릴 도구(분필, 크레파스, 색연필, 사인펜)
- 녹음기, 마이크, 카세트

② 구성의 예

출처: 보건복지부, 육아정책연구소(2013).

③ 유의점

- 영아용 책꽂이에는 그림책의 앞면을 볼 수 있도록 정리한다.
- 책이나 자료는 사용 후 제자리에 스스로 정돈할 수 있도록 환경구성 시 배려한다.
- 자연조명이 잘되는 밝은 곳에 배치하는 것이 좋으며, 아늑한 분위기를 위해 적절한 조명을 할 수도 있다.
- 공간이 부족한 경우 언어영역을 안락하게 구성하여 휴식영역으로 공유할 수도 있다.

3) 감각 및 탐색영역

만 2세 영아는 손의 소근육 발달이 정교해지는 시기로 다양한 조작놀이를 제공함이 효과적이다. 자연물이나, 소형 블록, 구슬 꿰기 등 영아가 정교하게 손을 이용할 수 있는

경험을 하도록 배려한다. 퍼즐이나 분류 등의 활동을 즐기기도 한다. 이 영역의 놀잇감들은 낮은 교구대에 바구니나 쟁반에 담아 준비해 두어 영아가 흥미에 따라 선택하여 활동할 수 있도록 배치한다. 또한 만 2세가 되면 동식물에 관심을 가지기 시작하므로 실내에서 기를 수 있는 동물(거북이, 달팽이, 토끼 등)이나 식물, 주변의 다양한 자연물 등을 관찰할 수 있는 공간을 마련해 주어도 좋다.

① 놀잇감 및 교재교구

- 여러 가지 조작 놀잇감(소형 블록, 구슬 꿰기 놀잇감, 레고 등)
- 퍼즐 및 분류 놀잇감
- 실내에서 키울 수 있는 동식물, 돋보기
- 교구대와 바구니, 쟁반

② 구성의 예

출처: 보건복지부, 육아정책연구소(2013).

③ 유의점

- 놀잇감은 영아의 시선을 끌 수 있도록 영아의 눈높이에 맞추어 비치한다.
- 영아가 삼킬 수 있는 작은 조각의 놀잇감 사용은 가능한 피하고 사용 시에는 영아에게 충분한 주의를 준다.
- 자료를 보관하는 교구대 바닥에 놀잇감의 사진을 붙여주어 영아 스스로 정리할 수 있도록 돕는다.

4) 역할 및 쌓기영역

역할놀이를 위한 공간도 영아의 발달에 따른 흥미를 고려한다. 이 시기 영아는 가족과 관련된 역할놀이를 선호하므로 가족놀이, 아기놀이 등을 위한 놀잇감을 제공한다.

만 2세 영아는 친구를 배려하고 놀잇감을 공유하면서 활동하기에 어려운 시기이다. 따라서 분쟁의 소지를 사전에 예방하기 위해 충분한 양의 쌓기놀잇감을 준비하는 것이 중요하다. 놀잇감으로 울타리를 만들고, 집짓기, 성 쌓기, 도로나 기차 만들기를 즐긴다.

① 놀잇감 및 교재교구

- 다양한 인형(인형놀이를 위한 인형, 봉제인형)
- 밀고 당기는 놀잇감(쇼핑용 손수레, 유모차, 자동차)
- 부엌용품, 청소용품 등의 역할놀잇감
- 크기가 너무 작지 않은 다양한 재질과 크기의 블록
- 동물, 자동차, 사람 등의 소품

② 구성의 예

출처: 보건복지부, 육아정책연구소(2013).

③ 유의점

- 블록 등의 놀잇감을 보관하는 교구대 바닥에 밑면의 모양이나 사진을 붙여 주어 영아 스스로 정리할 수 있도록 돕는다.
- 영아의 수를 고려하여 충분한 양의 놀잇감을 비치한다.
- 계절을 고려하여 역할놀잇감을 변화시켜 준다.

5) 미술영역

영아의 창의적 표현을 북돋을 수 있는 공간은 활동적이면서도 물이 필요하므로 세면대나 출입구 가까운 곳에 배치한다. 끼적거리고, 찢고, 오리고, 자르고, 붙이는 다양한 조형 경험이 영아의 탐색능력과 더불어 대근육 및 소근육 조절능력과 협응력을 길러준다. 만 2세의 표현활동은 그리기, 찍기 같은 평면적 조형활동과 꾸미기, 붙이기, 판화 같은 입체적 조형활동으로 이루어질 수 있다. 아름다움을 감상할 수 있는 공간적 배려도 필요하다. 명화나 아름다운 그림이나 사진 등을 영아의 눈높이에 맞추어 붙여주어도 좋다.

① 놀잇감 및 교재교구

- 다양한 크기와 모양의 종이, 색종이, 구길 수 있는 재료
- 끼적거릴 수 있는 도구(크레파스, 색연필 등), 물감, 붓
- 사진이 많은 잡지책, 모루, 수수깡, 빈 과자 상자나 봉투
- 안전가위, 풀, 접착용 테이프
- 명화, 아름다운 그림이나 사진
- 밀가루 반죽, 풀물감, 찍기놀이 도장, 스티커

② 구성의 예

출처: 보건복지부, 육아정책연구소(2013).

③ 유의점

- 영아가 삼킬 수 있는 작은 자료는 비치하지 않는다.
- 책상 위나 바닥에 비닐 등의 깔개를 깔아 보호하고 쉽게 청소할 수 있도록 한다.
- 제공하는 자료가 위생적이고 안전한지 점검한다.
- 바닥에 물이나 물감 등이 떨어져 영아가 미끄러지는 사고가 발생하지 않도록 유의한다.

6) 음률영역

영아는 자신의 욕구에 따라 악기를 이용하여 소리를 내보며 음악을 통해 자신의 감정을 표현하는 경험을 할 수 있다. 또한 영아는 여러 가지 음악을 들으면서 그 속에 담긴 감정을 느껴볼 수도 있다.

① 놀잇감 및 교재교구

- 카세트나 녹음기
- 리듬악기(북, 트라이앵글, 마라카스, 탬버린, 캐스터네츠 등)

② 구성의 예

출처: 보건복지부, 육아정책연구소(2013).

③ 유의점

- 영아가 스스로 예술적인 경험을 할 수 있도록 여러 가지 매개체(악기, 음악테이프,

리본, 스카프, 의상 등)를 준비하고, 움직이는 모습을 볼 수 있도록 벽에 큰 거울을 비치하면 좋다.

(3) 실외환경

바깥놀이터는 영아가 날씨의 변화와 자연현상을 감각적으로 경험할 수 있는 공간이다. 영아를 위한 실외환경은 영아의 신체 크기에 적합한 공간을 확보하고, 발달단계에 따른 지각력과 개별 운동을 고려하여 구성한다. 영아가 다양한 바닥소재와 흥미로운 시야, 소리, 냄새 등을 경험할 수 있도록 배려한다. 실외환경은 동적인 영역과 정적인 영역을 구분하여 배치한다. 동적인 영역에서는 바퀴달린 놀잇감이나 세발자전거 등을 이용하기 위해 단단한 바닥재 영역이 필요하며, 미끄럼틀과 그네, 시소 등의 놀잇감을 배치해도 좋다. 정적인 영역에서는 휴식을 위한 공간과 더불어 영아가 만지고 탐구할 수 있도록 잔디, 모래, 돌, 진흙, 물 등의 탐색공간을 포함하여 환경을 구성할 수 있다. 놀잇감 보관을 위한 보관창고가 필요할 수도 있다. 외부의 차량이나 사람들로부터 영아를 보호할 수 있도록 배려하고, 안전을 위해 놀이 상황을 교사가 한눈에 파악하고 필요 시 도울 수 있도록 공간을 구성한다.

출처 : 보건복지부, 육아정책연구소(2013).

3) 만 3~5세 유아를 위한 보육환경

(1) 환경구성 원리

적절한 교재와 교구가 갖추어진 유치원과 어린이집의 물리적 환경은 프로그램의 질적 수준에 영향을 미치는 중요한 요인이다. 환경구성은 유아의 심리적 안정, 신체적 안전, 발달적 적합성, 다양성을 고려하여 구성하는 것이 바람직하며, 그 원리는 다음과 같다.

가. 공간은 유아가 활동할 수 있을 만큼 충분히 넓어야 한다.

나. 시설 · 설비와 교구는 유아의 연령 및 신체발달에 적합하여 유아가 성인의 도움 없이 스스로 사용하고 정리할 수 있도록 한다.

다. 유아에게 매력적이고 교육적으로 의미 있는 활동을 제공하도록 환경을 구성한다. 이를 위해 유아에게 활동선택권을 주는 다양한 흥미영역을 실내 · 외 공간에 배치할 수 있다.

라. 청결하고 안전한 환경을 제공하고, 적정 온도나 습도를 유지해야 한다.

마. 환경은 유아의 발달 특성에 적합하여야 한다. 예를 들면, 유아의 연령이 낮을수록 일상적이고 개별적인 보살핌을 위한 환경구성이 필요하고, 감각적인 경험의 기회가 많이 포함되는 환경을 제공한다.

바. 유아가 장시간 유치원이나 어린이집에 머물 경우, 혼자 놀거나 쉴 수 있는 공간이 필요하며, 일상적인 보살핌이나 낮잠을 위한 물건이나 놀잇감 보관을 위한 저장 공간을 마련한다.

(2) 실내환경

유아의 교수-학습을 지원하기 위해 실내에 쌓기놀이영역, 언어영역, 역할놀이영역, 수 · 조작영역, 과학영역, 음률영역, 미술영역 등의 흥미영역을 구성하여 신체운동 · 건강, 의사소통, 사회관계, 예술경험, 자연탐구 등을 다양한 활동으로 전개할 수 있도록 한다. 흥미영역에 제시되는 활동이나 자료는 주간 및 일일 주제와 관련되도록 한다. 또한 게임, 발표, 토의, 관찰, 실험, 조사, 현장체험 등 다양한 유형의 활동과 연계되도록 하여

유아의 학습을 심화시킬 수 있도록 운영한다.

흥미영역의 수는 전체 공간의 크기, 유아의 수, 연령, 흥미를 고려하여 조절할 수 있다. 대체로 연령이 많아질수록 흥미영역 개수가 늘어나며, 유아의 흥미에 따라 흥미영역을 가감하기도 한다. 흥미영역은 1년에 3~4번 위치를 바꾸어 줌으로써 변화를 줄 수 있다. 흥미영역의 배치는 공간의 크기, 소음, 채광, 물의 사용 여부 등을 고려하며, 벽에 붙이는 부착물은 유아의 눈높이에 맞추어 게시한다. 모든 교재교구는 안전과 위생을 고려해야 한다.

흥미영역 구성과 배치는 유아들이 의논하여 자율적으로 정할 수 있다. 이렇게 유아들에게 선택의 기회를 줌으로써 그들의 의견과 관심을 존중하는 영역 구성을 할 수 있을 뿐 아니라, 유아들이 흥미영역의 활동에 더 흥미를 가지고 참여하며, 유아 스스로 흥미영역 정리를 잘할 수 있게 한다.

쌓기놀이영역

쌓기놀이영역은 여러 가지 크기와 모양, 재질의 블록과 소품을 이용하여 어떤 사물을 구성하거나 구조물을 쌓아보거나 꾸며보는 등의 과정을 경험하는 영역이다. 유아는 쌓기놀이를 통해 다양한 구성 활동을 하면서 관찰력, 측정 기술, 원인과 결과에 대한 사고력 등을 기를 수 있다. 쌓기놀이영역은 활동적이며 소음이 발생하는 영역이므로 언어나 과학 등 정적인 영역과는 떨어져서 배치하는 것이 좋으며, 소음 방지를 위하여 바닥에 카페트를 깔아준다.

① 놀잇감 및 교재교구

- 다양한 블록: 종이 벽돌 블록, 단위 블록, 공간 블록, 우레탄 블록 등
- 크고 작은 모형: 동물, 사람, 공룡 등의 인형이나 모형, 탈것(예: 기차, 트럭, 레미콘, 구급차, 경찰차, 여객기, 운전대) 등

- 사회극놀이 소품 : 여러 종류의 가면, 교통신호나 표지판 등
- 기타 자료 : 쌓기놀이에 도움을 주는 책, 그림자료 등

② 연령별 영역구성의 예

만 3세	블록의 종류를 다양하게 주기보다는 같은 종류의 블록을 충분히 제공하는 것이 좋으며, 서로 방해받지 않고 놀이에 몰두할 수 있도록 충분한 공간을 제공해야 한다. 또한 만 3세에게는 소근육을 많이 사용해야 하는 작은 끼우기 블록보다는 발과 다리의 대근육을 사용하여 구성할 수 있는 적당히 큰 쌓기 블록이 좋다.
만 4세	만 3세보다는 소근육이 발달하므로 적당한 크기의 쌓기 블록과 함께 중간 정도 크기의 끼우기 블록도 함께 제공할 수 있다. 또한 만 3세보다는 블록과 소품의 종류를 다양하게 내준다.
만 5세	유아는 다양한 구조물을 구성하고 경험한 내용들을 중심으로 친구들과 협의하여 다소 복잡한 구조물을 만드는 것도 가능하므로, 이를 고려하여 영역을 구성한 다. 만 5세의 경우 소품은 유아들이 직접 제작한 것을 활용할 수도 있다.

<만 3세>

<만 4세>

<만 5세>

출처: 보건복지부, 교육과학기술부(2014).

③ 유의점

- 유아의 구성능력 및 조작능력을 고려하여 다양한 종류의 블록을 순차적으로 제공한다.
- 확장활동으로 발전시킬 수 있도록 관련 사진이나 그림카드를 제공한다.
- 쌓기놀이 공간의 높낮이를 조절하여 구성할 수 있도록 책상, 널빤지, 의자 등을 제공한다.

• 유아가 구조물을 쌓을 때 방해받지 않고 활동에 몰두할 수 있도록 충분한 공간을 마련해 주며 통행이 많지 않은 곳에 배치하며, 역할놀이영역과 인접하여 배치하면 두 영역의 통합적 활동이 활발하게 이루어지는 효과가 있다.

언어영역

언어영역은 듣기, 말하기, 읽기, 쓰기와 관련된 활동을 경험하는 영역이다. 유아는 언어영역의 활동을 통해 일상생활에 필요한 언어능력을 향상시키고 올바른 의사소통능력 및 태도를 기를 수 있다. 언어영역은 주변의 자극으로부터 격리될 수 있도록 조용하고 안정된 공간에 배치하는 것이 좋으며, 활동주제나 유아의 흥미에 따라 다양한 언어활동 자료를 비치하여 듣기, 말하기, 읽기, 쓰기 활동이 고루 이루어지도록 하며, 안락한 의자나 쿠션 등을 두어 편안하게 언어활동에 몰입하도록 한다.

① 놀잇감 및 교재교구

- 듣기 자료 : 다양한 종류의 책, CD 플레이어, 헤드폰, 카세트 레코드와 테이프 등
- 말하기 자료 : 이야기 꾸미기 자료와 융판, 그림카드, 막대인형이나 퍼펫, 인형극 틀, 녹음기, 마이크 등
- 읽기 자료 : 종류별 책과 책꽂이, 그림책, 잡지류, 글씨가 적혀 있는 다양한 종류의 카드(예: 친구 이름 카드, 글자 카드, 모래 글자 카드) 등
- 쓰기 자료 : 각종 필기구, 단어 카드, 컴퓨터와 프린터, 한글 고무 글자판과 스탬프, 잉크, 소형 화이트보드와 마커팬, 가위, 펀치, 스테이플러 등

② 연령별 영역구성의 예

만 3세	친숙한 글자를 모양으로 인식하여 주변의 친숙한 인쇄물에 많은 관심을 보이며, 그림책을 즐겨 본다. 따라서 만 3세에게는 다양한 그림책을 제공해 주는 것이 필요하다. 듣기 활동을 위해 카세트와 테이프, 이어폰을 비치해 주어 동화 듣기나 유아의 목소리를 녹음하여 들어볼 수 있게 한다. 말하기 활동을 위해 융판에 활동 주제 관련 자료를 제시해 주어 유아가 이야기를 재구성하고 확장할 수 있도록 하며, 여러 가지 인형 등 다양한 말하기 자료를 제시한다. 읽기 활동을 위해 질적으로 내용이 우수한 그림책을 제공하여 주고 읽기에 관심을 나타내지 않는 유아를 위해서는 직접 조작할 수 있는 책, 책장을 넘기면 입체가 되는 책, 헝겊책 등 다양한 종류의 책을 구비하여 흥미를 갖도록 한다. 쓰기활동을 위해서는 자석 쓰기판, 화이트보드와 마커펜, 필기류와 다양한 재질의 종이 등의 활동자료를 제시해 준다.
만 4세	쉬운 단어와 짧은 문장 읽기가 가능해진다. 따라서 짧고 반복되는 단어와 문장이 있는 동시, 동화를 제시해 주어 유아 스스로 글자 읽기에 흥미를 가지도록 한다. 듣기자료는 CD플레이어와 CD, 카세트테이프, 다양한 책 등으로 구성한다. 말하기 자료에는 이야기 꾸미기 자료와 융판, 이야기 꾸미기 그림카드, 여러 종류의 인형과 인형극 틀, 그림동화, 녹음기, 공 테이프, 마이크 등을 제공한다. 쓰기 자료로는 자신과 친구 이름을 코팅, 자석판과 마커펜, 음각글자판과 종이, 모래상자 등을 제공한다.
만 5세	듣고 말하기 활동에서 나아가 읽고 쓰는 활동이 보다 활발하게 이루어진다. 만 4세의 언어영역 자료 외에도 슬라이드, 주제에 따른 화보 모음책, 잡지류, 사전 등을 제시하며 자신, 또래친구, 가족들에게 하고 싶은 이야기를 글로 적어 보거나 단어카드를 이용해 문장을 만들어 볼 수 있으며, 활동주제와 관련하여 작은 책 만들기 활동도 가능해지도록 한다.

〈만 3세〉

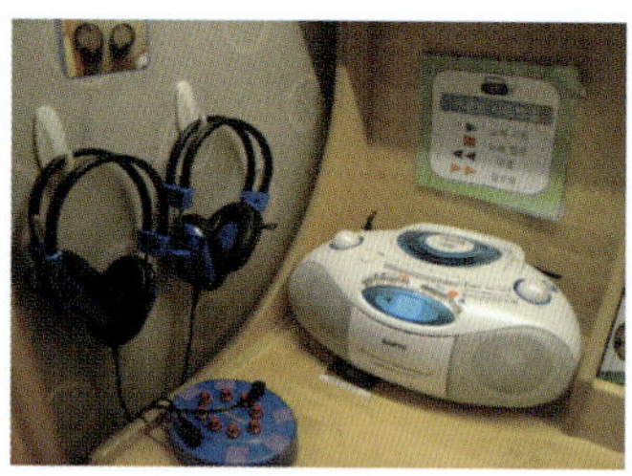
〈만 4세〉

〈만 5세〉

출처: 보건복지부, 교육과학기술부(2014).

③ 유의점

- 책이나 자료는 사용한 후 제자리에 정리정돈할 수 있도록 한다.
- 유아가 이야기를 직접 만들거나 소리를 녹음해 보는 기회를 가질 수 있도록 다양한 손인형이나 동화를 준비한다.
- 초기에는 주로 책 보기나 듣기 등의 활동을 계획하고, 점차 읽기나 쓰기를 위한 활동을 구성하는 것이 좋다.
- 읽기나 쓰기 활동을 위해서는 자연조명이 되는 밝은 곳에 배치하도록 하는 것이 좋으며, 조금 더 아늑한 곳에서 듣기나 말하기 활동을 하기 원하는 유아를 위해 적절한 조명을 할 수 있도록 한다.

역할놀이영역

역할놀이영역은 유아가 가족이나 성역할뿐만 아니라 우리 사회의 다양한 직업이나 사회구성원의 역할을 상상놀이 및 사회극놀이 등을 통해 경험하는 영역이다. 유아는 역할놀이를 통해 자기중심적인 사고에서 벗어나 자신과 다른 사람의 생각과 감정을 더 잘 알고 적절하게 상호작용할 수 있으며 주변 사람들이나 공동체에서 함께 살아가는 방법을 익힌다. 역할놀이영역은 동적인 영역에 배치하는 것이 좋으며, 진행되고 있는 생활주제와 관련된 소품을 제공하여 활동이 더욱 흥미롭고 풍부하게 이루어지도록 한다.

① 놀잇감 및 교재교구

- 기본 가구 : 거울, 소파, 유아용 탁자, 의자, 옷장 등
- **소품 : 가족놀이 소품**(예: 인형류, 주방용품, 일상용품, 의류, 신발류, 열쇠, 우산, 가방, 빗, 넥타이, 머플러 등), **교통기관놀이 소품**(예: 차표, 지도, 여행 소책자, 여행 가방 등), **가게놀이 소품**(예: 모형 과일, 시장바구니, 지갑 등), **병원놀이 소품**(예: 의사 가운, 청진기,

바늘을 뺀 주사기, 붕대, 혈압기 등), 기타 주유소놀이, 은행놀이, 방송국놀이, 미장원 놀이, 서점놀이, 목욕탕놀이 등의 각종 역할놀이 소품 등

② 연령별 영역구성의 예

만 3세	실제와 상상을 구별하기 힘든 시기로 실물사진과 실물자료들을 준비하여 역할놀이를 활성화한다. 유아들이 자발적으로 역할놀이에 흥미를 나타낼 때 참여하도록 하며 집이나 병원, 주유소, 목욕탕 등 유아의 일상생활에서 자주 접하는 기관이나 장소를 나타낼 수 있는 소품과 장치를 준비하며 역할놀이를 하는 것으로 시작하여 점차 참여수준을 높이도록 한다.
만 4세	유아 자신의 노력이 들어간 물건에 대한 애착이 강한 시기로 소품을 유아들이 직접 만들어서 놀이에 활용하도록 한다. 낮은 선반이나 옷장, 싱크대 등을 이용해서 다른 영역과의 경계를 지을 수 있으며 영역 내에서 유아들이 여러 종류의 옷을 입고 자신의 변화를 관찰할 수 있도록 유아용 전신거울을 설치하도록 한다.
만 5세	가정생활을 나타내는 것은 물론, 주제활동의 전개와 유아들 간의 계획에 따라 병원, 미장원, 음식점, 세탁소, 서점 등의 사회극놀이를 통해 다양한 사회구성원의 역할을 해 볼 수 있도록 한다.

<만 3세>

<만 4세>

<만 5세>

출처: 보건복지부, 교육과학기술부(2014).

③ 유의점

- 유아가 많이 참여할 수 있도록 충분한 공간을 제공하며, 쌓기놀이영역과 가깝게 배치함으로써 놀이의 확장이 이루어질 수 있다.
- 모든 자료는 항상 청결하게 관리하고 파손된 자료는 즉시 수선한다.
- 양성평등교육, 다문화이해교육 등이 이루어질 수 있는 장소이므로 관련 소품을 제공하여 자연스러운 놀이로 유도한다.

- 교사의 적절한 참여와 알맞은 소품을 제때 제시함으로써 유아의 적극적인 참여를 돕고 경험을 풍부하게 한다.
- 주도적인 성향이 있는 유아들이 항상 역할놀이를 지배할 수 있으므로 각 역할은 나름대로의 중요성과 의미가 있음을 이해하도록 알려주며 자연스럽게 서로 역할을 바꾸어 할 수 있도록 지도한다.

수 · 조작영역

수 · 조작영역은 일대일 대응, 분류, 비교, 서열 등의 수활동이나 퍼즐 맞추기나 끼워서 구성하기, 간단한 게임 등 논리적 문제해결, 소근육 조작 등과 관련된 활동을 주로 하는 영역이다. 유아는 수 · 조작활동을 통해 눈과 손의 협응력과 소근육 발달, 논리 · 수학적 개념 발달, 문제해결력과 집중력을 향상시킬 수 있으며, 문제를 탐색하고 해결해 가는 과정에서 자신감과 자율성을 기를 수 있다. 수 · 조작영역은 개별적 탐색활동이 많이 이루어지는 곳으로 주의집중이 잘 되도록 조용한 곳에 배치하며, 난이도가 다른 다양한 놀잇감을 준비하여 유아의 발달수준과 흥미에 따른 수 · 조작활동이 이루어지도록 한다.

① 놀잇감 및 교재교구

- 구성활동 자료 : 레고 블록, 코코 블록, 다목적 블록, 꽃 블록 등
- 수활동 자료 : 일대일 대응, 분류, 비교, 서열, 부분과 전체, 무게나 부피 · 길이 측정, 공간과 형태 개념에 도움이 되는 교재교구 등
- 조작활동 자료 : 퍼즐, 자물쇠 맞추기, 볼트와 너트 맞추기 등
- 일상생활활동 자료 : 옮겨 담기, 바느질, 끈 끼우기, 구슬 꿰기, 단추 끼우기, 지퍼 올리기, 끈 매기 등
- 게임활동 : 기억하기와 색깔 맞추기와 같은 간단한 게임, 로토 게임 등

② 연령별 영역구성의 예

만 3세	수・조작놀이를 위해 의자와 책상에 앉는 것보다 낮은 책상을 활용하는 것이 좋으며 바닥에는 카페트를 깔아준다. 수활동을 위해 1~10까지 셀 수 있는 구체물(예: 작은 동물 모형, 조개류, 솔방울 등), 크기를 비교할 수 있는 놀잇감, 각종 수세기판, 주사위, 윷, 큰 글자의 시계, 달력, 분류 자료(조개, 열매, 병뚜껑 등의 구체물) 등을 제시한다. 조작놀이를 위해 5~10조각의 퍼즐류, 일상생활 훈련 자료, 작은 구슬을 숟가락으로 옮기기 등을 제시한다.
만 4세	개별놀이와 소집단놀이를 모두 수용하도록 영역을 구성해 준다. 수활동을 위해 색깔이나 형태, 크기가 다른 끼우기 블록, 수 막대 등 구체물을 제시하며, 조작활동을 위해 계절과 활동주제를 반영한 퍼즐, 작은 블록류, 끈, 구슬 끼우기, 지퍼 올리기와 단추 끼우기 등의 일상생활 훈련 등 주로 소근육을 사용하는 자료들을 제시한다. 퍼즐, 게임 등의 교구를 제작할 때 아이들의 사진을 이용하여 제작하면 유아들이 더욱 흥미를 보이며 10~20조각 정도로 마련한다.
만 5세	책상에서만이 아니라 게임판이나 교구를 바닥에 놓고 사용할 수 있도록 바닥에 카페트를 깔고 편안한 자세로 활동할 수 있다. 만 5세는 전략적인 수놀이 게임을 즐기며, 개별적인 탐색을 즐기는 조작활동을 한다. 그러므로 교구와 유아들 간의 상호작용과 전략을 유발하는 그룹게임이나 일대일 게임 등이 이루어질 수 있도록 다양한 게임판을 제시해 주며, 15~30조각 정도의 퍼즐 맞추기, 바느질하기, 실뜨기, 직조짜기 등 조작활동을 할 수 있도록 한다.

<만 3세>

<만 4세>

<만 5세>

출처: 보건복지부, 교육과학기술부(2014).

③ 유의점

- 놀잇감은 유아의 시선을 끌 수 있도록 눈높이에 맞추어 비치하며 특히 무거운 것은 유아가 안전하게 꺼내 사용할 수 있는 위치에 놓도록 한다.
- 다양한 교재교구를 제공함으로써 그래프나 공간, 도형 등과 관련된 대・소집단 활동이 자연스럽게 확장될 수 있도록 한다.

- 퍼즐의 조각들이 분실되거나 흩어져서 정리되지 않은 상태로 유아에게 제공되지 않도록 하며, 정리정돈이 쉽도록 바구니나 쟁반에 담아 둔다.
- 자료들을 보관하는 교구장의 바닥에는 자료의 모양이나 사진을 붙여줌으로써 유아가 스스로 자료를 꺼내고 정리할 수 있도록 해 준다.

과학영역

과학영역은 여러 가지 과학 기자재를 활용하여 생물과 무생물, 물질의 성질, 자연현상 등 유아가 접하는 자연환경을 관찰, 실험, 탐구, 감상하는 활동을 하는 영역이다. 유아는 과학영역의 활동을 통해 주변의 환경이나 사물, 생명체에 대해 알고 지속적으로 탐색하고, 과학인 사고를 형성할 수 있도록 돕는 영역이다. 과학영역은 곤충이나 작은 동물, 식물을 기를 경우 조용하고 햇볕이 잘 드는 안정된 장소로 물 공급을 쉽게 받을 수 있도록 수도 가까이에 배치한다.

① 놀잇감 및 교재교구

- 기본 도구 : 거울, 자석, 돋보기, 현미경, 프리즘, 전지, 온도계, 습도계, 관찰용지, 필기도구, 자, 저울 등
- 생명체 관련 자료 : 식물, 자연물(예: 나뭇잎, 열매, 씨앗, 솔방울, 조개껍데기 등), 동물(예: 거북이, 금붕어, 햄스터, 병아리, 토끼, 개구리 등), 어항, 새장, 개미집, 동식물 관련 책, 표본 등
- 기계류 : 시계(예: 손목시계, 모래시계 등), 라디오, 텔레비전, 컴퓨터 등의 부속품, 열쇠와 자물쇠, 다양한 바퀴, 여러 가지 물체와 물질 등
- 자연현상 관련 자료 : 기후 관련 사진이나 그림, 기상도, 구름 사진이나 그림, 돌, 흙, 달, 별, 해 등의 사진이나 그림 등

② 연령별 영역구성의 예

만 3세	살아 있는 생물 특히 움직이는 동물에 대해 관심이 많다. 교사는 유아가 좋아하는 동물에 대해 자주 이야기할 기회를 제공하고 작은 곤충에서 큰 동물까지 직접 또는 비디오나 사진, 그림책을 자주 경험할 수 있도록 한다. 유아가 관심을 보이는 동식물에 대해서는 관심을 집중하며 오랫동안 탐색할 수 있도록 동식물을 키울 수 있는 공간을 마련한다. 과학적 탐색을 하면서 자료들을 벽에 부착할 수 있으므로 쉽고 안전하게 붙일 수 있는 작은 게시판을 과학영역에 붙여둔다.
만 4세	관찰하고 탐색하기 쉽도록 관찰대나 낮은 탁자를 사용할 수도 있다. 자석, 현미경, 확대경, 기계류, 저울, 낙엽, 씨앗, 개미집, 조개껍데기 등을 계절에 맞게 제시해 주어 유아가 자유롭게 탐색해 볼 수 있게 한다.
만 5세	직접 경험이 가능하도록 동식물 기르기, 다양한 수집물 관찰하기, 과학적 도구 사용해 보기, 기계와 부품 탐구하고 조립하기 등의 활동을 할 수 있도록 마련하고 기록용지와 쓰기도구를 제공한다. 스스로 탐색하고 실험할 수 있도록 그림책, 백과사전, 활동카드, 녹음기 등도 제시한다.

<만 3세>

<만 4세>

<만 5세>

출처: 보건복지부, 교육과학기술부(2014).

③ 유의점

- 과학영역의 교재교구는 계절, 생활주제, 유아의 흥미에 기초하여 다양한 자연물이나 실물을 제시한다.
- 유아 스스로 관찰·탐색활동이 가능한 자료를 준비해 주고, 또래와 함께 찾아볼 수 있는 과학사전, 그림책, 사진 등을 충분히 비치한다.
- 일회성 실험이나 전시보다 유아가 지속적으로 관찰하고 예측하며, 그 결과를 기록해 볼 수 있도록 기록지를 준비해 준다.

- 큰 동물을 사육할 경우에는 유아들과 자유롭게 뛰어다닐 수 있는 넓은 공간이나 실내와 실외가 연결되도록 구성한다.
- 생물을 기를 경우 교실에서 충분히 관찰한 후 자연을 소중하게 여기도록 원래 있었던 곳(예: 연못, 공원, 숲 등)으로 보내주는 과정이 필요하다.

음률영역

음률영역은 생활 주변에서 듣는 다양한 소리에 관심을 가지고 탐색하고 음악을 듣고 노래를 부르고 여러 가지 악기를 다루어 보고 음악에 맞추어 자유롭게 몸을 움직이거나 창의적인 신체표현활동을 경험하는 영역이다. 유아는 음률영역의 활동을 통해 음악적 아름다움의 요소를 찾아보며, 음악이나 움직임과 춤으로 표현하고, 음악을 감상하는 능력을 키운다. 음률영역은 음악에 맞추어 신체를 자유롭게 움직일 수 있는 충분히 넓은 공간이 필요하며, 소음이 많이 나는 영역이므로 다른 영역의 활동에 방해가 되지 않도록 배치하며 바닥에는 카펫을 깔아 안정된 분위기를 조성하며 소음도 줄일 수 있도록 한다.

① 놀잇감 및 교재교구

- 기본 교구 : 녹음기, 헤드폰, 카세트테이프, 다양한 음악테이프나 CD, 악보, 악기 관련 사진, 각종 연주회나 춤 공연 등의 사진이나 동영상 자료 등
- 생활 속 악기 : 젓가락, 냄비 뚜껑, 깡통, 빨래판, 체, 콩, 부채 등
- 우리나라 전통 악기류 : 장구, 소고, 북, 꽹과리, 가야금, 피리 등
- 외국 악기류 : 리듬악기(예: 탬버린, 캐스터네츠, 트라이앵글, 마라카스 등), 멜로디악기(예: 실로폰, 멜로디언, 키보드, 피아노 등)
- 스카프, 리본, 작은 낙하산 등의 신체표현 도구나 음악 연주회나 춤 공연, 오페라 등에서 공연자가 입는 무대 의상 등

② 연령별 영역구성의 예

만 3세	다양한 장르의 음악을 듣고 자유롭게 표현해 보는 활동을 할 수 있도록 하며, 다양한 리듬악기나 유아나 교사가 만든 악기, 소리를 녹음하여 들을 수 있는 녹음기 등을 비치하여 원할 때는 언제나 활용할 수 있도록 한다.
만 4세	음악과 함께 몸을 마음대로 움직여 보고 노래를 부르며 여러 가지 악기를 자유롭게 만지고 경험을 해보도록 리듬악기류와 유아들이 직접 만든 마라카스와 수술, 리본막대, 우드블록, 핸드벨, 실로폰, 소고 등을 제시한다. 동작활동 자료로 다양한 동작카드, 한삼, 탈, 스카프, 접이부채, 응원 반짝이 수술 등이 있다.
만 5세	음악을 들어보고 만들어 가는 경험을 할 수 있도록 유아 스스로 조작 가능한 CD플레이어를 제공하며, 그림으로 된 간단한 가사악보를 벽에 부착하여 간단한 연주를 해 보도록 한다. 음률영역에 전신거울을 두어 유아가 자기가 표현하는 모습을 볼 수 있도록 하여도 좋다. 음률활동을 위한 자료에는 다양한 동작카드, 한삼, 탈, 스카프, 접이부채, 응원 반짝이 수술 등이 있다.

<만 3세>

<만 4세>

<만 5세>

출처: 보건복지부, 교육과학기술부(2014).

③ 유의점

- 유아가 스스로 음률활동에 참여할 수 있도록 여러 가지 매개체(예: 악기, 음악테이프, 리본, 의상 등)를 제공하고, 움직이는 모습을 볼 수 있도록 벽에 큰 거울을 준비해 주는 것도 좋다.
- 공연 관람, 지역 인사나 전문가 초대, 비디오 관람 등 다양한 방법으로 움직임과 춤 경험, 음악적 표현 및 감상활동을 하도록 한다.

- 유아가 소리를 정확히 변별하는 활동을 할 때는 집중할 수 있도록 주변 소리를 차단하는 장치를 하도록 한다. 움직임이나 춤과 관련된 활동을 할 때, 신체 접촉을 꺼리는 유아가 있으면 강요하지 않도록 하며, 서로 부딪히거나 다치지 않도록 미리 주의를 준다.
- 우리나라 전통악기와 함께 다른 나라의 악기를 다양하게 준비하고, 유아가 쉽게 다룰 수 있는 리듬악기나 타악기에서 시작하여 점차 멜로디악기로 확장한다.

미술영역

미술영역은 자연과 사물의 아름다움을 체험하고 그리기, 만들기, 꾸미기, 구성하기 등의 활동을 하며 자신의 느낌이나 생각을 자유롭게 표현하고 미적 아름다움을 감상하는 경험을 하는 영역이다. 유아는 미술영역 활동을 통해 미술적 아름다움의 요소를 이해하며, 자신의 생각이나 느낌을 표현하면서 성취감을 얻고, 정서적인 긴장감도 해소한다. 미술영역은 조용하고 밝은 곳이 좋으며, 물을 사용할 수 있는 공간과 가까이 배치한다.

① 놀잇감 및 교재교구

- 종이류 : 도화지, 색종이, 색지, 골판지, 포장지 등
- 그리기 도구 : 크레파스, 색연필, 볼펜, 물감, 먹물, 붓, 사인펜, 매직, 핑거페인트 등
- 만들기 도구 : 가위, 풀, 테이프, 스테이플러, 펀치, 핑킹 가위 등
- 각종 자료 : 찰흙, 고무 점토, 밀가루 점토, 나뭇가지, 나무젓가락, 빨대, 실, 솜, 스펀지, 수수깡, 자연물(예: 솔방울, 돌, 나뭇잎, 조개껍데기, 깃털 등) 등
- 여러 가지 재활용품 : 상자, 헝겊, 요구르트병, 휴지말이 등

② 연령별 영역구성의 예

만 3세	미술활동이 능숙치 않으므로 다른 유아의 방해를 받지 않고 마음껏 집중을 할 수 있는 충분한 공간과 시간을 마련해 주는 것이 필요하다. 소근육 발달이 잘 이루어지지 않아 미술영역의 놀잇감이나 재료 사용이 미숙하지만 다양한 내용의 미술활동이 이루어질 수 있도록 여러 가지 모양과 색, 질감을 가진 종이류, 다양한 그리기 도구, 점토류를 포함하여 쉽게 이용할 수 있는 기본 미술영역 자료를 제시한다.
만 4세	다양한 매체를 이용하여 자신의 생각과 느낌을 표현하는 작업활동과 함께 작품전시 및 감상활동을 할 수 있도록 재료와 공간을 제공한다. 기본적인 미술자료 이외에도 폐품이나 헝겊, 나뭇잎 등 주변에 있는 사소한 물건들도 작업활동의 자료가 될 수 있다. 그러므로 미술영역에는 기본 자료 외에도 유아가 관심을 보이거나 새로운 활동이 전개될 때 적절한 자료를 첨가시켜 줄 수 있다
만 5세	미술적 표현과 자료의 탐구를 통한 창의적 표현력을 길러줄 수 있도록 풍부하고 다양한 재료를 항상 비치하여 유아가 필요에 따라 손쉽게 꺼내 사용할 수 있도록 한다. 미술활동의 자료는 모양, 크기나 재질 등이 매우 다양하므로 큰 자료와 작은 자료를 유아가 보기 쉽게 잘 분류하여 두어야 한다. 자료들은 주제나 시기에 따라 교체하거나 첨가하여 준다. 그러나 기본 자료는 가능한 필요에 따라 유아들이 쉽게 활용할 수 있는 위치에 보관하는 것이 좋다.

<만 3세>

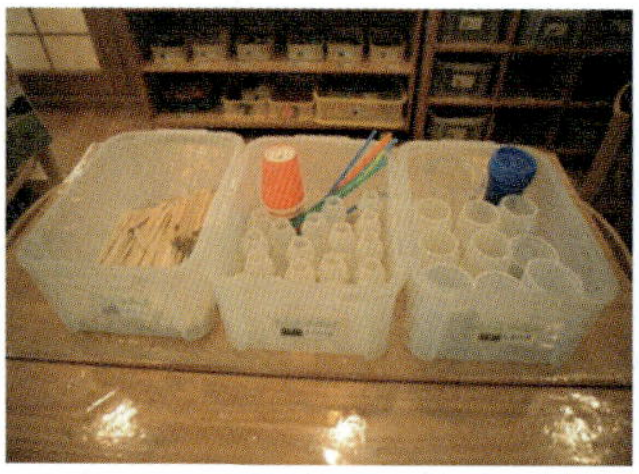
<만 4세>

<만 5세>

출처: 보건복지부, 교육과학기술부(2014).

③ 유의점

- 교사는 결과물을 중요하게 여기기보다는 유아의 경험과정에 동참하면서 세심히 관찰하고 적절한 도움을 주되 유아가 주체적으로 활동할 수 있도록 한다.
- 미술영역에는 다양한 자료를 보관할 수 있는 자료정리장을 구비하고, 유아가 손쉽게 자료를 꺼내어 활동할 수 있도록 배치한다. 또한 완성된 작품을 말릴 수

있는 설비도 준비한다.

- 미술영역에서 사용하는 물이나 물감 등이 바닥에 떨어질 경우, 유아가 미끄러지는 사고가 발생할 수 있으므로 유의한다.
- 책상 위나 바닥에 비닐 등을 깔아 보호하고 쉽게 청소할 수 있도록 한다.
- 제공하는 재료가 위생적이고 안전한지 점검한다.
- 유아의 작품은 소중히 다루고 게시판이나 복도에 전시 공간을 마련하여 자주 전시한다.

(3) 실외환경

실외환경은 유아들의 전인적 성장발달을 촉진시키는 복합적인 기능을 수행할 수 있도록 몇 가지 영역으로 구분하여 구성하도록 한다. 바깥놀이터는 유아들이 마음껏 뛰어놀 수 있는 장소이며 날씨의 변화와 자연현상을 감각적으로 느낄 수 있는 곳으로, 유아에게 즐거움을 주는 장소이며, 위험하지 않으면서 모험적이며 도전적인 놀이, 다양하고 창의적인 놀이를 할 수 있도록 구성한다. 따라서 바깥놀이시설은 유아의 안전을 위해 「어린이 놀이시설 안전관리법」에 따른 시설기준을 적용하여 설치하도록 한다. 실외환경은 정적인 영역과 동적인 영역을 분리하여, 달리기, 공놀이, 자전거 타기, 물·모래놀이 등 적극적인 활동은 동적 활동영역에, 작업하기, 휴식하기, 책읽기 등은 정적인 활동 영역에 배치한다.

실외환경의 영역은 운동놀이영역, 모래·물놀이영역, 자연탐구 및 관찰영역, 작업영역, 휴식영역 및 놀잇감을 보관할 수 있는 보관창고 등으로 구성하며, 외부의 차량이나 사람들로부터 유아를 보호할 수 있도록 울타리나 담장으로 둘러싸이도록 하고, 전체적인 바깥놀이활동을 교사가 잘 감독할 수 있도록 영역을 구성한다.

운동놀이영역

운동놀이에는 미끄럼이나 그네와 같은 운동놀이기구를 이용하는 놀이와 공, 막대와 같은 작은 도구나 몸을 활용하는 놀이가 있다. 운동놀이는 유아의 바른 자세 형성과 운동기능 발달에 기초가 되며 몸의 균형을 유지하고 몸을 조정하여 움직일 수 있는 과정을 경험하게 한다.

운동놀이영역은 대근육 운동능력을 기르고 기구를 이용하는 방법을 습득할 수 있도록 하기 위해 기어오르기, 매달리기 등 다양한 운동놀이를 할 수 있는 놀이시설을 설치한다. 운동놀이영역은 다른 영역보다 공간을 많이 차지하므로 다른 영역과의 조화를 고려하고 조용한 영역과 떨어진 곳에 배치한다.

① 놀잇감 및 교재교구

- 놀이기구: 크기가 다른 공, 굴렁쇠, 후프, 줄넘기, 제기, 고무줄 등
- 운동놀이기구: 그네, 평균대, 뜀틀, 매트 등
- 복합놀이시설: 시소, 미끄럼틀, 그네, 정글짐, 그물망, 오름판, 흔들다리 등

② 연령별 영역구성의 예

만 3세	미끄럼이나 오름틀의 경사가 완만하고 길이가 짧은 것을 제공하며 자전거 등 탈것은 소형으로 제공하여 운동놀이의 즐거움을 갖도록 한다.
만 4세	미끄럼이나 오름틀은 신체조건에 적합한 것을 제공하고 신체조절능력, 평형감각, 지구력 등을 길러주는 평균대 걷기, 공굴리기, 고무줄뛰기 등 다양한 운동놀이 기구를 비치한다.
만 5세	모험놀이를 비치하여 도전적인 놀이를 해 보도록 하고, 달리기, 구르기, 균형 잡기, 뛰어내리기 등 다양한 신체 경험을 하고 해 보고, 놀이기구를 다른 용도로 활용하는 아이디어를 내어 놀이를 할 수 있도록 영역을 구성한다. 또한 한 가지 놀이를 지속적으로 하여 신체나 기구를 다루는 데 익숙해지게 하며 스스로 안전규칙을 만들어 보도록 한다.

〈만 3세〉

〈만 4세〉

〈만 5세〉

출처: 보건복지부, 교육과학기술부(2014).

③ 유의점

- 활동공간에 적절한 인원 수, 기구의 견고성, 공간 바닥 등에 대해 정기적으로 안전점검을 실시하고, 기구나 도구의 안전한 사용법을 지도하여 유아 스스로 자신의 안전을 지킬 수 있는 능력과 태도를 갖도록 한다.
- 운동놀이기구 주변 바닥은 모래, 잔디를 깔거나 충격을 흡수할 수 있도록 표면처리를 한다.
- 운동놀이기구는 유아의 신체 치수에 적합해야 하며, 모서리, 마무리 처리, 칠 등이 안전하게 처리되어야 한다.

모래 · 물놀이영역

모래 · 물놀이영역은 자연물인 모래와 물을 놀잇감으로 마음대로 가지고 놀이하는 영역이다. 모래와 물은 사용방법이 정해져 있지 않아 부담 없이 마음대로 활동에 몰두하며 이 과정을 통해 성취감과 만족감을 느끼게 되고, 동시에 정서적 안정감과 즐거움을 갖게 된다. 또한 집단놀이 형태로 이루어지는 경우가 많아 친구들과 자연스럽게 어울리는 기회를 갖게 한다. 모래놀이영역과 물놀이영역은 인접하여 배치하면 놀이를 확장할 수 있다. 모래 · 물놀이영역은 통행이 빈번하지 않은 곳에 배치하며 햇볕이 잘 들고 배수가 잘

되는 곳이 적합하다. 모래놀이영역과 가까운 그늘진 곳에 유아가 상상력을 키울 수 있도록 다양한 형태의 구조물이나 놀이집, 테이블, 극화놀이 소품 등을 마련한다.

① 놀잇감 및 교재교구

- 모래놀이를 위한 자료: 모래놀이용 기구(예: 다양한 크기와 모양의 그릇과 통, 흙 파기 도구), 모형 자동차(예: 포크레인, 지게차, 트럭 등), 모래놀이 테이블
- 물놀이를 위한 자료: 물놀이 기구(예: 다양한 크기의 그릇, 호스류, 물뿌리개 등)
- 기타 자료: 측정도구, 자연물(예: 돌멩이, 나뭇가지, 조개껍데기, 열매 등), 정리함, 청소 도구, 극화놀이로 확장할 수 있는 다양한 소품 등

② 연령별 영역구성의 예

만 3세	모래와 물을 탐색하는 놀이를 많이 하므로 모래나 물을 그릇에 담기, 손으로 만지기, 모래 모양 찍기 등을 할 수 있도록 다양한 종류의 그릇, 인형, 공 등을 준비한다.
만 4세	물의 특성을 알아볼 수 있는 다양한 도구를 제공하고 모래를 탐색하는 활동 이외에 소꿉놀이 도구, 인형, 자동차 모형, 자연물 등을 이용하여 여러 가지 놀이로 확장하도록 한다.
만 5세	물의 양을 측정할 수 있는 다양한 계량도구를 비치하고 물과 모래를 이용한 여러 가지 실험을 해볼 수 있도록 교재 및 교구를 준비하며, 모래삽, 수로용 플라스틱 관, 투명 호스 등을 제공하여 모래·물놀이가 확장되도록 한다.

<만 3세>

<만 4세>

<만 5세>

출처: 보건복지부, 교육과학기술부(2014).

③ 유의점

- 모래가 유실되는 것을 막기 위해 모래밭 가장자리에 고무판을 대거나 테두리를 만들어 주고, 유실되는 모래는 1년에 1~2회 보충한다.
- 모래를 사용하지 않을 때에는 뚜껑을 덮어 모래를 깨끗하게 관리하고 이물질이 들어가지 않도록 하며 주기적으로 소독을 한다.
- 실외 공간이 넓은 경우, 연령과 활동 종류에 따라 모래놀이영역을 별도로 마련해 주는 것도 좋다.

자연탐구 및 관찰영역

자연탐구 및 관찰영역은 식물 기르기 영역과 동물 기르기 영역으로 구성할 수 있다. 동식물을 기르며 유아들은 관찰하고, 조사하고, 실험하는 등의 탐구과정에 적극적으로 참여함으로써 탐구를 즐기게 되고 아울러, 자연물에 대한 전문적 지식을 얻고 개념을 형성하며 자연에 대한 이해와 정서적 교감을 나누게 된다. 식물 기르기 영역은 햇빛이 잘 들고 물을 사용하기 좋은 곳에 배치한다. 텃밭을 만들 공간이 부족하다면 크고 작은 화분을 이용한다. 식물 기르기 영역은 유아가 직접 씨를 뿌리고 재배하고 수확하는 과정을 통해 식물의 성장과정과 변화를 관찰하고 이해하도록 한다. 또한 유아가 사계절 내내 꽃과 열매를 관찰할 수 있도록 꽃나무와 유실수를 계절별로 적절히 안배하여 심는다. 동물 기르기 영역은 햇빛이 잘 들고 바람이 잘 통하며, 배수가 잘 되는 장소에 배치한다. 자칫 위생 상태가 불량해지기 쉬우므로 청소가 용이하도록 만들고 청결하게 관리하여야 한다. 또한 물과 사료 공급이 쉬운 곳에 설치하여 유아가 직접 먹이를 주고 관찰하도록 한다.

① 놀잇감 및 교재교구

- 자연세계를 탐색할 수 있는 도구 : 관찰도구(예: 돋보기, 관찰 기록지, 쓰기도구, 곤충 채집통), 카메라, 백과사전, 물주기 도구, 크고 작은 화분, 모종삽 등

• 기르기에 적절한 식물: 상추, 배추, 무, 고추, 토마토, 가지, 감자, 고구마 등

• 기르기에 적절한 동물: 토끼, 닭, 새 등

② 연령별 영역구성의 예

만 3세	주변의 친숙한 동식물을 관찰하도록 하며 식물은 토마토, 고추 등 성장 속도가 빠르고 열매가 맺히는 것을 기르는 것이 좋다. 동물에게 먹이를 주거나 식물에 물을 주는 활동을 한다.
만 4세	씨를 뿌리거나 모종을 하여 꽃밭과 텃밭을 가꾸며 식물을 기르도록 하며, 동식물의 성장 과정이나 변화를 그림으로 나타낼 수 있도록 관찰기록용지를 준비한다.
만 5세	동식물의 성장에 관련된 책 등의 자료를 제공한다. 또한 자기 몫을 정하여 씨를 뿌리거나 모종을 하고 거름을 주며 꽃밭과 텃밭을 가꾸어 자신이 기르는 동식물의 성장과정이나 변화를 그림이나 글로 기록할 수 있도록 관찰기록용지를 준비한다.

<만 3세>

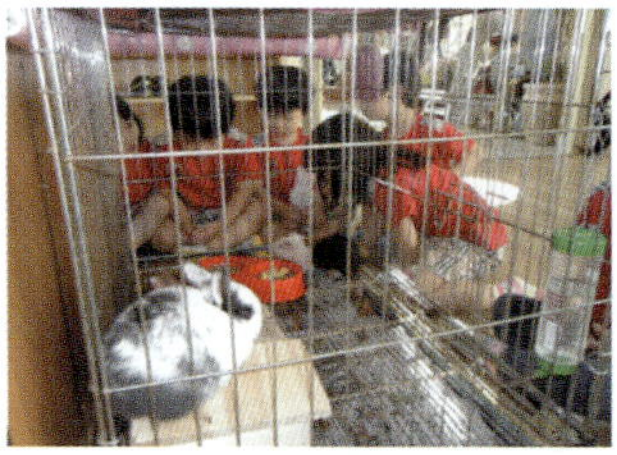
<만 4세>

<만 5세>

출처: 보건복지부, 교육과학기술부(2014).

③ 유의점

• 유아 스스로 여러 가지 채소를 직접 심고 가꾸어 먹을 수 있도록 함으로써 건강에 대한 인식을 돕고 식품과 건강 간의 관련성도 배우도록 한다.

• 나들이를 가거나 공원에 산책을 나가 여러 가지 꽃과 나무 등을 탐색하고 즐길 수 있도록 한다. 박물관이나 동물원, 식물원, 농장 등 지역사회 기관을 활용하는 것도 좋은 방법이다.

작업영역

작업영역에는 바깥에서 접할 수 있는 다양한 환경의 특성을 통해 다양한 주제와 활동으로 놀이를 확장하도록 한다. 물감으로 그림그리기, 큰 블록 쌓기, 목공놀이, 점토놀이 등이 이루어진다.

① 놀잇감 및 교재교구

- 핑거페인팅, 점토, 물감 그림을 할 수 있는 이젤, 종이, 그림물감, 다양한 굵기의 붓, 그리기 도구, 목공도구, 비닐 옷 등
- 작업용 자료: 종이 박스, 나무 박스, 점토류, 밀가루 반죽, 톱밥, 나무젓가락, 빨대, 고무 밴드, 스티로폼, 모루, 스펀지, 수수깡, 자연물(솔방울, 도토리, 돌멩이, 낙엽) 등
- 각종 도구류: 나무망치, 다양한 그릇, 자, 장갑, 밀기막대 등

② 연령별 영역구성의 예

만 3세	너무 다양한 자료보다는 기본적인 자료를 자주 바꾸어 주도록 하며, 핑거페인팅 재료, 큰 붓, 점토를 제공하여 작업 활동을 자유롭게 표현하며, 즐길 수 있도록 한다.
만 4세	자연물로 꾸미기, 모래 그림 그리기, 물감 흘려 벽화 꾸미기 등의 미술 활동과 블록으로 구성하기 등의 활동을 제공한다.
만 5세	다양한 미술 재료 및 자연물을 활용한 놀이, 목공놀이 등 공동 작업에 필요한 자료를 제공한다.

<만 3세>

<만 4세>

<만 5세>

출처: 보건복지부, 교육과학기술부(2014).

③ 유의점

- 작업한 활동물을 전시할 수 있는 공간을 마련한다.
- 다양한 크기의 블록과 목공 테이블, 목공놀이 도구를 제공하는 것도 좋다.

휴식영역

휴식영역은 유아들이 동적 활동 후 휴식을 취하거나 다른 유아들이 놀고 있는 모습을 보며 편안하게 시간을 보낼 수 있는 영역이다. 휴식영역은 유아들이 편안하게 휴식을 취할 수 있도록 조용한 공간을 마련하여 구성하며, 다양한 종류의 나무 그늘이나 정자, 지붕이 있는 테라스를 설치하거나 텐트나 비치파라솔 등을 활용하여 그늘을 마련한다.

① 놀잇감 및 교재교구

- 의자나 벤치, 돗자리를 깔아주어 편안한 영역으로 구성하고 책이나 조작놀잇감을 제공한다.
- 조용한 음악을 들을 수 있도록 음악 CD와 CD플레이어, 이어폰 등을 준비한다.

② 구성의 예

<만 3세>

<만 4세>

<만 5세>

출처: 보건복지부, 교육과학기술부(2014).

③ 유의점

- 활동적이고 소음이 많은 장소에서 유아가 개인적으로 분리될 필요가 있을 때 조용한 곳에서 긴장을 풀 수 있는 장소를 마련해 주도록 한다.
- 휴식시간은 유아의 연령이나 활동량에 따라 융통성 있게 조절하며 더운 여름이나 추운 겨울에는 실외 온도 조절에 유의한다.

보관창고

보관창고는 바깥놀이 기구를 정리하고 보관하기 위한 곳으로 놀이기구의 적절한 사용과 보관을 위해 필요하다.

① 놀잇감 및 교재교구

- 여러 가지 놀이기구를 정리할 수 있는 선반

② 유의점

- 창고는 물이 괴지 않도록 약간 경사진 곳에 위치하는 것이 좋으며, 각종 놀이기구들의 위생관리를 위해 통풍 및 환기를 시킬 수 있도록 한다.

출처: 보건복지부, 교육과학기술부(2014).

2. 교재교구관리

어린이집에서 교재교구는 영유아의 전인발달을 위해 중요하다. 교재교구의 질과 양, 교재교구의 적절한 활용은 영유아의 상호작용 및 보육프로그램의 효과에 영향을 미친다. 특히, 구체적인 조작을 즐겨하는 영유아들에게 의미 있는 활동을 할 수 있도록 종류가 다양한 수준별 교재교구를 새롭게 구입하거나 제작하여 정리 보관하는 것은 중요한 일이다. 적절한 교재교구 활용을 위해 다음과 같이 관리해 볼 수 있다.

(1) 어린이집에서는 교재교구를 보관·관리할 수 있는 교육자료실을 확보하여야 한다.
 예) 1층 - 대집단 활동자료
  2층 - 생활주제별 활동자료

(2) 교재교구 구입 및 제작 시에도 교재교구의 관리와 활용을 원활히 할 수 있도록 대장을 마련하여 기록한다.

표 6-1 교재교구대장 기록 예시

일련 번호	구입 일자 (제작일자)	자료명	수량	출처	구입처	구입가격	비고
1	2020.01.05	교수 자료	1set	교육산업	동화마을	500,000	

(3) 교재교구를 생활주제별 활동 형태를 한눈에 알아볼 수 있도록 분류하여 알파벳 순으로 표시해 놓는다.

표 6-2 생활주제와 주제에 맞는 활동 분류 예시

생활주제							
영역번호	A.이야기	B. 동화	C. 동극	D. 동시	E. 이야기 꾸미기	F. 언어	G. 수·조작

(4) 교재교구를 생활주제별, 활동 형태별로 기록한 후 분류번호를 순서대로 기록하고, 주제, 활동명, 활동자료, 자료 형태, 출처를 기록한다.

표 6-3 교재 교구의 분류번호 예시

생활주제	8. 세계 여러 나라				
활동형태	A. 이야기 나누기				
분류번호	주제	활동명	활동자료	자료형태	출처
8-세-A-①	우리나라	이야기가 있는 조각품	그림카드 4장	제시용	육영희

(5) 교재교구를 생활주제별, 활동 형태별로 기록한 후 크기에 따라 맞게 정리한다.

표 6-4 활동형태별 공간 정리 예시

내용	사물함 모양
④ 음률, 미술 ……..	
③ 수, 과학 …….	
② 동화, 동시	
① 이야기 나누기	

(6) 교재교구를 넣은 자료 상자에는 한눈에 쉽게 찾을 수 있도록 보이는 앞면에 생활주제와 활동 형태를 기록하고 붙인다.

표 6-5 자료 보관상자 예시

생활주제	8. 동식물과 자연	활동영역	A. 이야기 나누기
분류번호	주제	자료명	활동자료
7-세-A-④	동식물과 자연	궁금한 동물들	그림 자료 1장
7-세-A-⑤		자연과 더불어 사는 우리	그림 자료 1장
7-세-A-⑥		식물과 우리의 생활	그림 자료 1장
7-세-A-⑦		동물과 우리의 생활	그림 자료 1장

(7) 교재교구는 각각의 내용물에 분류번호를 적는다. 지퍼팩과 각각의 내용물에 분류번호를 붙이고 정리해야 한다.

표 6-6 자료 목록의 예시

3	활동영역	이야기 나누기
4	생활주제	동식물과 자연
5	주제	궁금한 동물들
6	활동명	동물들이 있는 동물원
7	활동자료	그림카드 3장

(8) 생활주제별로 본 활동을 계획하고 전개할 때 목록을 쉽게 들여다볼 수 있도록 전체 목록을 작성하여 붙여 놓는다. 교실에도 붙여 놓으면 쉽게 이용할 수 있다.

표 6-7 생활주제별 전체 목록 예시

생활주제		1.동식물과 자연		
영역 번호	F. 게임	G. 언어	H. 수·조	I. 과학 (요리)
①	동물 먹이 주기	동물나라 잔치	동물 모양별로 분류하기	꼬마 김밥

(9) 도서 구입 시 도서와 도서대장에 동일한 번호를 붙여서, 도서를 활용할 때 편리하도록 관리한다.

표 6-8 도서구입대장 기록의 예

일련 번호	분류	구입 일자	도서명	저자	출판사	출판연월일	구입자	금액	비고
1	8-유-①	2020.1.03	프레드릭	○○○	새샘	2018.5.20	○○○	10,000	1권

3. 시설 · 설비 · 비품관리

1) 실내환경

① 현관문

〈설치〉

- 현관문은 너무 무겁거나 두껍지 않도록 설치하여 개폐의 어려움이 없도록 한다.
- 여닫이의 문의 경우 한 방향으로만 열리는 것을 권장한다.
- 현관에는 돌출부, 문턱이 없는 것을 권장한다.
- 유리문은 안전하고 깨지지 않는 강화유리를 권장한다.

〈외부로 통하는 출입문 계폐관리〉
출처: 어린이집 안정공제회(2019).

영상정보처리기기(CCTV, 네트워크 카메라)

- **영상정보처리기기**
  폐쇄회로 텔레비전(CCTV)란 일정한 공간에 지속적으로 설치된 카메라를 통하여 사람 또는 사물 등을 촬영하거나 촬영한 영상정보를 유 · 무선 폐쇄회로 등의 전송로를 통하여 특정 장소에 전송하는 장치 또는 촬영되거나 전송된 영상정보를 녹화/기록할 수 있도록 하는 장치

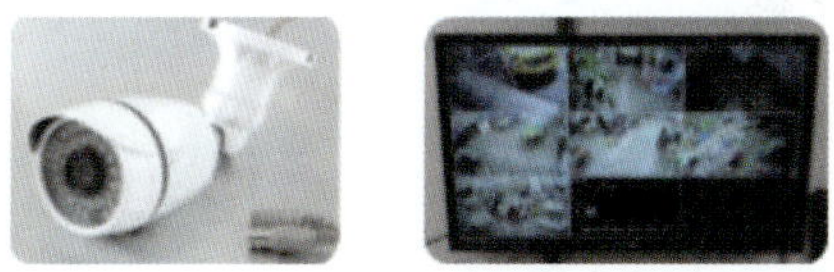

〈영상정보처리기기〉

- **설치**
  2015년 어린이집 영상정보처리기기 설치가 의무화됨에 따라 어린이집을 설치 운영하는 영유아의 안전과 어린이집의 보안을 위하여 개인정보보호법 및 관련 법령에 따른 CCTV 혹은 네트워크 카메라를 설치 관리하여야 한다.

② 수납장(실발장 등) 및 게시판

- 신발장이나 수납장 위에는 무거운 물건을 적치하거나 깨지기 쉬운 물건을 올려놓지 않는다.
- 벽면에 설치된 게시판과 자료물은 영유아 손이 닿지 않는 높이에 설치하고, 떨어지지 않도록 단단히 고정한다.
- 게시판에 자료물을 부착할 때 가급적 핀이나 압정은 사용하지 않는다.
- 핀이나 압정을 사용할 경우 영유아의 손이 닿지 않는 높이에 부착하고, 쉽게 떨어지지 않도록 단단히 고정한다.

③ 복도

- 복도는 최소한 성인 두 사람이 어깨를 부딪히지 않고 지나갈 수 있는 정도의 너비를 확보한다.

④ 중간문

- 계단 안전문은 이동 시를 제외하고 항상 잠겨 있어야 한다.
- 잠겨 있는 문은 성인이 쉽게 열 수 있어야 한다.
- 부득이하게 영아반이 2층 이상으로 배치된 경우 걸음마기 영아가 기어오르거나 거꾸로 타고 내려올 수 있는 모든 계단의 위 아래에는 안전문을 반드시 설치한다.

<계단 안전문 설치>
출처: 어린이집 안정공제회(2019).

⑤ 문

- 출입구, 비상구를 제외한 모든 문은 안과 밖에서 열 수 있어야 한다.
- 여닫이문보다 미닫이문으로 설치하는 것이 좋으며, 한 방향으로 열고 닫도록 한다. 가급적 안과 밖이 보일 수 있는 강화유리로 된 투명문을 설치하고 스티커

등을 부착하여 부딪침을 방지한다.

- 문의 잠금장치는 영유아의 손이 닿지 않는 높이에 설치한다.
- 영유아가 사용하는 모든 문에는 문이 닫히는 것을 방지하는 문닫힘 방지대를 설치한다. 특히 바람이 센 곳에 위치한 여닫이문은 반드시 설치한다.
- 문틀 사이, 문틈 아래에 손가락이나 발이 들어갈 공간이 있을 경우 끼임 방지대를 설치한다.
- 문에 모서리 방지대를 설치한다.

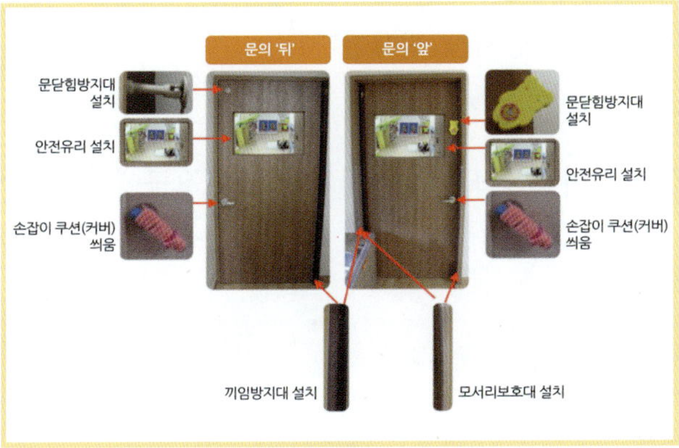

출처: 안전관리공제회(2019).

⑥ 창문

- 2층 이상에 영유아가 접근할 수 있는 창문에는 안전장치(안전창살, 이충창 또는 난간 등)를 설치한다.
- 창문은 강화유리 또는 플라스틱 유리로 설치한다.
- 창문은 투명하거나 투시가 가능해야 하며, 창문을 식별할 수 있기 위하여 부착하는 스티커 등은 채광을 고려하여 부착한다.
- 창문에 설치된 블라인드는 선이 늘어지지 않도록 짧게 정리한다.
- 닫혀 있는 창문에는 잠금장치를 설치한다.
- 열려 있는 창문에는 닫히는 것을 방지하는 문닫힘방지대를 설치한다.

- 창문틀 사이, 창문틈 아래에 손가락이 들어갈 공간이 있을 경우 끼임방지대를 설치한다.
- 창문에 모서리가 있을 경우 모서리보호대를 설치한다.

2) 보육실

〈영아 보육실 위치〉

- 영아반은 1층에 우선 배치한다. 불가피하게 2층에 배치해야 할 경우 추락 방지를 위해 중간문 등 안전장치를 설치한다.

〈활동공간 배치〉

- 보육실 공간을 흥미영역 또는 영유아의 흥미나 요구에 따른 다양한 놀이영역으로 구성한다. 연령별 흥미영역의 예는 다음과 같다.

구분	공간
0세	신체영역, 언어영역, 감각·탐색영역
만 1세	신체영역, 언어영역, 감각·탐색영역, 역할 및 쌓기놀이영역
만 2세	신체영역, 언어영역, 감각·탐색영역, 미술영역, 음률영역, 역할 및 쌓기놀이영역
만 3~5세	언어영역, 미술영역, 음률영역, 수·조작영역, 과학영역, 역할놀이영역, 쌓기놀이영역

〈바퀴 없는 교구장〉

〈낮은 책상〉

〈영역별 구성〉

〈충분한 이통 통로〉

출처: 안전관리공제회(2019).

표 6-9 보육실 내 흥미영역 또는 놀이영역 배치 시 고려할 점

영역	내용	
언어	• 책상은 조용하고 밝은 곳에 배치하고, 자료는 편안한 자세로 꺼낼 수 있게 배치한다. • 보육실 공간이 협소할 경우 휴식공간과 함께 사용이 가능하다.	
수·조작 및 과학	• 가급적 조용한 곳에 책상과 함께 배치한다. • 과학영역은 식물이나 곤충을 키울 수 있도록 햇볕이 드는 창가에 배치한다.	
음률	• 활동적이고 소리가 많으므로 조용한 영역과 떨어진 곳에 배치한다. • 카페트를 깔아서 소음이 크지 않도록 한다.	
미술	• 조용하고 밝은 곳, 물을 사용하기 쉬운 곳에 배치한다. • 영유아들이 손쉽게 자료를 꺼내고 정리할 수 있는 자료장을 구비한다. • 완성된 작품을 말리거나 전시할 수 있는 공간을 제공한다.	
역할놀이 및 쌓기놀이	• 소음과 움직임이 많으므로 다른 놀이에 방해되지 않도록 배치하고 미끄러질 우려가 있는 곳에는 고무매트나 카페트를 구비한다. • 다수의 영유아들이 함께 참여할 수 있도록 충분한 공각을 확보한다.	
신체	• 영아반의 경우 보육실 내에 배치한다. • 탐색과 움직임을 위한 충분한 공간을 확보한다.	
일상생활	• 보육실 내에 마련한다 (예: 수유, 기저귀 갈기 등).	

① 놀잇감

표 6-10 안전한 놀잇감 선택

구분	고려사항
재질	• 안전검사에서 합격한 제품이어야 한다(건전지를 이용하는 놀잇감은 반드시 확인). • 무독성 페인트를 사용한 것이어야 한다. • 빨거나 만질 때 표면이 쉽게 벗겨지지 않아야 한다(유해 중금속, 착색료 위험). • 헝겊으로 만든 놀잇감은 불연성이어야 한다. • 나무로 만든 놀잇감은 쉽게 가시가 일어나거나 마모되지 않아야 한다. • 화학섬유로 만든 것이나 합성 머리카락이 달린 인형은 좋지 않다. • 유리나 깨지기 쉬운 금속의 놀잇감은 사용하지 않는다.
구조	• 내구성이 강하고, 조립 상태가 견고한 놀잇감이어야 한다. • 0세~만 1세 영아에게 제공되는 놀잇감은 직경이 3.5cm 이상이어야 한다. • 너무 무겁거나 복잡하지 않은 놀잇감이어야 한다. • 질식, 목졸림 등의 위험이 있거나 뾰족한 모서리, 깨짐, 균열, 헐거운 나사나 볼트, 끝이 깨진 사기그릇, 안전 처리되지 않은 깡통, 화상 및 화재의 위험이 있는 총, 화약을 이용한 불꽃놀이 놀잇감, 장시간 현란한 빛을 발생하는 놀잇감 등은 제공하지 않는다.

표 6-11 놀잇감 세척

구분	세척방법
플라스틱 소재	• 유아용 세제를 손수건에 묻혀 표면을 닦고, 젖은 수건으로 깨끗이 닦아낸 다음 바람이 잘 통하는 그늘에 말린다. • 크기가 큰 것은 젖은 수건이나 알코올로 닦을 수 있다. • 솔을 이용하여 유아용 세제로 닦을 수 있다.
털로 만든 봉제인형	• 먼지를 털어주고 물세탁을 한다. • 세탁할 때는 미지근한 물에 샴푸나 유아용 세제를 푼 다음 거즈 수건과 같은 부드러운 천에 묻혀 살살 주무르듯 때를 닦아낸다. • 헹굴 때는 미지근한 물을 부드럽게 천에 묻혀 꾹꾹 눌러 물기와 비눗기를 뺀 다음, 물기를 털고 드라이기로 말린다. • 봉제인형은 물에 담그면 모양이 망가지고 천의 질감이 달라질 수 있으므로 주의한다.
타월 재질	• 세탁기에 넣기보다는 손으로 조물조물 주물러 때를 빼는 게 손상을 줄일 수 있다. • 세탁 후 그늘에서 말린다.

구분	세척방법
나무 재질	• 물로 씻지 않고 마른 수건으로 닦아준다. • 항균 코팅된 장난감은 젖은 수건으로 닦고, 다시 마른 수건으로 물기를 없앤 다음 바람이 잘 통하는 그늘에 말린다.
고무 재질	• 솔을 이용하여 손이 잘 닿지 않는 안쪽이나 틈새 사이에 먼지를 가볍게 털어주고 유아용 세제를 이용하여 세척한다.
천 소재	• 먼지를 털고 정기적으로 세탁한다. • 세탁기를 이용할 때에는 올이 나가거나 찢어지지 않도록 세탁망에 넣어준다. • 손빨래를 할 때에는 유아용 세제를 물에 풀어서 조물조물 문지른 후 깨끗한 물로 여러 번 헹궈준다. • 햇볕에 완전히 말린다.
기타	• 건전지 등을 사용하는 놀잇감은 녹이 슬거나 칠이 벗겨질 수 있으니 물로 세척하지 않는다. • 놀잇감에 낀 틈새 먼지들은 칫솔이나 면봉 등을 이용하여 제거한다.
세척시기	• 놀잇감은 수시로 세척하여 항상 청결을 유지시킨다. • 영아반의 경우 입에 넣고 빠는 놀잇감은 매일 세척한다.

출처: 어린이집 안정공제회(2019).

② 비품

〈영유아 가구(책상, 의자, 교구장, 사물함 등)〉

- 영유아가 사용하는 가구는 영유아의 신체 크기에 적합한 것으로 사용한다.
- 교구장은 연령별로 구별하여 사용하는 것을 권장한다.

〈교구장 사용의 예: 0세~만 1세 – 1~2단, 만 2세 – 3단, 만 3~5세 – 4단 이하〉

- 가구의 모서리는 표면이 둥글고 매끄럽게 처리된 것을 사용한다.
- 모서리가 직각이거나 뾰족한 경우 모서리보호대를 설치한다.
- 가구의 표면에 가시, 썩은 부분, 튀어나온 금속(못)은 없는지 확인한다.
- 영아 보육실의 교구장, 사물함은 바퀴가 없는 것을 사용한다.

〈영유아 신체에 맞는 의자〉 〈모서리는 둥글고 매끄럽게 처리〉

출처: 어린이집 안정공제회(2019).

〈보육교직원 가구(수납장, 사물함 기타 가구 등)〉

- 보육교직원의 개인 물품은 잠금장치가 된 별도의 공간이나 영유아 손이 닿지 않는 곳에 보관한다.
- 이불장, 가구장이 보육실 내에 있을 경우 영유아가 스스로 열지 못하도록 잠금장치를 한다.

③ **가전제품**(컴퓨터, 카세트 CD플레이어, TV, 선풍기, 가습기 등)

〈가전제품(컴퓨터, 카세트 CD플레이어, TV, 선풍기, 가습기 등)〉

- 영유아가 사용하는 가전제품(컴퓨터, 카세트 CD플레이어, TV, 선풍기, 가습기 등)은 사용 전에 반드시 안전교육을 실시한다.
- 성인만 조작해야 하는 가전제품(TV, 가습기 등)은 조작버튼을 가려주거나 안전덮개로 덮어둔다.
- 선풍기나 히터는 보호망을 사용하거나 벽걸이용으로 사용한다.
- 가습기는 무게가 있으므로 교구장이나 단상 위에 올리지 않고, 바닥에 놓고 고정시켜 사용한다.
- 사용하지 않는 콘센트는 안전덮개를 해 둔다.
- 전기주전자는 보육실에 두지 않는다.

〈기타 비품(약품, 피아노, 보행기, 쓰레기통, 청소기)〉

- 약품은 영유아 손이 닿지 않도록 교구장이나 수납장 안에 보관하고 잠금장치를 한다.
- 피아노 밑부분, 건반과 뚜껑 사이에 푹신한 천이나 부직포를 부착하고, 피아노를 사용할 때를 제외하고 항상 뚜껑을 닫아 놓고 잠금장치를 한다. 또한 뚜껑이 열리는 피아노 의자의 경우도 마찬가지로 열지 못하도록 잠금장치를 한다.
- 보행기를 사용하는 주변에는 부딪쳐서 떨어질 위험이 있는 물건을 두지 않으며, 바닥에 있는 모든 장애물을 치운다. 보행기가 넘어졌을 때, 보행기를 지지하고 있는 X자형의 틀에 손가락이 끼이면 절단될 수 있으므로 특별히 유의한다. 계단이 있는 층에서 보행기를 사용할 경우에는 반드시 보육실 문을 닫고, 추락을 방지하기 위한 중간문을 설치한다.

④ 유희실

〈충격완화 장치 설치〉

- 1m 이상 높이의 모든 놀이기구 주변에 있는 벽면, 바닥, 기둥, 모서리면에 충격을 완화시킬 수 있는 장치(충격 흡수용 표면제) 또는 안전매트를 설치한다. 특히 미끄럼틀에서 내려오는 바닥에는 안전매트를 설치하며 충격을 최소화시킨다.

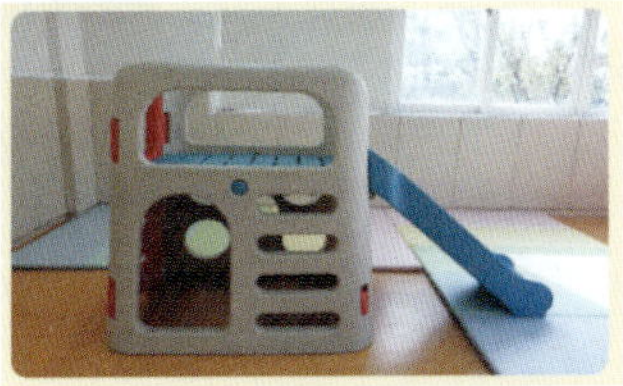

〈미끄럼틀 안전매트〉

〈벽면 충격 완화장치〉

출처: 어린이집 안정공제회(2019).

〈놀이기구 배치〉

• 창문이 없는 벽면에 놀이기구를 배치한다. 창문이 있을 경우 창문에 안전장치(안전창살 이중창 또는 난간)를 설치한다.
• 영유아의 동선을 고려하여 통로를 확보하고, 동적 활동(예: 미끄럼틀)의 공간은 서로 거리를 두고 배치한다.
• 고정식 놀이기구(예: 미끄럼틀, 볼풀장 등)의 경우 움직이지 않도록 고정시킨다.
• 게시판, 액자 등은 가급적 부착 후에는 단단히 고정시킨다.

〈유희실 놀이기구〉
출처: 어린이집 안정공제회(2019).

⑤ 화장실 및 목욕실

〈화장실 바닥〉

• 화장실 바닥은 하수구를 향해 적정 경사가 이루어져 배수가 잘 되는 구조여야 한다.
• 바닥재는 표면이 미끄럽지 않은 것을 사용한다. 바닥이 미끄러울 경우 미끄럼방지대 또는 물기제거판을 설치한다.

〈미끄럼방지 및 물기제거판 설치〉
출처: 어린이집 안정공제회(2019).

• 화장실 바닥은 수시로 체크하고 마른 걸레로 물기를 제거하여 항상 물기가 없고 건조한 상태를 유지한다.

〈세면대〉

• 영유아의 신체 크기에 맞는 세면대를 설치한다. 성인용 세면대를 사용할 경우 영유아의 신체 크기에 맞도록 세면대 밑에 계단이나 안전한 발판을 놓아준다.

- 영유아가 수도꼭지를 조작해서 뜨거운 물이 나오지 않도록 수온을 조절하고 온수조절장치 등을 설치한다.
- 수건 또는 휴지걸이, 핸드타월 등은 영유아가 안전하게 사용할 수 있는 위치에 설치한다.

〈안전발판〉

〈온수조절장치〉

〈핸드 타월〉

출처: 어린이집 안정공제회(2019).

〈변기〉

- 영유아용 화장실 문은 영유아가 스스로 열고 닫을 수 있도록 설치한다.
- 용변을 볼 때 영유아가 불안해하지 않고 보육교직원이 쉽게 감독할 수 있는 높이로 문을 설치한다.
- 영유아용 변기는 가급적 10~15인당 1개 이상을 설치할 것을 권장한다.
- 영유아의 신체 크기에 맞는 변기를 설치한다. 부득이하게 성인용 변기를 사용할 시 영아를 위한 보조대와 안전발판을 설치한다.
- 변기 휴지걸이는 영유아가 앉아서 안전하게 사용할 수 있는 위치에 설치한다.
- 모서리가 뾰족한 휴지걸이 등의 경우 모서리보호대를 설치한다.

〈영유아 신체에 맞는 변기〉

〈안전발판 및 보조대 설치〉

출처: 어린이집 안정공제회(2019).

〈비품 및 세제 관리〉

- 세탁기가 영유아 활동 공간에 있는 경우 뚜껑을 닫고 잠금장치를 한다. 또한 영유아가 출입을 하지 못하도록 해당 공간에 칸막이를 설치하고 잠금장치를 한다.
- 위험한 물건(예: 세제, 살충제, 표백제 등)은 영유아 손이 닿지 않는 수납장이나 선반에 보관한다.
- 영유아의 손이 닿는 곳에 보관해야 할 경우 반드시 잠금장치를 하여 보관한다.

〈세탁기 잠금장치〉

〈비품 보관함〉

출처: 어린이집 안정공제회(2019).

⑥ 조리실 및 식당

- 조리실은 1층 이상에 설치하는 것을 원칙으로 하되, 아래와 같은 경우 지하 1층에 설치를 허용한다.
- 조리실의 벽, 바닥, 천장은 모두 내화성, 내수성, 내구성이 있는 재질로 설비한다.
- 영유아가 접근할 수 없도록 항상 문을 닫아 놓거나 중간문을 설치하여 영유아 활동공간을 분리한다.

〈영유아의 활동공간 분리〉
출처: 어린이집 안정공제회(2019).

- 실외로 나가는 조리실 출입구나 창문에는 방충망을 설치한다.
- 조리실은 채광이 잘 되도록 하고 청소와 환기를 자주 하여 항상 청결하게 유지한다.

CHAPTER

07

하루일과 운영

1. 영아반 보육교사의 하루일과 운영
2. 유아반 보육교사의 하루일과 운영

1. 영아반 보육교사의 하루일과 운영

영아의 하루일과는 영아 개개인의 신체 리듬과 개인적 욕구를 토대로 등원에서 귀가에 이르기까지 적절한 시간 배분과 활동내용의 순서를 갖고 진행한다. 이러한 하루일과는 어느 정도의 규칙성을 갖고 진행하여야 한다. 규칙적인 하루일과를 운영할 때 영아는 언제, 어디서, 무엇을, 어떻게 하는가를 어느 정도 예측할 수 있어 안정감을 가지고 하루일과를 지낼 수 있게 된다. 이때 영아 개개인의 기분, 신체 리듬, 흥미, 날씨, 어린이집의 상황 등에 따라 융통성 있게 조절하는 것도 필요하다.

영아반 하루일과를 계획하고 운영할 때 고려하여야 할 점은 다음과 같다.

- 0세~만 1세는 수유 및 이유식, 기저귀 갈이, 낮잠 등 생리적 욕구를 고려하여 일상적인 양육활동에 대한 계획을 반영한다. 이때 개별 영아에 따라 생리적인 욕구가 다를 수 있으므로 정해진 일과 시간을 그대로 따르기보다는 영아의 욕구에 우선하여 개별적으로 진행하는 것이 중요하다.

〈0~만 1세반〉

• 만 1세는 점심 및 간식, 기저귀 갈이 · 배변활동, 낮잠 등 일상적인 양육활동과 함께 점차 놀이시간이 늘어나도록 계획한다.

<만 1세반>

• 만 2세는 일상적인 양육활동에 비해 놀이의 비중이 점점 커지도록 하루일과를 계획한다.

<만 2세반>

- 영아는 일상적인 양육활동 이외에도 실내놀이 하루 2시간 이상, 바깥놀이는 0세~만 1세 영아 주 3회 30분 이상, 만 1, 2세는 매일 30분 이상 계획하여 진행한다(보건복지부, 한국보육진흥원, 2020).

0~만 2세 영아의 발달특성 등을 고려한 하루일과는 다음 〈표 7-1〉, 〈표 7-2〉, 〈표 7-3〉과 같다.

표 7-1 0~만 1세반 보육일지(1수준(0~3개월), 2수준(4~6개월)의 예시)

<table>
<tr><td rowspan="2">날짜</td><td rowspan="2">5월 23일 수요일 날씨 맑음</td><td rowspan="2">작성자</td><td rowspan="2">○○○</td><td rowspan="2">결재</td><td>담임</td><td>원장</td></tr>
<tr><td></td><td></td></tr>
<tr><td rowspan="4">보육교사의 준비 및 환경점검</td><td colspan="2">보육실 환기하기</td><td>□</td><td colspan="2">욕실 청결 및 세팅하기</td><td>□</td></tr>
<tr><td colspan="2">수유용품 및 물 준비하기</td><td>□</td><td colspan="2">영아의 개별 소지품 확인하기</td><td>□</td></tr>
<tr><td colspan="2">보육용품이나 비품의 모서리 보호대 점검하기</td><td>□</td><td colspan="2">위생용품 준비하기</td><td>□</td></tr>
<tr><td colspan="2">전기콘센트, 플러그 정비하기</td><td>□</td><td colspan="2">일일보고서 작성 준비하기</td><td>□</td></tr>
<tr><td>구분</td><td colspan="6">활동내용</td></tr>
<tr><td></td><td colspan="3">0~6개월 (전기)</td><td colspan="3">7~12개월(후기)</td></tr>
<tr><td>7:30~9:00
등원 및
맞이하기</td><td colspan="6">- 보육교사 및 친구들과 반갑게 인사하기
- 영아의 기분과 건강상태 살피기</td></tr>
<tr><td>9:00~9:30
수유, 이유하기
및 기저귀갈이
/씻기</td><td colspan="6">- 보육교사의 도움을 받아 손 닦고 턱받이하고 먹기
- 음식에 관심을 갖고 즐겁게 이유식 먹어보기
- 세면과 입 닦기, 기저귀 살피기
- 간식 메뉴 : 개별 수유 및 이유식(브로콜리 죽)</td></tr>
<tr><td rowspan="2">9:30~10:00
실내놀이</td><td colspan="6">[신체] 아이 간지러워(신입)</td></tr>
<tr><td colspan="3">- 영아 근처에서 보육교사가 생쥐 모양 손인형을 끼우고 살금살금 걸어가는 흉내를 내 본다.
- 영아가 움직이는 생쥐 손인형에 관심을 보이면 영아에게로 다가간 후 언어적 상호작용을 해 주며 간지럽혀 준다.</td><td colspan="3">- 영아에게 손가락 생쥐 장갑을 끼워주고 보육교사나 친구들을 간지럽혀 보도록 한다.</td></tr>
</table>

	[언어] 뚝뚝뚝~, 곤지곤지 잼잼	
	- 영아 사진 앨범 책을 읽어보자는 신호로 책을 똑똑 두드리는 소리를 내며 영아의 관심을 유도한다. - 문 그림을 열고 안에 사진을 보며 누구인지 영아와 이야기한다.	- 영아가 문 앨범책에 관심을 가지고 탐색하거나 두들기면 보육교사가 다가가 상호작용한다. - 영아를 도와 책의 문을 열고 사진을 함께 본다.
	[감각 · 탐색] 보들보들 촉감길	
	- 다양한 촉감판을 길게 이어붙여 영아의 관심을 유도한다. - 영아가 촉감판을 만져보게 한다. - 촉감을 나타내는 다양한 표현을 들려주며 감촉을 느껴보게 한다.	- 다양한 촉감판을 교실에 놓아 영아가 손으로 만져보게 한다. - 촉감판을 길처럼 이어서 영아가 기어가거나 보육교사의 손을 잡고 걸어보도록 한다. - 영아가 익숙해지면 배열을 다르게 하여 이동해 보도록 한다.
10:00~10:30 바깥놀이	- 유모차에 달린 바람개비를 살펴봐요 - 영아용 유모차에 바람개비를 달아주고 앞뒤로 밀어주어 바람개비가 돌아가는 것을 살펴본다.	
10:30~12:00 수유 및 낮잠	- 조용한 음악을 들으며 편안한 수유시간 갖기 - 개별 매트와 이불에 누워 낮잠 준비하기 - 자장가 들으며 편안하게 낮잠 자기	
12:00~13:00 수유나 점심식사/ 이닦기	- 수유 및 이유식 - 기저귀갈이/씻기/이닦기	- 점심식사(이유식→진밥) - 기저귀갈이/씻기/이닦기
	- 보육교사와 눈 맞추며 수유 또는 이유식 먹기 - 세면과 영아용 손가락 칫솔로 이와 잇몸 닦기 - 기저귀 살피기	
13:00~14:30 실내놀이	[신체] 아이 간지러워 [언어] 뚝뚝뚝~, 곤지곤지 잼잼 [감각 · 탐색] 보들보들 촉감길	
14:30~15:30 오후 수유 및 오후 낮잠	- 조용한 음악을 들으며 휴식 취하기 - 보육교사와 눈 맞추며 수유하기 - 자장가를 들으며 편안하게 잠자기 - 기저귀갈이	

15:30~16:00 실외 산책	- 유모차 타고 산책 다녀오기 - 유모차 타고 주변 산책하기 - 유모차에 달린 바람개비 관찰하기
16:00~16:30 기저귀갈이/ 손, 발닦기/ 이유식	- 손, 발 닦고 기저귀 살피기 - 손 닦고 턱받이하며 이유식/오후 간식 먹기 - 얼굴과 손 닦기
16:30~17:30 실내놀이	[신체] 아이 간지러워 [언어] 똑똑똑~, 곤지곤지 잼잼 [감각·탐색] 보들보들 촉감길
17:30~18:30 수유 및 낮잠	- 조용한 음악을 들으며 편안한 수유시간 갖기 - 영아용 개별 침대에 누워 낮잠 준비하기 - 자장가를 들으며 편안하게 낮잠 자기
18:30~19:30 세면 및 귀가지도	- 낮잠에서 일어나 세면 후 로션 바르기, 겉옷 입기 - 부모님이 오시는 대로 부모와 영아에 대해 이야기하고 귀가 인사 나누기
일과 평가	
특이사항 및 안전사고	
적응 영아 관찰기록	

표 7-2 만 1세반 보육일지의 예시

만 1세 일일보육계획 및 실행

반 명	0 0 반	일 시	2013년 ○월 ○일 월요일 날씨 : ○○
주 제	느낄 수 있어요		
소 주 제	만져보아요 (둘째 주)		
구 분	활동내용		
7:30~9:00 오전 통합보육과 등원	* **오전 통합보육** • 부모와 보육교사가 반갑게 인사하기 - 오전에 등원하면서 영아들의 건강상태를 확인하고 부모의 전달사항을 각 담임교사에게 인수인계함. * **등원** • 부모와 보육교사가 반갑게 인사하기 - 보육교사가 부모에게 인사하는 모습을 영아에게 보여주며 영아와도 함께 인사 나누기 • 혼자서 양말을 벗어요 - 영아가 혼자 양말을 벗어 볼 것을 제안한 뒤 쉽게 벗을 수 있도록 양알 끝을 잡는 것을 보여주거나 도와줌.		
9:00~9:20 손 씻기 및 오전 간식	* 손 씻기 및 오전 간식(롤케이트, 우유) 소독비누로 거품을 내서 씻도록 하고 물로 씻을 때 비누가 남지 않도록 도와주기 * 즐겁게 먹어요 간식을 먹으며 영아의 등원하면서 경험한 것을 가정에서의 일상을 물어 보며 관심 갖기		

9:20~10:20 실내놀이	* **실내놀이** • 신체 : 둥근 고리 끼우며 놀이해요 - 영아들의 흥미가 지속되어 지난 주 활동을 반복하여 계획함. • 언어 : 울퉁불퉁 종이에 끼적여요. - 다양한 질감의 종이에 부드러운 영아용 크레파스로 끼적거리기를 하기 • 감각 · 탐색 : 누구의 기저귀일까요? - 여러 가지 질감의 기저귀를 만져보기 • 역할 · 쌓기 : 밀가루 반죽에 빨대를 꽂아요. - 지난 주 밀가루 반죽을 소꿉 그릇에 담는 활동을 반복하면서 빨대를 꽂아 보는 활동을 첨가하여 계획함.
10:20~10:35 정리정돈 및 기저귀 갈이 / 배변활동	• 정리정돈 및 기저귀 갈이 / 배변활동 : 실외놀이터로 이동 보육교사가 영역별, 영아 개별로 곧 정리할 것임을 알려 주고 노래를 부르며 정리를 시작함 • 친구들도 기저귀가 있어요 기저귀 갈이를 하기 전에 자신의 기저귀를 보고 또래들의 기저귀도 함께 보도록 제안하기 • 영아용 변기에서 소변보기 월령이 높은 영아들 중 팬티형 기저귀를 입는 영아들은 영아용 변기에 앉아서 소변 볼 것을 권유하기 * **실외놀이** • 모래로 놀아요 체를 준비하여 보육교사가 모래를 체로 걸러줄 때 떨어지는 모래를 만져보기, 걸러진 부드러운 모래 만져 보기
11:30~11:45 정리, 손 씻기	* 정리, 손 씻기 및 이동
11:45~12:15 점심	* **점심** • 즐겁게 먹어요 점심을 먹으며 영아의 등원하면서 경험한 것, 연휴 동안 가정에서의 일상을 물어 보며 관심 갖기
12:15~13:00 이 닦기 및 오후 놀이 / 기저귀 갈기	• 이 닦기 및 오후 놀이 / 기저귀 갈기

13:00~15:30 낮잠 준비 및 낮잠	• 낮잠 준비 및 낮잠 - 내 이불, 내 베개를 찾아요.
15:30~16:00 낮잠 깨기 및 정리정돈 / 기저귀 갈기	• 낮잠 깨기 및 정리정돈 / 기저귀 갈기 - 내 이불, 내 베개를 찾아요
16:00~16:30 손 씻기 및 오후 간식	• 손 씻기 및 오후 간식(단호박 범벅) • 즐겁게 먹어요 - 호박을 먹는 것을 낯설어하는 경우 탐색할 시간 주기
16:30~18:00 오후 실내놀이 또는 바깥놀이 / 귀가	* **오후 실내놀이 또는 바깥놀이 / 귀가** • 신체 : 둥근 고리 끼우기 놀이해요 - 오전에 실행한 것처럼 고리 끼우기 놀이와 함께 고리를 머리에 올리고 떨어뜨리는 놀이를 계획함. • 언어 : 울퉁불퉁 종이에 끼적여요. - 오전에 끼적거리기한 종이를 바닥에 붙인 경우 위에 투명 비닐을 엎어 주거나 벽면에 게시하여 함께 보도록 함. • 감각 · 탐색 : 누구의 기저귀일까요? - 여러 가지 질감의 기저귀를 만져보기 • 역할 · 쌓기 : 밀가루 반죽에 빨대를 꽂아요 - 오전에 했던 밀가루 반죽에 빨대를 꽂아 보고 양초 꽂기 놀이를 흉내내 보는 것을 계획함.
18:00~19:30	* **오후 통합보육** • 개인 소지품을 챙긴 뒤 보육교사와 함께 통합보육실로 이동하기 • 부모님께서 오시면 보육교사와 인사와 포옹을 한 뒤 귀가하기.

표 7-3 만 2세반 보육일지의 예시

만 2세 일일보육계획 및 실행		2012년 10월 29일 월요일 날씨 : 맑음
주 제	알록달록 가을이에요	
소 주 제	가을이에요	
구분	활동계획 및 방법	준비물 및 유의점
7:30~9:00 등원 및 통합보육	• 등원하는 영아 반갑게 맞이하기 • 영아의 기분과 건강상태 확인하기 • 스스로 소지품 정리할 수 있도록 도와주기 • 투약 의뢰서 유무 확인하기 • 통합보육실에서 놀이하기	출석카드 투약의뢰서 일일연락장 영역별 놀잇감
9:00~9:30 화장실 가기 및 오전 간식	• 화장실 다녀오기 및 손씻기 • 준비된 간식 가지고 자리에 앉기 • 간식 먹은 후 함께 자리 정리하기	시리얼 우유
9:30~10:50 오전 실내놀이	• 새로운 영역활동 개별적으로 소개하기 • 관심 있는 영역에서 자유롭게 활동하도록 돕고, 긍정적 상호작용 나누기 • 보육교사의 도움이 필요한 놀이에 적절히 참여하기 [신체] 낙엽비가 내려요] - 이전에 산책활동을 통해 낙엽을 뿌리며 관찰한 경험 회상하기 - 환경 인쇄물로 만든 낙엽을 위로 던지며 움직임 관찰하기 [언어] 과일 · 열매 까꿍카드] - 벽에 붙인 과일 · 열매 사진을 보고 함께 탐색하기 - 까꿍판에 같은 사진 넣어 함께 열어보고 탐색하기 - 벽에 붙인 사진과 까꿍판 같은 사진 고르기 [감각 · 탐색] [역할 · 쌓기] 낙엽을 청소해요 - 종이 낙엽이 떨어진 바닥을 함께 빗자루로 쓸고 쓰레받기에 담아보기 [미술] [음률]	과일열매사진, 까꿍판, 환경 인쇄물, 종이낙엽, 영아용 빗자루와 쓰레받기, 영역별 기본 놀잇감

10:50~11:10 정리정돈 및 화장실가기	• 놀잇감을 바르게 사용하도록 안내하고 함께 정리하기 • 화장실 다녀오기	
11:10~11:50 실외놀이 및 손씻기	[실외활동] 동물 인형 목욕시키기 - 전 주에 했던 활동 회상 질문하기 - 좋아하는 동물 인형을 스스로 선택하여 함께 목욕놀이하기 (대체활동) 실내에서 동물 인형 목욕시키기 • 화장실 다녀오기 및 손씻기	동물 인형, 수조, 목욕의자, 스펀지, 비누, 수건
11:50~13:20 점심식사 및 이닦기	• 골고루 음식 먹고 함께 정리하도록 안내하기 • 이 닦기 • 먼저 먹은 친구는 자유롭게 놀이하기	현미밥 맑은 콩나물국 채소치즈계란말이 연근조림
13:20~15:00 낮잠	• 편안한 분위기 느끼도록 낮잠 준비 • 편하게 낮잠자기 • 개인 이불 함께 정리하기	
15:00~15:30 화장실가기 및 오후 간식	• 화장실 다녀오기 및 손씻기 • 준비된 간식 가지고 자리에 앉기 • 간식 먹은 후 함께 자리 정리하기	간장비빔쌀국수 사과
15:30~16:50 오후 실내놀이	• 원하는 영역에서 자유롭게 놀기 • 놀잇감 바르게 사용하도록 안내하고 함께 정리하기	
16:50~17:30 바깥놀이 및 손씻기	[실외활동] 실외 놀이터에서 놀이 (대체활동) 실내 유희실에서 놀이 • 화장실 다녀오기 및 손씻기	
17:30~19:30 귀가 및 통합보육	• 통합보육하면서 개별적으로 귀가하기 • 자신의 소지품 함께 정리해 보기 • 선생님과 친구에게 '안녕' 인사하기	
일일 평가	산책을 하면서 낙엽을 줍고 손으로 뿌리기도 한 경험이 영아들에게 인상깊었던 것 같다. 낙엽비 활동을 할 때 이전 경험이 자연스럽게 회상되어 매우 즐거워하였는데 좀 더 활발한 활동 지원을 위해 내일은 넓은 공간에서 활동을 해보아야겠다.	
비고	개별 침구 요청 : 민수 어머님께 귀가시간에 금요일에 보내드린 개별 침구를 보내주지 않아 여벌 침구로 낮잠지도를 했다고 말씀드리고 내일 침구를 보내 달라고 말씀 드림	

출처: 보건복지부, 육아정책연구소(2013).

1) 일상생활

영아는 일상생활을 통하여 일평생 갖게 될 기본생활습관을 형성하게 된다. 이 시기의 영아는 가소성이 풍부하여 일상생활에서 바람직한 행동을 발달시키는 능력을 습득할 수 있게 된다. 좋은 습관 형성은 영아의 행동을 용이하게 해주는 것과 동시에 지적이면서 긍정적인 정서를 만들어 주기도 한다. 따라서 일상생활은 영아의 개별적 욕구와 발달 특성에 맞게 경험하여야 하며, 기본생활습관 형성을 돕는 활동이 하루일과를 통해 자연스럽게 제시해 주는 것이 바람직하다. 영아가 어린이집에서 바람직한 기본생활습관을 형성할 수 있도록 지도하는 원리는 다음과 같다.

- 보육교사는 시범을 보여주고 행동하는 방법을 설명해 주어야 한다. 습관은 행동을 효율적으로 하는 방법이며, 습관을 구성하는 기술적 요소는 사고, 관찰, 숙고하는 것이다. 따라서 영아가 보육교사의 일상적인 행동을 보고 생각하고 행동을 따라하게 한다.
- 보육교사는 일관성을 가지고 지속적으로 지도한다. 기본생활습관을 형성하는 것을 자칫 고정된 행동, 틀에 박힌 행동양식을 갖도록 하는 것으로 오해하는 경우가 종종 있다. 일상생활에서 영아가 스스로 주어진 상황을 의식하면서 행동이 계속적이고 반복적으로 변화되어 가도록 일관성 있게 지도한다.
- 보육교사는 영아의 흥미가 충분히 고려되어 동기유발되어야 한다. 기본생활습관 형성을 위한 지도는 영아의 흥미가 충분히 고려되어 스스로 하고자 하는 동기가 있어야 한다. 보육교사는 영아의 적극적인 행동에 칭찬과 격려를 하면서 동기부여를 한다.
- 보육교사는 영아의 개별적인 욕구와 행동 특성을 민감하게 관찰하고 개인차를 충분히 고려해 주어야 한다. 영아는 개별적인 능력이나 발달 정도가 각각 다르므로 영아가 나타내는 관심 정도나 수행기술 수준에 따라 개별적으로 지도한다.

영아의 건강한 생활습관 형성을 위하여 손 씻기, 이 닦기, 목욕하기, 낮잠, 기저귀 갈이, 배변훈련, 옷 입기 등은 일상생활에서 지속적으로 반복하여 지도하여야 한다. 기본생활습관 지도는 일상생활에서 영아의 개별적인 욕구와 행동 특성을 수시로 관찰하고 개인차를 충분히 고려하여 적절하게 지도하여야 한다.

(1) 손 씻기

사람의 몸은 세균에 숫자를 줄여 주기만 하더라도 감염성 질환의 약 70%를 예방할 수 있다고 한다. 대부분의 감염성 질환은 공기를 통해 코나 입으로 병균이 직접 침입하기보다는 바이러스가 묻은 손을 눈이나 코, 입에 갖다 댐으로써 감염되는 경우가 더 많으므로 영아와 보육교사는 자주 손을 청결하게 씻어야 한다. 손을 씻는 시기는 다음 〈표 7-4〉와 같다.

표 7-4 손을 씻는 시기

영아	보육교사
• 화장실 이용 후 • 간식, 점심 전 • 미술활동, 탐구활동을 한 후 • 바깥놀이 후 • 요리하기 전/후 • 코를 풀거나 상처부위를 만진 후 • 반려동물을 만지거나 먹이를 준 후	• 음식을 다루거나 먹고 마시기 전/후 • 영아에게 음식을 먹이기 전/후 • 수유 전/후 • 영아의 기저귀를 갈기 전/후 • 투약(특히 안약 등) 전/후 • 요리활동 전/후 • 어린이집 출근 후 • 변기 사용 및 영아의 변기 사용을 도와준 후 • 피, 토사물, 코 흘린 것 등 신체의 분비물을 만진 후 • 쓰레기통 사용 후 • 실외활동 후 • 반려동물을 만진 후 • 익히지 않은 육류와 가금류(닭고기, 달걀 등) 만진 후 • 손에 낀 일회용 장갑이나 고무장갑을 벗은 후 • 손이 더러워진 경우

(2) 이 닦기

영아는 치아가 완전히 나지 않기 때문에 자칫 구강위생을 소홀히 할 수 있다. 영아의 구강위생을 청결히 하지 않으면 각종 호흡기 질환과 소화기 질환에 노출될 수 있으므로 수유 후와 음식을 먹인 후에는 반드시 구강위생을 청결하게 해주어야 한다. 0세~만 2세의 이 닦기 지도는 다음 〈표 7-5〉와 같다.

표 7-5 0세~만 2세의 이 닦기 지도

0세~만 1세	만 1세	만 2세
• 이가 나기 전의 영아는 수유 또는 이유 후에 거즈 손수건을 끓였다가 식힌 물에 살짝 적셔 손가락에 말아서 잇몸, 볼 안쪽, 입천장, 혓바닥을 부드럽게 닦아 우유 찌꺼기를 제거해 준다(영아용 구강 티슈 사용).	• 영아용 칫솔과 월령에 맞는 치약으로 치아의 앞·뒷면을 5회 정도 닦아 준다. • 아직 이가 나오지 않은 부분은 거즈 수건을 끓였다가 식힌 물에 살짝 적셔 잇몸 등을 닦아 준다(영아용 구강 티슈 사용).	• 영아용 칫솔과 연령에 맞는 치약을 사용하여 식사 후에는 반드시 이를 닦도록 지도한다. • 가정과도 연계하여 이를 닦도록 지도한다(1일 3회). • 영아에게 이 닦는 방법을 시범적으로 보여주고 이 닦기의 중요성을 설명하며 스스로 이 닦기를 할 수 있도록 지도한다.

■ **칫솔관리 방법**

- 칫솔은 소독기 등을 사용하여 청결하게 관리한다. 소독기를 사용하지 않는 경우 깨끗이 씻어서 통풍이 잘되는 곳에서 건조시킨다.
- 칫솔은 보통 3개월마다 교환해야 하며 칫솔모가 누워서 원래보다 넓어지거나 솔이 닳았을 때는 즉시 교환해 주어야 한다.

(3) 낮잠

낮잠은 성장속도가 빠르고 활동량이 많은 영아에게 에너지를 재충전하여 건강한 생활리듬을 갖게 하는 데 필수적으로 요구된다. 영아가 낮잠을 충분히 잘 잠으로써 적절한 휴식을 취하여 신체적 피로회복은 물론 정서적 안정을 갖고 오후 활동에 적극 참여할 수 있으므로 매우 중요하다. 영아는 어릴수록 개인적인 특성에 따라 수면습관이 다르므로 보육교사는 영아가 잠드는 습관과 자고 나서 깰 때의 행동을 잘 관찰하여 반영해야 한다.

■ **낮잠시간 운영 시 유의할 점**

- 낮잠시간을 일과에 포함시켜 계획하고 실시한다.
- 영아가 잠자기 전에 긴장을 풀고 편안한 시간을 갖도록 한다.
- 낮잠시간이 되었다는 것을 알 수 있도록 분위기를 조성해 준다.
- 낮잠잘 때 바른 수면자세를 갖도록 신경을 쓴다.
- 보육교사는 영아가 모두 잠이 들었어도 자리를 뜨지 않는다.
- 잠자는 습관이 영아마다 다르므로 개별적인 보살핌을 하도록 한다.
- 낮잠시간의 좋은 습관을 들이기 위해서는 낮잠을 준비하는 사전 활동을 충분히 한다.
- 영아에게 편안한 장소가 되도록 하고 개별 침구를 사용한다.
- 영아가 편안하게 잠을 깰 수 있도록 배려한다.
- 잠이 깬 후 개별적인 활동을 해주면서 영아가 기분 좋게 잠에서 깨어나게 도와준다.

영아돌연사증후군(Sudden Infant Death Syndrome: SIDS)

12개월 미만의 영아가 자는 동안에 갑자기 사망하는 현상으로, 사망 당시의 상황 및 현장 조사, 또는 임상적 병력 분석, 사체부검 등 철저한 사후 검사에서도 불구하고 사망의 원인을 찾을 수 없는 경우를 말한다.

영아돌연사(SIDS) 예방지침

① 영아를 재울 때는 등을 바닥으로 하여 바로 눕힌다.

② 영아의 요나 침구 바닥은 단단한 것을 사용한다(푹신한 이불이나 쿠션, 소파 위 등은 위험함).

③ 영아를 재울 때는 이불로 머리와 얼굴은 덮지 않는다.

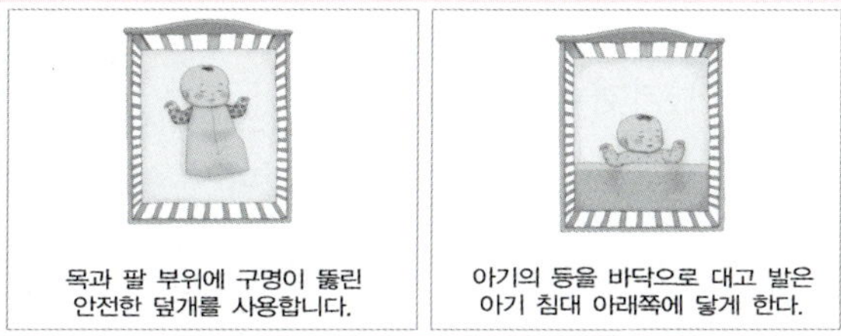

④ 영아가 자고 있는 주변에서 부드러운 물건, 놀잇감, 느슨한 이불 등을 치운다

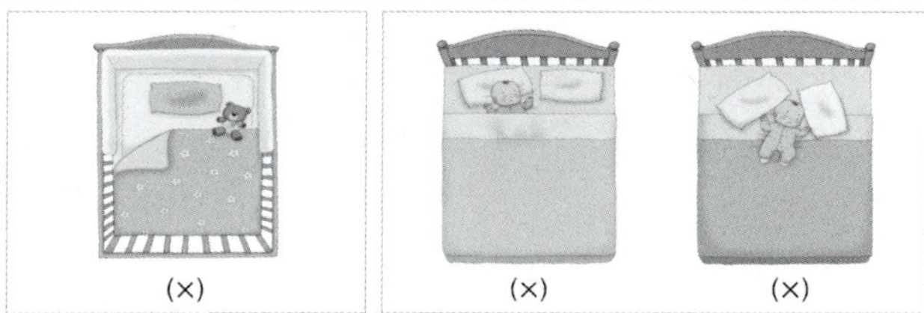

⑤ 영아가 자고 있는 동안 실내가 너무 덥지 않게 한다(실내온도 22~23℃ 권장).

⑥ 영아 주변에서는 흡연을 금한다.

⑦ 성인과 같은 침대를 사용하거나 바로 옆에서 자는 것을 금한다.

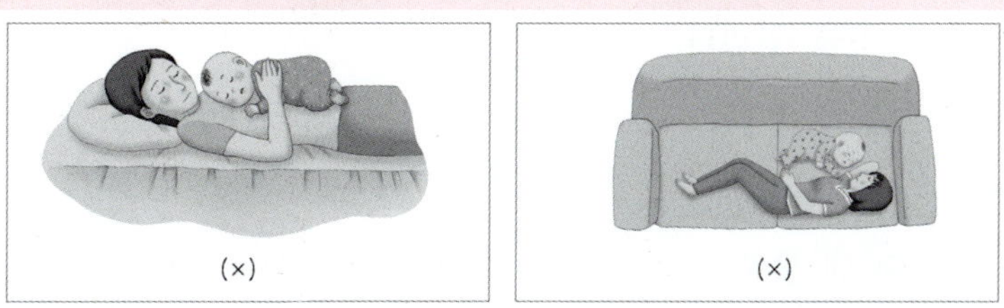

출처: 보건복지부, 육아정책연구소(2013).

(4) 기저귀 갈이

기저귀 가는 시간은 영아와 보육교사가 개별적으로 긴밀하게 상호작용할 수 있는 좋은 기회가 된다. 보육교사는 기저귀를 가는 동안 부드럽게 이야기해 주고, 청결하게 처리해 줌으로써 영아가 기분이 좋아지는 시간으로 인식할 수 있도록 해야 한다. 또한, 기저귀를 갈 때는 절차에 따라 실행하여야 한다.

■ **기저귀 갈이의 원칙**

- 기저귀를 갈 때에는 기저귀 갈이만 이루어져야 한다.
- 영아를 즉시 씻길 수 있도록 물이 가까이 있어야 한다.
- 기저귀 갈이대의 표면은 깨끗하고 방수가 되어야 하며 흠이나 틈이 없어야 한다.
- 기저귀 갈이 할 때에는 잠시라도 영아를 혼자 두지 말아야 한다.

■ **기저귀 가는 순서**

① 필요한 물품이 모두 있는지 체크한다. 기저귀 매트를 바닥에 깐다.

② 영아를 기저귀 매트 위에 눕히고 손으로 영아를 붙잡는다.

③ 더러운 기저귀/옷을 벗긴다. 기저귀를 비닐봉지에 넣고, 옷은 집에 가져가도록 다른 비닐봉지에 넣는다.

④ 영아의 사타구니를 미리 적신 종이타월로 깨끗이 닦는다. 종이타월은 비닐봉지나 기저귀 전용 쓰레기통에 넣는다.

⑤ 젖은 종이타월로 손을 닦는다. 닦은 종이타월도 비닐봉지나 기저귀 전용 쓰레기통에 넣는다.

⑥ 기저귀를 채우고 옷을 입힌다.

⑦ 영아의 손을 물비누와 흐르는 물로 씻기고 일회용 종이타월로 닦아 돌려보낸다. 물휴지(물티슈)는 적절하지 않다.

⑧ 기저귀 간 곳과 손 댄 물품을 깨끗이 닦고 소독한다. 보육교사도 손에 물비누와 흐르는 물로 씻고 일회용 종이타월이나 건조기에서 말린다.

출처: 보건복지부(2011).

(5) 배변훈련

배설은 인간의 가장 기본적인 생리적인 욕구로써 영아의 바람직한 배변습관은 신체건강은 물론 정신건강에도 중요한 역할을 한다. 영아는 자신의 배설욕구를 적절하게 표현하지 못하거나 올바르게 해결하지 못하여 자주 실수를 하게 된다. 이때 보육교사는 영아를 긴장하게 하거나 억압적인 분위기를 만들면 영아가 배변에 대하여 부정적인 자세를 갖게 되므로 유의해야 한다. 따라서 영아의 배설기관 조절능력에 따라 개인차가 있으므로 적절한 배변훈련의 시기를 정하여 단계적으로 실시하여야 한다. 배변을 조절하는 괄약근은 영아의 신체근육 중에서 가장 늦게 발달하므로 배변훈련이 부모나 보육교사들에게는 어려운 문제이며, 많은 시간과 지속적인 노력이 요구된다. 한편으로 보육교사는 영아의 배설 양과 횟수, 배설습관의 변화를 주시하고 신체적 · 생리적 건강 상태를 관찰하여 건강문제 발생을 예방하고 조기에 발견하여 대처해야 한다.

■ **배변훈련의 적절한 시기**

- 영아는 동일한 단계를 밟아서 배변을 가릴 수 있게 되지만 그 시기는 영아에 따라 개인차가 있다. 배변훈련은 생리적으로 방광과 대장을 조절할 수 있는 생리적인 성숙이 이루어지기 전에는 시작하기 어렵다.
- 배변훈련은 영아 혼자서 설 수 있어야 하고, 자신의 요구를 표현하기 위해 한두 마디 말을 하거나 내적 요구를 알려 줄 수 있는 표현을 할 수 있을 때야 가능하므로 그때까지 그냥 두는 것이 좋다. 배변훈련 시기는 영아가 방광과 항문의 괄약근을 통제할 수 있는 생리적인 능력이 생길 때쯤 대략 18~24개월 사이에 시작하는 것이 좋다. 발달단계에 따른 배변행동과 보육교사의 역할은 다음 〈표 7-6〉과 같다.

표 7-6 발달단계에 따른 배변행동과 보육교사의 역할

월령	배변행동 특징	보육교사의 역할
15개월 이전 시기	- 기저귀에 전적으로 의존하는 시기이다. - 영아는 자신의 대변이나 소변이 나올 것이라고 예측하지 못하므로 배변훈련을 할 수 없다. - 대개 15개월이 가까워지면서 배변 횟수가 줄어들고 배변시간도 일정해진다.	- 보육교사는 각 영아의 배변행동 리듬을 미리 파악하여 필요한 상황에 맞추어 기저귀를 갈아주는 노력이 필요하다. - 배변행동의 횟수나 양·상태 등은 영아의 건강 상태와 밀접한 관련이 있으므로 기저귀를 갈아줄 때마다 영아의 배변 상태에 관심을 갖고 관찰하고 그 결과를 기록하는 습관을 갖도록 한다. 이러한 관찰은 영아의 상태를 파악하는 데 도움을 주게 되고, 이후의 배변훈련을 예측하고 준비하는 것으로 연결되게 한다.
15개월 ~ 24개월	- 배변훈련이 가능해지는 시기이지만 영아마다 개인차가 크고 어린이집이라는 상황은 심리적인 어려움을 갖게 한다. 또한 영아가 준비되어 있지 않은 상태에서 강요를 하는 것은 영아에게 반항할 기회를 주게 될 수도 있다. - 영아는 다른 친구들이 화장실이나 영아용 변기를 사용하는 것을 보게 되면 가르치지 않아도 자연스럽게 알게 된다. 기저귀 대신 변기를 사용하는 것은 이제 영아가 배우는 과정에 있는 새로운 기술일 뿐이다. 평범하게 강요 없이 배변훈련을 한 영아는 몇 주일 정도면 으레 변기를 사용하게 된다. - 대변에 대한 변의를 느끼기 시작할 무렵 영아는 소변을 보고 싶다는 감각도 느끼지만 소변의 경우는 보고 싶다는 말이 채 끝나기도 전에 이미 싸버리는 경우가 많다. 그러므로 소변 가리기를 가르칠 시기는 나오려는 오줌을 잠시라도 참을 수 있어야 한다.	- 보육교사는 일괄적으로 특정 월령을 정해 배변훈련을 지도해서는 안 된다. 가급적이면 비슷한 월령의 다른 친구의 대소변 가리기 모습을 자연스럽게 보게 하면서 영아 스스로 변기에 앉으려는 의도를 보일 때 실시한다. - 대개 대변은 15개월, 소변은 20개월 정도가 되어야 가릴 수 있게 된다. 기저귀를 채우지 않는 상태에서 주의 깊게 살피거나 일정 시간에 누이고, 특히 잠자기 전과 후에는 반드시 누게 한다. - 18개월이 지나면서 보육교사는 관찰을 통해 영아의 배변의사를 파악하고, '쉬할래?', '응가했구나' 등의 말로 표현해 준다. - 대변의 경우는 일정한 시간에 변의를 느끼며 실제 변을 보기까지 약간의 시간이 필요하므로 조금만 도와주면 변기에 앉힐 수 있다. 그러나 싫다고 할 때는 강요해서는 안 된다. - 변을 본 후에는 그저 평범하게 잘했다고 말해 주는 것이 좋다. 잘하면 착하고 잘못하면 나쁜 것이라는 도덕적 의미를 부여하지 않도록 조심한다. - 배변훈련의 시작 시기는 배변 후 그 사실을 표현하거나 2시간 이상 기저귀를 적시지 않고 배변이 규칙적인 경우, 또 변이 묻은 기저귀를 싫어하여 변기를 사용하고 싶어 하는 경우 등의 행동을 보고 결정할 수 있다.

월령	배변행동 특징	보육교사의 역할
24개월 ~ 29개월	- 영아는 24개월 전후를 기점으로 대소변을 가리게 된다. - 기저귀를 차지 않을 경우 자주 실수를 하는 시기이므로 지도교사의 민감한 관찰과 너그러운 태도가 요구된다. - 영아는 놀이에 몰두하다가 대소변 신호를 놓치고 실수를 하는 경우가 자주 있다.	- 영아가 기저귀를 차지 않은 상태에서 옷을 자주 적시므로 반드시 여벌옷을 준비해야 한다. - 영아가 실수를 했을 때 지적하지 않고 자연스럽게 넘기는 보육교사의 태도가 바람직하다. 평소대로 닦아낸 후 따뜻한 태도로 기저귀를 채워주거나 옷을 갈아입혀 준다. - 영아의 표정이나 행동을 통해 배변의사가 파악되면 화장실로 데려가 변기에 앉히는 연습을 시작할 수 있다. 영아가 싫어하면 바로 일으켜 주고 5분 안에 변을 보지 않으면 다음에 다시 시도한다. - 일과에서 화장실 가는 시간을 계획하여 규칙적으로 대소변 가리는 연습을 반복한다.
30개월 ~ 36개월	- 배설 전에 '쉬', '응가'라는 말로 표현할 수 있다. 소변을 보다가 멈출 수 있을 만큼 방광의 조절능력이 발달하고 70% 정도가 낮에는 소변을 통제할 수 있다.	- 영아는 배변을 개인적 상황으로 생각하여 화장실 문을 닫고 혼자서 용변보기를 원한다. 이때 보육교사는 혼자 있으려는 영아의 욕구를 존중해 주고 뒤처리만 도와주는 것이 바람직하다. - 영아는 일시적으로 실수할 수 있으므로 놀리거나 야단을 치지 않아 수치심을 갖지 않도록 해야 한다. - 영아가 실수하는 경우는 지나치게 피곤하거나 흥분하였을 때, 긴장하거나 놀이에 열중하였을 때, 가정이나 기관에 환경 변화가 있을 때, 혼자서 옷을 입고 벗기가 어려울 경우, 벨트나 멜빵 등의 사용이 어려운 경우 등을 들 수 있다.

■ **배변훈련 준비와 방법**

- 영아에게 적합한 변기를 사용한다.

  영아가 앉았을 때 편안하고, 또 앉은 상태에서 움직여도 쉽게 넘어지지 않을 정도로 튼튼하고 씻어내기 쉬운 것이어야 한다. 남아 변기는 소변이 밖으로 나오지 않도록 막이 달린 것이 필요하다.

- 변기가 무엇인가를 우선 가르친다.

  영아에게 아기용 변기를 보여주고 그 용도를 설명해 준다. 배변영역을 보육실의 한 영역에 둘 수도 있다. 다만 놀잇감이 아니라는 것만은 분명하게 설명해 준다. 영아는 장난감 인형을 그 위에 앉혀 보기도 하고, 스스로 의자에 앉는 것처럼 걸터앉아 보기도 한다. 이때 기저귀를 벗기려고 애쓸 필요는 없다. 앉아 보는 것만으로도 충분하다.

- 기저귀를 빼고 앉히는 시기를 판단한다.

  영아가 대소변을 보기 전에 변의를 느끼고 있음을 어떤 식으로 표현하는가를 관찰한다. 특히 대변을 보기 직전에는 몸이 굳어지면서 얼굴이 빨개지는 등 금방 알 수가 있다. 이때 영아가 보육교사를 쳐다보거나 말로 표현할 경우 변기에 앉혀 볼 수 있다

- 대변은 소변보다 가리기가 훨씬 쉽다.

  우선 하루에 한두 번밖에 보지 않고, 지나치게 압박을 가하지 않는 한 거의 일정 시간에 보게 되기 때문이다. 영아가 변기를 사용할 준비가 되었다면 변의가 느껴질 때 영아에게 변기에 앉아보라고 권해본다.

- 아무리 급해도 서두르지 않는다.

  용변 가리기는 영아가 원할 때만 가능하다. 얼굴이 빨개지면서 금방이라도 변을 볼 것 같아도 싫다고 하면 야단을 쳐가면서까지 변기에 앉히려 해서는 안 된다. 보육교사가 신경을 쓰며 시키려고 할수록 영아는 변기를 사용하고 싶은 마음이 없어질 수도 있다.

- 지나친 반응은 금물이다.

  변기에 변을 보아도 평범하게 대하는 것이 좋다. 지나친 반응은 영아에게 스트레스로 남을 수 있다. 또 영아가 기저귀에 변을 보아도 야단을 치지 않는다. 변기 사용은 영아가 배우는 과정에 있는 새로운 기술일 뿐이다.

- 영아 스스로 하도록 도와준다.

  배변훈련 중인 영아는 혼자서 옷 입고 벗기를 좋아한다. 옷 입고 벗기 등을 스스로 할 수 있을 때 영아는 변기 사용에 더욱 적극성을 보이게 된다.

- 일정한 시간에 배변훈련을 한다.

  어느 정도 시기가 되면 영아의 배변시간이 규칙적이 된다. 보통은 아침에 일어나서, 낮잠 전후, 식사 전후, 밤에 잠자기 전에 소변을 보게 되므로 그 시간을 활용한다.

- 화장실 사용순서를 익히게 한다.

  영아가 화장실에서 어떻게 옷을 입고 벗으며 용변을 볼 것인지 그림으로 붙여 주어 익숙하게 해 준다.

■ **배변훈련 시 고려할 점**

- 배변훈련을 강제로 시키는 것은 좋지 않다. 변기에 앉아 5분이 지나도 변이 나오지 않으면 영아를 변기에서 내려주고 내리는 순간 배변해 버려도 꾸짖지 말아야 한다. 배변에 성공했을 때는 아낌없이 칭찬해 주어야 한다.
- 무엇보다 중요한 것은 영유아가 변기에 앉고 싶어 하지 않을 때 변기에 억지로 앉혀서는 안 된다. 실수했을 경우는 꾸짖지 말고 격려해 주며, 영아가 일어나려고 할 때는 앉아 있게 하려고 애쓸 필요가 없다. 영아들은 자신을 통제할 수 있게 되었을 때 자신의 의지로 대소변을 가릴 수 있기 때문이다.
- 변기에 대해 편안하게 앉을 수 있는 장소라는 친밀감을 느끼게 될 때까지는 대변이나 소변에 관한 말을 입 밖에 내서는 안 된다. 영아가 다음 단계로 넘어갈 준비가 되어 있다는 것이 확실해지면 노는 동안 아랫도리를 벗겨 놓도록 한다. 영아 변기를 가까운 곳에 두고 혼자서 해보라고 이야기한다. 영아가 거부 반응을 보이지 않을 때는 한두 시간마다 상기시키며 혼자 해 보도록 한다.
- 배변을 본 후 변기의 물은 영유아가 화장실에서 나간 뒤 내리는 것이 좋다. 영유아에 대한 배려이며 자칫하면 영유아가 자존심을 상할 수 있기 때문이다.
- 영아용 변기는 사용한 뒤 깨끗이 소독하는 것이 좋고, 처음에는 방수 팬티를 입히는 것이 편리하다. 어떤 영아는 의자 밑에 구멍이 뚫리고 밑에 용기가 붙어

있는 변기를 더 좋아하기도 한다.

- 가끔 기저귀나 마룻바닥, 변기에 있는 자기 대변을 보면서 대변 냄새를 맡는 영아가 있다. 이 시기 영아는 자신의 대변에 소유감을 느끼며 자랑스럽게 여기기까지 한다. 무엇이든 통에 주워 담기를 좋아하는데 그것은 변기를 사용할 수 있다는 신호이다.
- 배변훈련에 영아가 싫증을 내거나 거부 반응을 보이거나, 또는 실수를 하거나 했을 때는 다시 기저귀를 채운다. 보통 21개월이 되면 대변의 느낌을 미리 알리고 24개월이 되면 소변이 마려운 것까지 미리 알릴 수 있다.
- 배변훈련은 부모와 상호 협의하여 가정에서도 연계 지도가 이루어지도록 해야 한다.

(6) 옷 입기

영아는 신진대사활동이 왕성하여 땀이 많이 나고, 외부의 기온이나 신체적 · 생리적 변화에 민감하므로 적합한 옷을 입히는 것이 매우 중요하다. 영아에게 적합한 옷은 입히고 벗기기가 쉬워야 하고 땀을 잘 흡수하고 보온성 등이 좋아야 하고, 신체적 성장에 따라 영아의 요구와 흥미에 맞아 좋아하는 옷이어야 한다. 부모에게 영아가 등원 시에 불편해 하거나 거추장스러운 옷(예: 멜빵바지 등)을 입고 오지 않도록 안내한다.

2. 유아반 보육교사의 하루일과 운영

일과 운영이란 유아가 어린이집에서 등원해서 귀가하기까지의 일과를 시간대별로 구분하여 이를 실행하는 것을 말한다. 교실에서의 하루는 유아의 놀이와 매일 반복되는 일상생활 그리고 활동으로 구성된다. 일과에는 놀이 외에도 등원과 하원, 간식과 점심, 손 씻기와 화장실 다녀오기, 안전에 대한 지도 등 매일 반복되는 일상생활도 포함된다.

또한, 교사는 유아의 놀이를 지원하는 활동도 계획할 수 있다. 놀이, 일상생활, 활동이라는 일과는 교사가 미리 계획할 수 있지만 유아와 의논하여 순서를 정할 수도 있고, 날씨의 변화나 놀이에 대한 흥미 지속 여부에 따라 달라질 수 있다. 교사는 유아가 놀이에 충분히 몰입하고 진정한 배움이 일어날 수 있도록 놀이와 일상생활, 활동을 유연하게 운영할 수 있어야 한다. 일과 운영 시 고려해야 할 점은 다음과 같다(교육부, 보건복지부, 2019).

1) 놀이시간을 충분히 운영한다.

바깥놀이를 포함한 놀이시간이 분절되지 않고 지속적으로 운영될 때, 유아는 놀이에 몰입하면서 의미 있는 배움의 기회를 가질 수 있다. 그러므로 유아들이 놀이의 흐름이 끊어지지 않고 충분히 놀았다고 느낄 수 있도록 놀이시간을 편성하는 것이 중요하다. 교사는 놀이의 흐름을 중단했을 때 중요한 배움의 순간을 놓칠 수 있다고 판단되면 놀이시간을 연장할 수 있다. 바깥놀이를 포함한 놀이시간은 일과 가운데 가장 우선으로 충분히 편성되어야 한다.

2) 일상생활이 융통성 있고 유아 주도적으로 이루어지도록 한다.

일상생활은 기본적인 욕구를 충족시켜 주고 놀이를 잘할 수 있는 심신의 건강을 제공하는 시간이므로 편안하고 즐겁게 이루어지도록 편성하고 운영한다. 유아들은 놀이와 활동뿐 아니라 일상생활을 통해서도 기본생활습관, 안전, 인성 등 다양한 배움의 기회를 갖는다. 교사는 유아가 자율적이고 주도적으로 일상생활을 할 수 있도록 충분한 시간을 허용해 주어 유아가 편안함을 느끼는 가운데 즐거운 배움이 일어나도록 지원한다.

3) 놀이와 연결하여 활동을 운영한다.

교사는 유아의 놀이를 관찰하고, 놀이가 활발하게 이루어질 수 있도록 지원하는 과정에서 필요한 경우 이야기 나누기, 노래, 동화, 게임 등 적절한 유형의 활동을 연결하여 운영한다. 활동은 교사가 계획하여 제안할 수도 있고, 유아가 다른 유아들과 공유하기 위해 준비할 수도 있다. 활동에 참여하는 유아는 학급 전체가 될 수도 있고 관심 있는 소집단의 유아가 될 수도 있다. 일과 중 활동시간은 교사가 계획하여 실시하거나 놀이 흐름을 위해 필요하다면 놀이 중간에 잠깐 모여서 활동을 실시하고 다시 놀이로 연결할 수 있다.

4) 일과를 융통성 있게 운영한다.

교사는 유아들이 놀이의 흐름이 끊어지지 않고 충분히 놀았다고 느낄 수 있도록 일과를 편성하는 것이 중요하다. 일과의 순서는 일관성이 있어야 하지만 융통성 있게 운영되어야 한다. 교사는 전날의 놀이 흐름에 대한 기록과 평가를 반영하여 다음날의 일과를 다른 순서로 조직할 수 있다. 다른 연령과 놀이 경험을 공유하기 위하여 교사들 간의 협의를 통하여 일과를 조정할 수도 있고 날씨나 자연현상에 따른 관심을 놀이에 반영하기 위해 일과 순서를 바꿀 수도 있다. 일과의 융통성 있는 운영은 유아로 하여금 주도적으로 경험을 구성해 볼 수 있는 기회를 준다. 유아와 함께 일과를 평가하고 다음날의 일과 중 일부를 유아 스스로 정해보게 하는 것, 일과의 변화가 필요하다고 판단될 때 교사가 독단적으로 결정하지 않고 유아의 의견을 반영해 주는 것 등의 방법을 시도해 볼 수 있다.

일일보육계획을 실행할 때 보육목표와 내용에 적합하고, 균형 있으며, 흥미영역별 경험이나 활동내용이 통합적으로 운영되어야 한다.

- 주간보육계획안의 활동들을 놀이 중심으로 진행한다.
- 하루일과를 운영하는 데 영향을 주는 여러 가지 요인(실시 시기, 장소, 시간대 등), 일과 운영에서 일어날 수 있는 어려움이나 특징들을 예측하고 이를 준비하여 진행한다. 유아들의 흥미나 요구, 갑작스런 날씨 변화나 상황 등을 고려하여 대안활동을 마련하여 융통성 있게 운영한다.
- 보육교사 중심으로 지식 위주의 개념을 가르치는 활동, 대집단 활동 등은 하루에 최소한으로 운영하고, 실내놀이나 바깥놀이를 중심으로 운영한다. 대집단 활동을 진행할 경우에도 만 3세 유아의 흥미와 집중도를 고려하여 짧은 시간 내에 실시한다.

- 일상적 양육활동이 즐겁고 안전하며 편안하게 경험되도록 한다. 유아들의 생리적 욕구를 개별적으로 해결할 수 있게 해 주고, 이를 충족할 수 있는 충분한 시간과 공간을 배려하여야 한다. 유아의 신체적 욕구를 고려하여 규칙적으로 간식과 점심식사를 하고, 배변을 편안히 하도록 하며, 쉬어야 할 때는 휴식과 낮잠을 취할 수 있도록 일과를 계획한다.
- 유아의 개별적 차이를 고려한다. 개별 유아가 각기 자신의 고유한 기질과 행동 특성과 발달수준을 나타냄을 이해하고, 양육 경험에 따라 다양한 특성을 지니므로 부모에게서 유아에 대한 정보를 얻어 개별적 배려가 필요한 유아를 고려하여 계획, 운영한다.
- 평가는 규칙적으로 한다. 하루일과 운영을 마치고 귀가하기 전 그날 활동에 대한 평가를 하고 내일을 기대할 수 있도록 한다. 매일 일일보육일지를 기록하여 계획된 활동과 활동 실행 과정을 정기적으로 평가한다. 일일보육일지는 보육교사 자신의 보육활동 전략과 실제를 나타낸 것으로 보육일지 작성을 통한 반성적 사고를 반복하는 것이 하루일과 운영의 실패를 줄이는 효과적인 방법이다. 유아의 반응과 활동결과를 기록하여 평가하고 다음의 일과 운영에 반영한다. 만 3~5세 유아의 발달 특성을 고려한 하루일과표는 다음 〈표 7-7〉, 〈표 7-8〉과 같다.

표 7-7 보육사업안내 서식 활용 일일보육일지 작성 사례

○○ 반 보육일지 (만 세)

<table>
<tr><td>날 짜</td><td>년 월 일 날씨:</td><td>담임</td><td>원장</td></tr>
<tr><td>교사의 기대</td><td>친구와 함께 하는 놀이가 이루어지고 있으므로, 친구와 더불어 즐겁고 활발하게 어울렸으면 함</td><td></td><td></td></tr>
<tr><td>일과(시간)</td><td>계획 및 실행</td><td colspan="2">놀이 평가 및 다음날 지원 계획</td></tr>
<tr><td>등원 및 통합보육
(7:30~9:00)</td><td></td><td colspan="2" rowspan="5">유아들이 자동차 경주 게임을 진행하며 속도의 차이에 대한 호기심이 생겼고 경사도나 바닥의 촉감에 따라 속도가 달라짐을 발견하게 되었다. 특히 유아들이 바닥의 촉감에 관심이 많아 내일은 다양한 촉감길을 구성해 볼 수 있도록 재료를 추가로 제시해 주어야겠다.

또한, 유아들이 만든 자동차 길이 공간의 제약으로 끊기지 않고 이어질 수 있도록 교구장 및 책상을 정리하여 공간을 확장을 해 주어야겠다.</td></tr>
<tr><td>오전간식
(9:00~9:20)</td><td></td></tr>
<tr><td>오전 실내놀이
(9:20~10:40)</td><td>[데굴데굴 자동차를 굴려요]
자동차 굴리기를 하는 유아의 곁에 관심을 보이며 모여 들어 놀이가 시작됨. 바닥에서 자동차를 움직여 굴려보다가 한 유아의 어떤 자동차가 더 빠른지 대결을 하자는 제안에 자동차 경주가 진행되었고 더 빨리 자동차를 굴리기 위해 책상 위, 매트 등 공간을 바꾸어 가며 놀이하였음

[내가 만드는 자동차 길]
유아들이 자동차를 굴리며 놀이하다가 “자동차가 가는 곳은 어디지?” 하는 유아의 질문에 “음... 도로야!” 하고 대답한 것을 듣고 자동차 길 만들기가 이루어짐. 무엇으로 만들지 의견을 나누고 큰 벽돌 블록, 작은 벽돌 블록으로 만들어 봄. 자동차 길을 만든 뒤 터널이 있다는 유아의 말에 우유팩을 뜯어 길 위에 놓거나 반원 벽돌 블록으로 만들어 봄</td></tr>
<tr><td>활동
(10:40~11:00)</td><td></td></tr>
<tr><td>바깥놀이(대체)
(11:00~12:20)</td><td>[바깥놀이] 놀이터에서 자동차 굴리기
[대체놀이] 유희실에서 자동차 굴리기</td></tr>
</table>

점심식사 (12:20~13:20)		
낮잠 및 휴식 (13:20~14:20)		
오후 놀이 (14:20~15:40)		
오후 간식 (15:40~16:00)		
귀가 및 통합보육 (16:00~17:00)		
반 운영 특이사항	부모 개별면담 진행. ○○○, ○○○	

일지 작성 TIP

보육사업안내 서식을 활용하여 일일계획과 실행 및 평가내용을 기록한다.

- 교사의 기대 : 개정 누리과정의 추구하는 인간상을 중심으로 유아가 오늘 하루 어떻게 지냈으면 하는지를 기술한다.
- 오후 놀이 : 낮잠 후 자연스럽게 실시되는 놀이를 실내·외 구분 없이 기록
- 놀이 평가 및 다음날 지원 계획 : 실행된 놀이에 대한 간단한 평가와 다음날 놀이 지원 계획을 기록한다.
- 반 운영 특이사항 : 부모면담, 안전사고, 감염병 발생 등을 기록한다.

표 7-8 일과를 일상생활, 놀이, 활동으로 구분한 일일보육일지 작성 사례

<table>
<tr><td colspan="4" rowspan="2">일 일 보 육 일 지 (만 세)</td><td rowspan="3">결재</td><td>담임</td><td>원장</td></tr>
<tr><td rowspan="2"></td><td rowspan="2"></td></tr>
<tr><td colspan="2">날 짜</td><td colspan="2">년 월 일( ) 날씨:</td></tr>
<tr><td colspan="2">통합보육</td><td colspan="5">등원(7:30~9:00) 하원(16:00 ~17:00)</td></tr>
<tr><td colspan="2">일과(시간)</td><td colspan="5">계획 및 실행</td></tr>
<tr><td rowspan="3">일상생활</td><td>간식
(9:00~9:20)
(15:40~16:00)</td><td colspan="5"></td></tr>
<tr><td>점심식사
(12:20~13:20)</td><td colspan="5"></td></tr>
<tr><td>낮잠 및 휴식
(13:20~14:20)</td><td colspan="5"></td></tr>
<tr><td rowspan="2">놀이</td><td>실내놀이
(9:20~10:40)
(14:20~15:40)</td><td>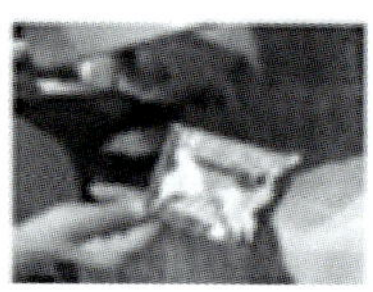</td><td colspan="4">• 놀이상황
놀이터에서 진행한 나무껍질 딱지놀이를 교실에서도 계속하기 희망함. 미술영역 등에서 다양한 재질의 종이를 찾더니 딱딱한 종이를 찾아 딱지접기를 함.
• 놀이지원
유아들이 딱지에 관심이 높아 기존 재료 외로 부족한 두꺼운 재질의 종이, 잡지 등을 추가로 제시함. 또한 유아들이 이야기하는 딱지 크기에 맞추어 종이를 잘라서 딱지 접기를 지원함</td></tr>
<tr><td>바깥놀이(대체)
(11:00~12:20)</td><td></td><td colspan="4">• 놀이상황
놀이터에서 유아들이 나무 밑에 떨어진 나무껍질을 수집하며 딱딱한 성질을 발견하더니 한 유아가 "이거 딱지 같아"라고 이야기함. 유아들이 나무껍질을 모아 딱지놀이를 시작함</td></tr>
</table>

활동 (10:40~11:00)	• 교통안전교육 '신호등을 보고 건너요'라는 주제로 안전교육이 이루어지면서 길을 건너는 상황에 따라 안전하게 신호등을 보고 건너는 방법을 알아볼 수 있었음. 가정연계로 유아들이 부모님과 신호등을 보고 길을 건너 볼 수 있도록 안전교육 내용을 안내해야겠음
놀이 평가 및 다음날 지원 계획	딱지놀이가 지속적으로 진행되면서 유아들이 자신이 만든 딱지를 어디에 보관해야 할지 고민하는 모습을 볼 수 있었음. 내일은 유아들이 딱지 가방이나 보관함을 만들어 볼 수 있도록 종이상자, 리본끈 등의 조형재료를 추가로 제공해 주어야 하겠음
반 운영 특이사항	부모 개별면담) ○○○, ○○○, ○○○

일지 작성 TIP

일과를 일상생활, 놀이, 활동으로 구분하여 계획 및 실행내용과 지원계획을 작성한다.

- 놀이 : 놀이시간에 정리 및 전이시간이 포함되므로 이를 고려하여 충분한 놀이시간을 확보·실시하고 계획된 놀이와 우연히 일어난 놀이상황을 기록한다.
- 놀이평가 및 다음날 계획 : 실행된 놀이에 대한 간단한 평가와 다음날 지원 계획을 기록한다.
- 반 운영 특이사항 : 부모면담, 안전사고, 감염병 발생 등을 간략히 기록한다.

일과 운영은 보육교사가 어떤 활동을 어느 시기에, 어떻게 상호작용하고, 어떤 교수법을 통하여 실행되는가 등 보육교사의 역할 수행에 따라 결정된다. 유아에게 발달적으로 적합한 활동을 제공하여 유아의 경험을 다양하고 의미 있게 제공하여야 할 뿐 아니라 보육교사의 민감하고 애정적인 역할, 지원자로서의 역할, 상호작용자로서의 역할, 관찰자로서의 역할 등 상황에 따라 보육교사의 다양한 역할이 요구된다.

어린이집에서는 집단으로 반을 형성하여 운영하기 때문에 개별 유아에 대한 배려와 질 높은 보육교사의 상호작용 능력이 요구된다. 보육교사는 일일보육계획안이 작성되어 있더라도 개별 유아들의 발달수준, 흥미, 사전경험, 기질 등에 기초하여 유아들과의 개별적 상호작용에 특히 관심을 갖고 지원을 아끼지 말아야 한다.

하루일과 운영에 따른 어린이집 보육교사의 역할을 등원, 오전 실내놀이, 정리정돈, 대・소집단 활동, 실외활동, 점심, 낮잠 및 휴식, 오후 실내놀이, 귀가 및 가정과의 연계로 나누어 살펴보면 다음과 같다.

(1) 등원

보육교사는 유아가 등원하기 전에 미리 보육실을 환기시키고 적당한 온도와 습도가 유지되고 있는지, 실내에서 위험한 요소는 없는지 점검한다. 각 흥미영역에 일일보육계획안과 주간보육계획안, 주제에 적합한 놀잇감과 환경구성이 잘 되었는지, 집단활동을 위한 준비물이 모두 미리 준비되었는지 확인한다.

유아들이 오면 밝은 표정으로 반갑게 인사하고 따뜻하게 맞이하며 주간보육계획안에 기록되어 있는 내용(등원하는 길에 위험한 것이 있었는지 이야기하기)에 대해 간단히 개별적으로 대화를 나눈다. 등원시간은 유아가 하루를 즐겁게 천천히 시작하도록 배려한다.

짧은 시간 동안 부모에게 지난 귀가 후 등원하기까지 가정에서 있었던 경험이나 유아에 대한 간단한 정보를 듣고, 그 내용을 하루 동안 유아를 지도하는 데 참고한다. 이때 보육교사는 유아가 스스로 개인사물함에 신발, 옷, 개인용품을 넣도록 지도한다. 유아의 기분, 건강 상태, 투약시간, 중간 귀가 여부를 확인하고, 유아가 하고 싶은 놀이를 선택하여 놀이를 시작하여 자유롭게 활동할 수 있도록 수용적이고 편안한 분위기를 조성해 준다.

(2) 실내놀이

오전의 실내놀이는 하루일과에서 중심적인 활동시간이다. 특히 만 3세의 경우에는 주의집중 시간이 짧고 다른 또래와 타협이나 협동이 잘 되지 않으며 다양한 놀이를 이끌고 확대하지 못한다.

실내놀이시간은 유아들이 스스로 선택한 활동을 자신의 흥미나 놀이 수준에 맞추어 몰입하고 즐기도록 하며, 점차적으로 발달된 수준으로 활동이 진행될 수 있도록 보육교사가 적극적으로 개별적 상호작용을 시도한다.

유아의 발달수준과 흥미에 따라 자유롭게 활동과 놀이를 선택할 수 있도록 하고, 보육교사는 적절히 개입하여 필요한 개별적 상호작용을 해준다. 놀이와 활동에 필요한 준비물, 충분한 놀이공간 및 환경구성, 놀이시간 등을 제공하여 놀이와 활동이 활발히 전개되도록 지원한다.

(3) 정리정돈

유아들이 전체적인 정리정돈시간 외에 자신이 놀이를 끝내고 다른 놀이로 전이할 때 개별적으로 놀잇감을 정리하고 그 자리를 떠나도록 지도한다. 자신이 만든 작품이나 놀잇감 등을 사물함에 가져다 넣도록 개별적으로 지도한다. 정리시간이 5~10분쯤 남았을 때 유아들에게 미리 알려주어 새로운 놀이를 시작하거나 확장하지 않고, 놀이를 마무리할 수 있도록 한다. 전체 집단에게 정리정돈을 알릴 때에는 노래나 악기 등을 사용하도록 한다.

유아가 사용하기 적합한 크기의 빗자루, 쓰레기통 등 정리정돈에 필요한 물품을 같은 자리에 마련해 두며, 선반 위에 자리 표시를 위해 놀잇감 사진이나 글씨를 붙여주어 항상 같은 자리에 정리하고 찾기 쉽게 한다. 정리정돈에 시간이 많이 필요한 영역은 도움을 준다. 전체 보육실의 정리정돈이 되어가는 상황을 수시로 확인하여 도움이 필요한 영역으로 유아들이 가도록 해서 서로 도와주도록 격려한다.

(4) 대・소집단 활동

대・소집단 활동은 유아들이 함께 모여 활동을 하는 것이다. 만 3세의 발달적 특성은 주의집중시간이 짧고 다른 친구들의 이야기를 오래 들을 수 없으며 다양한 개념들을 언어적으로 이해하는 데 어려움이 있다. 따라서 대집단 활동보다 소집단이나 개별적 활동이 활발히 이루어지도록 운영한다.

대・소집단 활동의 인원 구성은 되도록 적은 수로 하고 하루에 모이는 횟수는 최소화하며, 진행시간 등은 짧게 한다. 유아가 흥미를 잃기 전에 마친다. 특히 학기 초에는 대집단보다는 소집단 활동을 더 많이 계획하고 실시한다. 보육교사가 일방적으로 활동을 이끌기보다 많은 유아들이 서로 개별적 경험을 나누되 지루해하지 않게 진행되도록 한다. 대・소집단 활동을 하는 동안 보육교사는 관련내용에 대해 주입식으로 설명하기보다 적절하게 질문하고, 제안하고, 유아의 반응을 격려하고 인정해 주는 아동 중심적인 보육교사 역할을 수행한다.

(5) 실외활동

실외에서는 유아가 계절에 따른 자연의 변화를 자연스럽게 접하면서 실내에서 할 수 없는 놀이기구를 이용한 대근육 활동이나 물・모래놀이, 자전거 타기, 뛰어다니기, 그림자놀이, 식물을 기르고 관찰하기 등 다양한 경험을 하도록 한다.

하루 종일 어린이집에서 생활하는 유아가 실외활동을 통해 긴장을 풀고 정서적인 발

산을 하도록 한다. 실외활동은 실내활동과 연계하여 균형이 이루어지도록 하며 융통성 있게 운영한다. 자연환경을 직접 탐색하고 관찰하는 경험을 제공하는 등 정적인 활동과 휴식할 수 있는 공간을 마련해 준다. 물・모래놀이나 물감을 이용한 활동, 신체활동 등을 할 수 있는 다양한 기회를 제공한다. 실외에서는 안전한 환경을 제공하고 안전사고가 일어나지 않도록 지속적인 관찰이 필요하다. 평소 안전교육을 통하여 유아 스스로 안전의 중요성을 인식하고 안전하게 놀이기구를 사용할 수 있도록 한다. 간단한 구급약과 물휴지 등을 항상 준비한다.

(6) 간식, 점심 및 낮잠, 휴식

간식과 점심시간은 영양적인 면뿐 아니라 유아의 식습관과 위생 개념이 형성되도록 해야 한다. 개별 유아의 식습관을 배려해 주어 안정된 분위기를 조성하도록 한다. 이 시간이 단순히 음식을 먹는 시간이라기보다는 유아가 다양한 음식을 접해보고, 선호하는 음식의 폭을 넓혀가며, 영양적으로 균형 있는 음식에 대해 관심을 가질 수 있도록 한다. 간식이나 점심을 먹기 전에 손, 책상 등을 깨끗하게 닦도록 지도한다.

주간보육계획안에 제시되어 있는 식습관 관련 내용(숟가락, 포크로 밥과 반찬 먹기)을 일주일 동안 반복적으로 지도하고, 개별적으로 잘 형성되지 않은 식습관은 개별적으로 지도한다. 유아가 편식을 하지 않고 바른 식사예절을 지키도록 지도한다. 개별 유아의 식사량을 파악하여 배식한다. 보육교사도 유아와 함께 음식을 먹으면서 유아들의 식습관 등을 관찰하고 유아들이 조용히 대화를 나누며 기분 좋게 음식을 먹을 수 있도록 안정되고 즐거운 분위기를 조성한다. 식사가 끝난 후에 유아들이 사용할 양치도구를 준비해 스스로 이를 닦을 수 있도록 한다.

간식의 경우, 개별적으로 간식을 각자 먹을 경우 그날의 간식내용과 양을 표시해 두어 유아 스스로 간식을 덜어서 먹을 수 있도록 배려한다. 식사를 마친 후에 자신이 먹은 그릇을 스스로 정리할 수 있도록 지도한다.

만 3세의 경우에는 매일 충분한 낮잠을 자야 신체적으로 건강하게 매일의 생활을 할 수 있다. 이 시기에는 낮잠을 포함하여 10~12시간의 수면이 요구된다. 수면 부족 시에는 성장발달의 저해, 집중력 감소, 활동성 감소, 자율성 감소, 면역력 감퇴로 질병이 발생할 수 있다. 이는 유아기 낮잠의 중요성을 강조하는 것이기도 하다. 낮잠 시 유아마다 잠에 빠져드는 시간, 잠자는 자세, 잘 때 필요한 요구, 잠자는 시간, 잠에서 깰 때의 기분 상태 등은 개인차가 매우 크다. 보육교사는 개별 유아의 이러한 습관을 잘 알고 개별적인 배려를 최대한 해주어야 한다. 잠을 자기 위해서 커튼을 쳐 빛을 차단하고 조용한 음악으로 소리를 조절하며 온도와 습도를 적당히 유지하여 편안한 낮잠 분위기를 조성한다. 빨리 깨어난 유아가 다른 유아들의 잠을 방해하지 않도록 조용한 놀이를 하도록 한다.

유아들이 하루일과 중 필요한 경우는 언제나 개별적으로 휴식을 취하도록 공간을 마련해 주고 쉴 수 있도록 따듯한 배려를 해준다. 휴식은 유아가 긴 하루일과 중에서 중간중간 쌓인 피로를 풀어주고 활기차게 다음 활동에 참여할 수 있도록 하며 면역력을 높여준다. 매일 일정하게 휴식하는 시간을 정하되 개인차, 하루일과의 특성, 견학, 날씨 등을 고려한다.

(7) 화장실 다녀오기

화장실을 다녀오는 것은 하루일과 중 수시로 일어나며 개별적인 배려가 필요하다. 용변시간을 정해 놓고 모든 유아가 맞출 수는 없으나 일반적으로 정리정돈 시간 후, 점심, 낮잠시간 후, 자유선택활동 시간 등에 규칙적으로 화장실에 가도록 지도한다. 용변 후 반드시 손을 스스로 깨끗이 씻도록 지도한다.

(8) 실내놀이

오후의 실내놀이는 낮잠 후에 차분한 분위기에서 소주제와 관련된 오후 활동을 하거나 자유롭게 놀이한다. 이때 오전 활동을 확장, 심화하거나 흥미영역 중 몇 영역에서만 오후 활동을 진행하기도 한다. 오후 활동은 오전과 연계된 활동을 하거나 오전에 끝내지 못한 놀이를 지속할 수 있다. 또한 항시 실내에서 많이 지내는 어린이집 유아의 생활을 고려하여 날씨가 좋은 날에는 실외에서 산책, 견학, 신체표현, 게임 등을 진행하면 좋다.

(9) 귀가 및 가정과의 연계

하루를 마치는 귀가시간에는 지낸 하루를 돌아보고 그날에 있었던 특별한 일이나 생각나거나 느낀 점을 돌아보도록 한다. 또는 다음날의 일과와 연계가 되도록 기대감을 갖게 하거나 가정에서 이루어졌으면 하는 활동을 소개하기도 한다.

귀가시간에는 하루를 지낸 유아들이 안전하게 귀가할 수 있도록 지도한다. 개별 유아들이 하루의 일과를 조용히 정리하고 즐거운 마음으로 부모님을 만날 수 있도록 정서적으로 지지해 준다. 개별 유아들이 옷을 입고 소지품을 챙길 수 있도록 충분한 시간을 두고 계획한다. 주간보육계획안에 제시된 '귀가 및 가정과의 연계' 내용(횡단보도를 안전하게 건너보기)을 부모님과 함께 귀가하면서 경험하도록 부모님과 유아에게 전달할 수 있다.

하루일과, 특이사항(식사량, 수면, 시간, 다친 곳 등), 공지사항 등과 같이 부모님께 전달할 내용을 미리 정리하여 준비한다. 귀가지도 과정에서 유아를 혼자 두어 유아들이 어린이집 외부로 먼저 나가거나 위험한 행동을 하지 않도록 주의를 기울인다. 유아가 약속된 보호자와 함께 귀가하는지를 반드시 확인한다.

출처: 보건복지부(2013).

CHAPTER

08

영유아 이해 및 지도

1. 영유아에 대한 정보 수집
2. 포트폴리오 작성과 의미 이해
3. 독특한 특성을 가진 영유아 지도

1. 영유아에 대한 정보 수집

1) 영유아 관찰 사례 이해 및 실제

(1) 관찰의 중요성

영유아의 발달수준과 개인차에 적합한 보육활동을 제공하기 위해서는 세심한 관찰이 필요하다. 영유아는 학습 속도와 기질, 상황, 사전경험, 환경에 따라 개인차를 나타내며, 이러한 개인차를 고려해 줄 때 자신의 잠재력을 최대한으로 발휘한다(여성가족부, 2007).

(2) 관찰의 목적

관찰은 일상생활 속에서 자연스러운 모습을 연구하는 아동연구방법 중 가장 오래된 것으로, 관찰법의 목적은 다음과 같다.

① 관찰을 통해서 영유아들의 흥미를 파악할 수 있다.
② 관찰을 통해서 영유아들의 발달수준을 세심하게 알 수 있다.
③ 관찰을 통해서 파악된 영유아의 발달수준에 맞는 적절한 교육과정을 계획할 수 있다.
④ 관찰은 교사의 교수 실제를 통하여 교사의 전문성을 개발하고 적합한 교수-학습 프로그램 개발에 도움을 준다.
⑤ 관찰은 학급경영에서의 특수한 문제들을 분석하는 데 도움을 준다.
⑥ 영유아에 대한 관찰기록들은 동료교사, 부모, 원장과의 의사소통에 유용하게 활용될 수 있다.

(3) 관찰의 절차

체계적이고 객관적인 관찰을 위해서 관찰의 단계마다 상세한 다음 〈표 8-1〉과 같은 준비가 필요하다.

표 8-1 관찰의 절차

① 관찰 계획 단계	관찰 시작 전에 관찰의 목적과 방법을 신중하고 명확하게 계획해야 한다. • 왜 관찰을 하려고 하는가? • 무엇을 관찰할 것인가? • 언제 관찰할 것인가? • 어느 시간에 관찰할 것인가? • 어떤 기록방법을 선택할 것인가? • 기대되는 효과는 무엇인가?
② 관찰 수행 단계	'관찰 계획 단계' 이후 그 계획에 따라 관찰을 하고 기록을 하는 단계이다. • 준비사항을 점검하고 숙지하였는가? • 관찰대상에 대한 편견이나 기대는 없는가? • 관찰내용을 객관적으로 기록하고 있는가?
③ 관찰 결과 분석 단계	'관찰 수행 단계' 이후 그 결과와 관찰목적에 기초하여 추론하고 평가하는 단계이다. 관찰기록은 객관적으로 하였으나, 추론과 평가를 올바르게 하지 못해서 제대로 적용을 하지 못하는 경우가 많다. • 영유아가 왜 그런 행동을 했을까?'

(4) 관찰의 문제점 파악 및 개선방안 모색

만약 관찰이 원활하게 이루어지지 않았다면, 그 이유를 찾아서 개선방안을 찾아 체계적인 정보를 교사와 부모에게 제공해 주어야 한다.

① 관찰에서의 오류

가. 관찰자 관련 오류

- 관찰자의 특성으로 지나치게 관대하거나 엄격하여 관찰에 영향을 주지 않아야 한다.
- 관찰대상에 대한 사전 지식으로 관찰자가 아는 것만큼만 관찰하지 않게 객관적인 관찰이 이루어져야 한다.
- 관찰자의 개인적 **편견**(사전지식이 부정적일 때), **후광효과**(사전지식이 긍정적일 때)에 관한 문제로 관찰대상의 행동에 과대 혹은 과소평가하지 않아야 한다.

- 관찰자의 숙련 정도로 따라 관찰도구의 사용, 행동을 분류하는 유목화나 조작의 정의가 불분명하지 않아야 한다.

나. 관찰대상 관련 오류

- 관찰되고 있다는 것에 대한 즉, 누군가가 보고 있다는 것을 의식하면서 행동이 변하지 않아야 한다.
- 관찰자가 원하는 대로 행동하거나 그 반대로 행동하지 않아야 한다,

② 체계적 관찰을 위한 문제

- 관찰이 교육상황에서 가치가 있으려면 체계적 관찰이 이루어져야 한다. 체계적 관찰이 이루어지지 않을 경우, 교육적 처치 개선에 도움을 주지 못한다.

③ 관찰법 사용 시 주의해야 할 사항

- 관찰 장소와 시간은 관찰의 유형과 목적에 따라 선정한다.
- 관찰자는 영유아들의 주의를 끌지 않도록 최대한 노력하며, 영유아들이 산만해지지 않고 일상적인 활동을 하도록 주의해야 한다.
- 관찰자는 자신의 사전경험이나 배경이 관찰과 관찰내용 해석에 영향을 미치지 않도록 주의해야 한다.
- 잠시 관찰한 내용만으로는 결과를 일반화하기에는 무리가 있으므로, 가능한 여러 번 관찰하고 장기간 관찰한 후에 결론을 내리는 것이 좋다.

2) 관찰의 유형 및 방법

(1) 관찰기록 방법

어린이집에서는 주로 관찰에 의해 영유아의 평가가 이루어진다. 관찰은 영유아가 언어 표현에 한계가 있고 주의집중 시간이 짧기에 자연스러운 상황이 아닌 검사상황에서 자신의 능력을 최대한 발휘하지 못한다는 점을 극복하고 영유아의 자연스러운 발달을

있는 그대로 평가한다는 점에서 최근 관찰법이 강조되고 있다(보건복지부, 2008). 일반적으로 영유아를 관찰하는 데 많이 사용되는 방법으로는 일화기록법, 행동목록법, 평가척도법, 포트폴리오 평가 등이 있다. 다양한 관찰법의 예는 다음과 같다.

① 일화기록법

일화기록은 영유아를 대상으로 가장 많이 사용되는 평가방법이다. 일화기록은 특정한 사건에 초점을 맞춰 짧게 서술한 설명을 의미한다. 이러한 기록은 개별 영유아나 소집단 영유아들의 독특한 행동이나 기술들을 기록하는 데 사용된다. 영유아의 활동에 대해 즉각적인 이해를 하게 되고 누적된 정보를 준다는 것에 그 가치가 있으며, 모든 영유아에 대해 관찰·기록을 수행하여 객관적인 평가를 내릴 수 있는 자료를 제공한다. 일화기록을 할 때 내용을 길게 쓸 필요는 없으나 학습과 관련된 사건을 자세히 기록해야 하며, 보육교사의 판단이나 추론을 배제하여 사실적으로 기록해야 한다. 일화기록은 영유아가 어떻게 무엇을 학습하는가를 잘 보여주기 때문에 효율적인 평가방법이라고 할 수 있다(Nierman, 2001). 영유아 음악활동에 대한 일화기록의 예는 다음 〈표 8-2〉와 같다.

표 8-2 영유아 음악활동에 대한 일화기록의 예

이름 : 신하영 관찰일 :	성별 : (여) 관찰자 :	생년월일 : 년 월 일(만 3세) 관찰 장소 : 음률영역
장면	하영이가 음률영역에서 마라카스를 흔들며 노래를 부르고 있다.	
기록	하영이가 마라카스를 흔들고 있다. 마라카스를 흔들며 신나게 노래도 부른다. 옆에서 보고 있던 민준이가 하영이에게 마라카스를 흔들어 보고 싶다고 얘기한다. 하영이가 "민준아 너도 나처럼 한 번 해볼래?" 물어보자 민준이가 그렇게 하고 싶다고 얘기한다. 민준이가 마라카스를 한 개씩 흔들더니 바닥에 '탁~ 탁~' 내려 친다. 옆에서 보고 있던 하영이가 민준이에게 "그렇게 하는 게 아니라 손에 들고 흔드는 거야"라고 얘기해 준다. 하영이가 마라카스를 양손에 들고 흔들자 민준이도 양손에 들고 흔들기 시작한다. 그리고 이번에는 하영이가 민준이에게 마라카스를 서로 바꿔서 흔들어 보자고 하면서 리듬에 맞춰 노래를 부르기 시작한다.	
요약	• 하영이는 마라카스 사용법을 알고 사용한다. • 친구에게 마라카스를 양보할 줄 안다. • 친구에게 상황에 대한 설명을 잘 해주고, 상호작용을 잘 한다.	

② 행동목록법(체크리스트)

행동목록법은 관찰하고자 하는 특정 행동의 목록을 선정해 두고, 이 행동의 출현 여부를 관찰하여 기록하는 방법으로 '예 / 아니오'로 표기하는 방법이다.

일반적으로 현재 상태를 평가하는 데 사용되지만, 시간에 따른 발달의 변화를 알고자 할 때도 사용된다. 행동목록법에 의한 영유아 음악적 태도(김진희, 2018)에 대한 예는 다음 〈표 8-3〉과 같다.

표 8-3 음악적 태도 체크리스트의 예

이름 : 생년월일 :		성별 :	
	내용	예	아니오
탐색	1. 소리나는 곳으로 몸을 움직인다.		
	2. 악기소리를 듣고 악기의 종류를 구별한다.		
	3. 음악소리가 나면 주의를 기울여 듣는다.		
	4. 높은 소리와 낮은 소리를 구별한다.		
	5. 노랫말에 흥미를 갖고 관심을 보인다.		
표현	6. 목소리나 신체를 이용하여 다양한 소리를 낸다.		
	7. 신체기관을 이용하여 리듬치기를 한다.		
	8. 소리를 만들고 듣는 과정에 적극 참여한다.		
	9. 간단한 노랫말을 만든다.		
	10. 새 노래를 듣고 잘 따라 부른다.		
	11. 노래를 부르며 자신의 감정을 자연스럽게 표현한다.		
	12. 여러 가지 노래를 즐겨 부른다.		
	13. 노래에 맞추어 리듬악기를 연주한다.		
	14. 리듬악기 연주를 즐겨하며 적극 참여한다.		
	15. 노래를 듣고 몸으로 표현하는 것을 즐거워한다.		
	16. 자신의 생각을 자유롭게 표현한다.		
	17. 신체를 이용하여 주변의 여러 가지 모양과 움직임을 창의적으로 표현한다.		

	18. 간단한 손동작을 따라한다.		
	19. 기본 동작을 이용하여 창의적인 동작 표현을 한다.		
	20. 다양한 소재(음악이야기, 경험 등)에 대한 생각과 느낌을 음악과 동작으로 표현한다.		
감상	21. 다양한 소리와 악기 연주 소리에 관심을 갖고 즐겨 듣는다.		
	22. 다양한 종류의 음악을 듣고 생각과 느낌을 이야기한다.		
	23. 다양한 종류의 율동에 대하여 흥미를 갖고 감상한다.		
	24. 다양한 종류의 율동을 보고 생각과 느낌을 이야기한다.		
	25. 다른 사람의 노래를 흥미 있게 듣는다.		
	26. 우리나라의 전통가락을 흥미 있게 듣는다.		
	27. 우리나라의 전통가락에 관심을 기울인다.		
	28. 노래를 듣고 몸을 움직여 표현하는 것에 관심을 갖고 감상한다.		

③ 평정척도법

평정척도법은 사전에 준비된 범주에 따라 특정 행동을 관찰하고 이 행동의 특성, 특질 또는 성격을 몇 등급으로 구분하여 영유아의 행동 정도를 평가해 보는 방법이다. 평정척도법의 유형은 숫자평정척도, 도식평정척도, 기술평정척도, 표준평정척도가 있다. 영유아의 음악능력 발달에 대한 평가척도(이수경, 2010)에 대한 예는 다음 〈표 8-4〉와 같다.

표 8-4 음악능력 발달에 대한 평정척도의 예

이름 :
생년월일 :
성별 :

영역	세부 능력	1 : 못함, 2: 보통, 3: 잘함								
		1회(월 일)			2회(월 일)			3회(월 일)		
듣기	① 주위 환경에서의 소리 변별하기	·	·	·	·	·	·	·	·	·
	② 음성 변별하기	·	·	·	·	·	·	·	·	·
	③ 음악소리의 속도, 느낌 변별하기	·	·	·	·	·	·	·	·	·
	④ 악기소리 변별하기	·	·	·	·	·	·	·	·	·
	⑤ 주위의 여러 사물의 소리 변별하기	·	·	·	·	·	·	·	·	·

리듬표현	① 리듬 특징에 맞추어 걷기	·	·	·	·	·	·	·	·	·
	② 두 가지 리듬악기에 맞추어 앞, 뒤 걷기	·	·	·	·	·	·	·	·	·
	③ 리듬 유형에 따라 신체리듬 표현하기	·	·	·	·	·	·	·	·	·
	④ 주어진 두 개의 다른 리듬 유형을 변별하기	·	·	·	·	·	·	·	·	·
	⑤ 리듬막대로 빠르게 느리게 쳐보기	·	·	·	·	·	·	·	·	·
	⑥ 세 가지 리듬악기에 맞추어 앞, 뒤, 옆 걷기									
노래부르기	① 알고 있는 노래부르기(레퍼토리 수준)	·	·	·	·	·	·	·	·	·
	② 주어진 음보다 더 높은 음소리 내기	·	·	·	·	·	·	·	·	·
	③ 주어진 음보다 더 낮은 음소리 내기	·	·	·	·	·	·	·	·	·
	④ 주제에 관련된 노래부르기(꽃, 동물, 사람)	·	·	·	·	·	·	·	·	·
	⑤ 노래부르는 동안 리듬, 박자에 대한 자기 통제	·	·	·	·	·	·	·	·	·
	⑥ 노래 분위기에 맞는 자기 감정 표현									
악기다루기	① 여러 가지 악기 다루기	·	·	·	·	·	·	·	·	·
	② 같은 악기로 특수한 음악적 소리를 내어 무슨 악기인지 알기	·	·	·	·	·	·	·	·	·
	③ 신체동작에 반주로써 악기 사용하기	·	·	·	·	·	·	·	·	·
	④ 악기 이름 알기	·	·	·	·	·	·	·	·	·
	⑤ 타악기로 크고 작고 빠르고 느린 소리 표현하기	·	·	·	·	·	·	·	·	·
	⑥ 녹음된 음악에서 연주되는 악기 이름 알기	·	·	·	·	·	·	·	·	·
	⑦ 노래 속도에 맞추어 악기 반주하기(3, 4박)	·	·	·	·	·	·	·	·	·
	⑧ 음의 고저가 있고 없는 타악기 분류하기	·	·	·	·	·	·	·	·	·
	⑨ 어느 악기의 소리가 오래 지속되는지 분별하기	·	·	·	·	·	·	·	·	·
창의력	① 주어진 노랫말에 멜로디 붙이기	·	·	·	·	·	·	·	·	·
	② 주어진 리듬패턴과 다른 패턴 연주하기	·	·	·	·	·	·	·	·	·
	③ 생활 주변에서 악기 대용품 찾아 연주하기	·	·	·	·	·	·	·	·	·
	④ 작은북으로 리듬 유형을 다양하게 연주하기	·	·	·	·	·	·	·	·	·
	⑤ 음악을 듣고 무용 만들기	·	·	·	·	·	·	·	·	·
	⑥ 상상력을 자극시키는 몸동작하기	·	·	·	·	·	·	·	·	·

④ 사건표집법

사건이라고 불리는 행동의 발생을 기록하는 방법이며, 예측기간에 어떤 행동이 일어난 유무보다는 어떤 행동이 특정 배경에서 발생되기를 기다렸다가 관심을 가진 행동이나 사건이 발생했을 때 행동의 순서를 자세하게 기술하는 방법이다.

사건표집법은 문제행동의 발생 원인이나 지속시간, 나타나는 빈도에 따라 ABC(서술식) 사건표집법과 빈도표집법이 있다.

가. ABC(서술식) 사건표집법

사건표집법은 원인-결과 유형의 관찰법이기 때문에 관찰자는 영유아의 문제해결에 도움이 되는 단서를 찾을 수 있다. A는 선행사건, B는 행동, C는 결과이다. ABC 분석을 이용하는 것은 관찰자가 영유아에게 문제점을 이야기해 주는 법을 배울 수 있게끔 해준다. 사건표집법은 전형적으로 영유아의 적절치 못한 행동에 사용되기 때문에 행동 원인을 결정하고 문제를 이야기하는 데 매우 유용하다(조윤경 외, 2018). ABC(서술식) 사건표집법의 예는 다음 〈표 8-5〉와 같다.

표 8-5 ABC(서술식) 사건표집법의 예

관찰아동	신OO(남) 만 4세		
관찰장소	OO어린이집		
관찰날짜와 시간	2019년 12월 5일 3:30~4:30		
관찰자	신OO		
관찰행동(발달유형)	사회 · 정서발달(OO의 잦은 폭력적 행동)		
시간	A(선행사건)	B(행동)	C(결과)
14 : 50분	민재와 하영이가 과자를 먹고 있었다. 하영이가 민재의 과자를 조금 가져갔다.	민재가 한 손으로 하영이의 등을 때렸다.	하영이가 울면서 선생님을 불렀다.
15 : 10분	성훈이는 놀이터에서 자전거를 타고 있었다. 민재가 자전거를 태워 달라고 했으나 성훈이는 거절했다.	민재가 성훈이를 자전거를 뺐었다.	성훈이는 민재를 밀고 자전거를 돌려받았다. 민재는 다른 자전거를 타고 놀았다.

나. 빈도 사건표집법

빈도 사건표집법은 문제행동이나 상황이 얼마나 자주 일어나는지를 알아보기 위해 그 행동이 발생할 때마다 기록하는 방법이다. 빈도 사건표집법은 자주 일어나지 않는 행동이나 사건에 대한 관찰에도 유용하며 융통성이 있으므로 여러 주제를 광범위하게 사용하는 것이 가능한 반면, 어떤 행동이나 사건이 얼마나 자주 일어나는가에만 관심이 있으므로 행동의 원인을 알아내는 데는 적합하지 않다. 빈도 사건표집법의 예는 다음 〈표 8-6〉과 같다.

표 8-6 빈도 사건표집법의 예

흥미영역에서의 보육교사 역할 관찰

• 기준 – 교사의 역할

환경구성 및 정비	놀이자료를 첨가해 주거나 놀이환경을 재구성해 주는 것
둘러 보기	영유아와의 상호작용 없이 영유아들이 놀이하는 것을 둘러보고 가는 것
정보 구하기	현재 무슨 놀이를 누구와 어떻게 하고 있는지에 관한 정보만을 구하는 것
참여 유도	영유아(들)가 해당 영역에서 놀도록 유도하는 것
유지	현재 진행되는 놀이가 계속되도록 놀이를 보조하고 돕는 것
칭찬 / 격려	영유아의 놀이의 과정이나 행동, 성취에 대해 칭찬하고 격려하는 것
참여	놀이에 영유아와 동등한 수준으로 참여해서 놀아주는 것
방향 재지시	놀이가 중단되거나 진전이 없을 때 새로운 요소를 첨가해 활성화되도록 하는 것
시범	보육교사가 직접 시범을 보이는 것
교수	사실, 개념, 과정 등을 직접 설명하거나 가르치는 것
일상적인 대화	놀이와 직접 관련이 없는 내용의 대화(예: 날씨, 머리, 옷)를 하는 것
갈등의 해결	해당영역에서 일어나는 영유아들 간의 갈등을 해결하도록 돕는 것
정리 정돈	놀이를 마친 후 정리하게 하는 것
보인	"~ 하지마.", "안 돼."라는 말들을 하는 것
기타	위에 제시된 것 이외의 역할유형이 관찰되면 기록하고, 분류한다.

- 지시
  ① 보육교사의 역할을 관찰한다
  ② 보육교사의 행동이 변화할 때마다 제시된 14가지 범주 중 하나로 기록한다.
  ③ 표시의 방법은 ' / ' 로 한다.
  ④ 보육교사가 교실을 이탈할 경우 '역할이 없음' 으로 본다.

- **관찰 보육교사**: 강OO(여)
- **관찰 장소**: 파랑어린이집 나리반(만 3세)
- **관찰 행동**: 흥미영역에서의 보육교사 역할
- **관찰날짜와 시간**: 2010년 4월 10일 9:10~9:30(20분)
- **관찰자**: 박OO

출처: 조윤경, 김경혜(2015) 재구성

⑤ 시간표집법

관찰대상인 영유아의 행동을 정해진 시간 동안 일정 간격으로 행동의 출현빈도 수를 기록하기 위해 이용되는 방법으로, 관찰자인 교사는 영유아의 행동을 비교적 짧은 일정한 시간 사이에 시간을 맞추어 관찰하고 그 행동이 몇 번이나 일어났는지를 관찰기록하는 방법이다. 만 2세 영아의 관찰에 대한 시간표집법(이수경, 2010)의 예는 다음 〈표 8-7〉과 같다.

표 8-7 시간표집법의 예

관찰아동	신○○(여)			생년월일			
관찰자				관찰일자			
관찰장면				관찰시간			
초 (second)	사회적 놀이			비활동 놀이			메모
15초 동안	혼자 놀이	평행 놀이	집단 놀이	몰입하지 않는 놀이	쳐다보는 행동	전환	
15초		✓					놀잇감을 손에 쥐고 있는데 눈은 바닥을 향함
15초				✓			
15초		✓					

〈중략〉

15초					✓		다른 영아가 놀이하는 모습을 쳐다봄
15초			✓		✓		교사와 다른 영아가 놀이하는 모습을 쳐다봄
합계 (total)		14	0	1	4	1	
요약	대체적으로 평행놀이와 혼자놀이가 진행되었다. 주변에 있는 영아와 같은 놀잇감을 사용하며 놀이하였다. 쳐다보는 행동이 한 번 일어날 때 오래 일어났는데 보통 교사가 다른 영아와 함께 이야기하며 놀이하는 장면을 관심 있게 쳐다보는 경향이 많았다.						

2. 포트폴리오 작성과 의미 이해

포트폴리오(portfolio)는 표현 결과로 나타난 기록이나 작품을 수집 정리하여 이를 분석하는 방법이며, 영유아의 교육내용에 대한 이해 정도와 흥미로운 성취감, 영유아의 사고방법이나 특성 등을 알아볼 수 있는 평가방법이다. 포트폴리오는 영유아들의 발달과 학습을 기록하는 증거를 계속적으로 목적을 가지고 수집해 놓은 것으로, 영유아의 경험과 발달적 진전, 성취결과 등을 보여주어 학습과 발달을 위한 평가와 지침의 기초를 제공해 준다.

음악활동에서의 영유아의 음악활동 포트폴리오 평가(김연주, 양연숙, 김현지, 2018)의 예는 다음 〈표 8-8〉과 같다.

표 8-8 음악활동 포트폴리오 평가양식지의 예

영유아명		생년월일	년 월 일 (만 5세)
생활주제	신나는 여름	소주제	여름의 모습
활동명	'싱그러운 여름'을 연주하고 신체로 표현하기	관찰일시	년 월 일
활동목표	• 노래를 듣고 자신의 생각과 느낌을 신체로 표현할 수 있다. • '싱그러운 여름'의 박자와 리듬에 맞추어 리듬악기를 연주할 수 있다. • 합주와 신체표현에 대한 경험을 적절한 문장으로 말할 수 있다.		
평가내용	• 탐색 : 악기소리 탐색하기 • 표현 : 노래 부르기, 리듬악기를 연주하기 • 감상 : 음악감상 • 말하기 : 낱말과 문자 말하기		
평가방법	작업표본(사진), 일화기록법, 행동목록법		
기록	(사진 붙이기)		

구분		내용	예	아니오
음악 교육 내용	탐색	• 음악에 맞춰 손뼉으로 박자를 친다. • 박자에 맞추어 리듬악기를 친다.		
	표현	• 노래로 자신의 생각과 느낌을 표현한다. • 노래를 잘 부른다. • 리듬악기를 연주한다. • 음악을 듣고 느낌을 신체로 표현한다. • 리듬 합주를 잘 한다.		
	감상	• 자신의 느낌이나 생각을 적절한 문장으로 말한다. • 자신의 경험을 적절한 문장으로 말한다.		
의사소통	말하기			
해석				

출처: 김연주, 양연숙, 김현지(2018).

3. 독특한 특성을 가진 영유아 지도

1) 부적응 행동의 정의와 지도방안

(1) 부적응 행동의 정의

부적응 행동이란 어떤 목적으로 하는 행동이 저지되거나 적응 행동이 좌절되어 사회적 규범을 무시하고 욕구충족을 위해 일반적인 기준에서 일탈된 행동을 보이는 것을 의미한다.

(2) 부적응 행동에 대한 지도방안

부적응 행동이 장기화될 경우, 영유아기 전인 발달의 기초가 되는 사회성 발달이 지연될 수 있고 보육실 전체의 수업 분위기에도 부정적인 영향을 끼치게 된다. 이에 보육교사는 부적응 행동에 대한 원인을 다각도로 분석하여 영유아가 어린이집 생활에 적응하도록 돕기 위해 다음과 같은 지도방안을 적용해야 한다.

- 영유아의 발달 특성에 대한 이해를 바탕으로 온정적이고 긍정적인 태도로 지도해야 한다. 영유아기는 자기중심성이 강하고 타인으로부터 인정받고자 하는 욕구도 큰 시기이다. 가정에서는 부모의 관심을 독차지하던 영유아가 어린이집에 와서 친구들과 관심을 나누어 받게 되면, 주목을 받고자 문제 행동을 보이는 경우가 생긴다. 따라서 보육교사는 이러한 영유아에게 개별적인 상호작용과 긍정적인 관심을 보여야 할 필요가 있다.
- 보육교사는 영유아를 관찰하고 문제행동이 보이면 개입하여 사회성 기술을 길러주어야 한다. 영유아는 자신의 행동으로 인한 타인의 감정을 예측하고 배려할 수 있는 타인조망 수용능력이 부족하다. 또한 자신의 감정과 욕구를 조절할 수 있는 기술도 부족하기 때문에 순간적인 감정과 필요를 자제하지 못하고 부적응 행동을 보이게 된다. 그러므로 보육교사는 영유아와의 긴밀한 상호작용을 통해 다른 사람을 이해

하고 존중하는 태도와 자기조절 능력을 함양시켜야 한다.

- 영유아가 정서적, 심리적으로 억압된 욕구가 있는 것은 아닌지 면밀히 분석하여 영유아의 부정적 에너지와 긴장감을 해소시켜 주어야 한다. 영유아들은 신체활동에 참여하여 에너지를 발산하며 긴장감을 해소하고 즐거움을 느끼게 된다. 사회극놀이를 통해 정서적 카타르시스를 경험하거나 찰흙을 뜯고 주무르며 스트레스를 풀게 된다. 보육교사는 이와 같이 다양한 활동을 제공하여 영유아의 부정적 에너지를 긍정적이며 창조적인 에너지로 전환시켜 줄 수 있다.

어린이집에서 나타나는 영유아의 부적응 행동은 영유아의 기질, 양육환경에 따라 특성 및 지속시간 그리고 심각성이 모두 다르다. 따라서 영유아에 대한 다양한 정보를 수집하고, 이를 토대로 적절히 지도하는 전략을 수립하여 다음 3단계에 따라 부적응 행동을 지도하면 효과적이다(보건복지부, 한국보육진흥원, 2016).

① 1단계

- 문제인식: 어린이집에서 영유아가 일반적인 행동과는 다른 행동을 반복하거나 안정적인 일과 운영을 방해하는 행동을 하는 경우 보육교사는 어려움을 느끼게 된다. 이러한 상황이 지속될 경우 보육교사는 심각성을 느끼게 되고, 영유아가 보이는 행동에 대해 구체적으로 진술해야 할 필요성을 느끼게 된다.
- 행동관찰: 보육교사가 문제로 인식한 행동과 관련된 장면을 선정하여 이에 대해 관찰하고 기록한다. 보육교사는 행동관찰을 통해 대상 영유아의 부적응 행동이 증가하였는지, 감소하였는지, 또는 다양하게 일어나는지 등을 파악해야 하며, 직·간접적으로 관련된 정보도 수집하도록 한다. 일화식 관찰, 사건표집법 등을 사용하여 영유아의 행동을 집중적으로 관찰한 후 부적응 행동이 나타나는 상황의 공통된 요소를 찾아보도록 한다.

행동관찰 내용

- 하루 중 어느 시간대에 나타나는가?
- 부적응 행동이 나타나기 전에 자주 발생하는 상황이나 영유아의 행동특징은 무엇인가?
- 부적응 행동을 나타내는 특정 대상이 있는가?
- 부적응 행동의 주요 기능은 무엇인가? (예: 관심 끌기, 회피하기, 원하는 것 얻기 등)

- 정보 수정 : 대상 영유아의 원아카드는 생활기록, 담임교사와 부모의 면담 기록, 이전 담임교사의 관찰일지 및 영유아에 대한 소견 등을 토대로 수집한다. 정보 수집의 예는 가족관계, 양육사, 부모 보고, 이전 교사 기록 및 보고 등을 들 수 있다.

② 2단계 : 원인 분석

- 부적응 행동에 대한 원인 분석을 위해서는 영유아에 대한 행동 관찰을 토대로 심리 · 정서 및 발달수준에 대한 확인이 필요하다.
  - 영유아는 자신의 의도와 욕구를 스스로 표현하기 어려우므로, 보육교사는 일상생활 속에서 관찰되는 영유아의 행동을 토대로 원인을 분석하고 문제가 되는 행동에 대해 확인해야 한다.
  - 관찰결과, 영유아의 부적응 행동이 심각하다고 판단될 경우 전문기관의 도움을 받아 발달검사나 심리 · 정서검사 등을 실시하고 보육교사의 관찰기록을 공유하여 부적응 행동의 수준을 파악하기도 한다.
- 영유아를 둘러싼 다양한 요소들에 대한 종합적인 고려가 필요하다.
  - 영유아들의 부적응 행동은 어느 한 가지의 이유보다는 영유아를 둘러싼 다양한 요소들에 의해 종합적으로 나타나기 때문이다. 영유아의 부적응 행동에 대한 원인을 파악하기 위해서는 어린이집과 가정을 연계하여 여러 상황들을 체크해 보는 것이 효율적이다.

부적응 행동 원인 분석을 위한 체크

- 가정(어린이집)에서 영유아의 욕구가 충분히 수용되고 있는가? 인정과 보살핌을 받는가?
- 가정에서 양육자 교체, 분리, 이사, 부모 별거 등 특이한 사항이 있는가?
- 가정에서 훈육 시 사용하는 방법은 무엇인가? 신체적 체벌 훈육을 사용한 적이 있는가?
- 부모(교사)와의 상호작용 시 부정적인 경험이 있었는가?
- 기타 영유아의 경험, 특성 등 부모로부터 보고된 원인이 있는가?

③ 3단계

- 영유아의 부적응 행동이 문제가 될 경우 보육교사는 영유아가 보이는 부적응 행동에만 초점을 두기 쉽고, 반 운영의 어려움으로 인해 심리 · 정서적 어려움을 경험하는 경우가 많다.
  - 보육교사가 영유아의 부적응 행동을 보다 효과적으로 지도하기 위해서는 경력교사 및 원장과 함께 팀을 이루어 지도하는 것이 좋다.
  - 부모가 자녀의 부적응 행동에 대한 심각성에 동의하고 어린이집과 적극적으로 협력할 의사가 있다면 보육교사는 부모와 지도전략을 함께 의논하는 것이 바람직하다.
- 수립한 지도전략은 설정한 목표를 달성할 수 있어야 하며, 어린이집에서 실행가능해야 한다.
  - 가장 실행 가능성이 높은 방법은 놀이나 일상생활 중 자연스럽게 지도할 수 있는 전략이다. 중요한 것은 어린이집에서 영유아와 놀이를 통해 긴장을 해소시킬 수 있도록 돕고, 영유아에게 적절한 방안을 제시하는 것이다.

2) 부적응 행동 사례

어린이집 부적응 사례

식습관 관련 여러 부적응 행동들은 다양한 원인에 의해 복합적으로 또는 한 가지 원인이 주요하게 작용할 수 있다.

1. 원인 분석

구분	내용
신체적 상태나 질병	• 식욕부진이나 삼키는 기능에 문제가 있을 수 있다. 예를 들면, 잦은 감기나 기침으로 식도나 인후에 염증이 있는 경우 음식물이 내려가면서 생기는 자극에 영유아가 통증을 느껴 잘 먹지 못할 수 있으므로 세심한 관찰이 요구된다. • 육류 섭취 부족으로 인해 철 결핍성 빈혈로 인한 식욕 저하를 일으킬 수 있다.
음식량 과다	• 보육교사가 기대한 식사량에 못 미칠 때 영아에게 식사를 강요하지 않는다. • 영유아가 식사 전 간식이나 아침식사를 배부르게 먹은 경우 덜 먹을 수 있음을 이해해 준다. • 교사가 떠먹여 줄 때의 양이 영아가 씹고 삼키기에 많지 않게 해야 한다. 이러할 경우, 영아는 이후 떠먹여 주는 것 자체를 거부할 수 있다.
발달 과정적인 특성	• 아기는 성인의 3배 정도 더 많은 미뢰를 가지고 태어나서 맛에 예민하다. 이는 미뢰 수가 줄어드는 8세 이전에 편식 경향이 두드러지는 이유가 됨을 이해해 준다. • 생후 10개월이 넘어가면 이전보다 노는 시간이 길어지고 외부환경에 대한 호기심 증가로 이유식에 대한 관심이 줄어들 수 있고, 어린 영아일수록 고형식 경험이 부족해 '딱딱함', '이물감' 등의 낯선 감각적 경험을 하는 경우 덜 먹을 수 있다. • 만 3~5세경 좋고 싫음이 분명해지는 발달적인 특성으로, 낯선 음식에 한 두려움을 의미하는 음식 네오포비아가 만 2~5세경에 두드러지게 나타날 수 있다. **※ 푸드 네오포비아 : 낯선 음식에 대한 거부감** - 푸드 네오포비아는 자아존중감 발달과도 연관이 있다. 생후 6개월 음식에 적용되어 만 2~5세에 극한의 공포로 전달되는데, 다양한 음식 경험 부족 시 성인까지 영향을 미친다. 만 2~5세 때 식습관이 좋지 않을 경우 아이의 자아존중감에 영향을 줄 수 있다(유럽임상영양학회지, 2003).
부정적인 섭취 경험	• 영유아는 먹는 것을 강요받았을 때, 억지로 먹었던 경험에 의한 음식에 대한 부정적인 정서를 나타낼 수 있으므로 주의해야 한다.
정서적인 불안	• 가정이나 원에서의 생활사건으로 인한 스트레스로 영유아가 심리적으로 불안한 상황인 경우 덜 먹을 수 있다.

부모의 양육태도	• 익숙한 음식만을 선호하는 영유아에게 좋아하는 음식만을 제공하는 경우 덜 먹을 수 있다. • 부모의 편식으로 인해 다양한 음식에 대한 경험이 부족한 경우 덜 먹을 수 있다. • 먹는 것에 대한 부모의 과잉 기대와 강요로 먹는 것에 대한 스트레스가 있는 경우 덜 먹을 수 있다. • 잘 먹지 않는 영유아에게 부모가 쫓아다니며 먹여주어 돌아다니는 경우에 떠먹여 주지 않으면 덜 먹을 수 있다. • 스스로 밥 먹기 시도할 기회를 주지 않고 먹여주기만 하여 식사하는 것에 흥미를 못 느끼는 경우에 자신이 할 일이 없어져 다른 흥밋거리를 찾아 돌아다녀 덜 먹을 수 있다.
다양한 음식 경험 부족	• 이유식 시기부터 부모가 다양한 재료와 조리방법을 사용한 음식을 제공하지 못하는 경우 영유아의 음식에 대한 기본적 경험이 부족 시 덜 먹을 수 있다. • 이유식 시기에 적절한 크기의 질감이나 식사 분위기, 맛 등에서 불편함을 느꼈을 시 덜 먹을 수 있다.
불규칙한 식사습관 형성	• 식사시간이나 장소가 불규칙하게 이루어졌고, 인스턴트 음식을 주로 섭취한 경우에 간식거리만 선호하는 경우 덜 먹을 수 있다. • 밥을 먹을 시에 보상물을 주었던 경험은 영유아가 보상물을 얻기 위한 수단으로만 밥을 먹으려 해서 덜 먹을 수 있다.
영아 개인의 기질적 특성	• 새로운 것을 받아들이기 힘들어하는 기질적인 특성을 가진 경우 덜 먹을 수 있다. • 감각적으로 예민하여 음식의 질감이나 덩어리 혹은 냄새에 민감하게 반응하는 경우 덜 먹을 수 있다. • 활동적인 놀이를 거의 하지 않는 경향의 영아는 식사시간에 맞춰 배고픔을 느끼기 어려운 경우 덜 먹을 수 있다.
적합하지 않은 식사환경	• 식사시간 중 TV 시청이나 스마트폰 사용으로 식사에 대한 집중력이 저하되는 경우 덜 먹을 수 있다. • 식사 테이블이 영아에게 높은 경우나 식기 종류가 적합하지 않을 경우 덜 먹을 수 있다.

2. 지도방법

① 즐거운 식사 분위기를 형성해 준다.

영유아가 식사를 즐거운 행위로 인식할 수 있도록 한다. 교사는 영유아가 친구들과 함께 먹고 함께 일어날 수 있도록 하고, 또래에 비해 식사시간이 오래 걸리는 영유아는 교사가 융통성 있게 충분한 식사시간을 줄 수 있도록 한다.

또한, 요리하는 모습을 보거나 요리활동 또는 배식에 영유아에게 역할을 분담해 주어 식사시간에 능동적으로 참여하는 기회를 제공해 흥미를 가지도록 한다.

② 발달적 특성과 기질적 특성을 이해한다.

- '씹기'가 수월하지 않을 때, 지속적인 씹기 운동을 강화시켜 준다.
  한 숟가락 먹을 때마다 20번씩 충분히 꼭꼭 씹어서 먹도록 격려해 주고, 먹기 좋은 크기로 반찬을 잘라 주어 씹기를 수월하게 해 영유아가 자신감을 갖도록 한다.
- 영아에게 현재 제공되는 이유식의 종류와 형태, 질감 등이 월령에 적합한지 점검해 본다.
- 소근육 발달을 돕는 활동을 계획한다.
  (예: 숟가락으로 공 옮겨 닮기, 그림 그리기, 색종이 접기, 밀가루 반죽놀이 등)
- 감각적으로 예민하거나 또는 새로운 것에 적응하는 것이 상대적으로 어렵고 오래 걸리는 영아의 경우, 영아의 기질적 특성을 이해하고 배려하며 영아가 시도하는 것이 어려움을 교사가 이해한다는 것을 언어적으로 표현해 준다(예: 00이는 브로콜리 냄새가 이상한 것 같아서 먹어보는 게 힘들구나..).
  감각적으로 예민한 경우 과한 감각적 자극을 받지 않도록 잘게 잘라 제공하거나, 조리방법을 다르게 해 여러 음식물을 경험해 볼 수 있도록 하는 것이 좋다.

③ 식사 시 교사의 상호작용

- 교사가 먼저 맛있게 식사하는 모습을 보인다.
- 영유아가 먹기를 시도한 것 자체를 격려해야 한다.
  (예: 00이가 좋아하는 감자랑 같이 있는 볶은 당근도 먹어 보았구나)
- 음식을 잘 먹지 못하는 영유아에게는 좌절감을 안길 수 있으므로, 음식을 많이 먹는 것이 우월하다는 인식을 심어주는 칭찬은 하지 않는다.
- 영유아가 먹고 싶어 하지 않아 할 때는 인정해 주고 잠시 후에 다시 시도하기

④ 영아의 심리 상태를 이해한다.

영유아가 정서적으로 불안한 상태인 경우는 먼저 영유아가 정서적인 안정감을 가질 수 있도록 돕는 것이 중요하다. 영유아의 감정을 읽어주며 불편한 감정이 해소될 수 있도록 개별적인 상호작용을 한다. 영아의 심리·정서적 상황을 고려해 식사는 나중에 개별적으로 할 수도 있음을 고려한다.

⑤ 식사량 개인차 고려, 간식 양을 조절한다.

- 영유아마다 먹는 양이 다 다를 수 있음을 이해하고, 개인차를 고려한 식사지도를 해야 한다.
- 오전 간식을 너무 많이 먹지 않도록 하여 점심식사 때 허기짐을 느껴볼 수 있도록 해야 하고, 등원 시에 집에서 무엇을 얼마큼 먹고 왔는지 부모님을 통해 전달받는다.

출처: 이미화 외(2013) 재인용

CHAPTER

09

딜레마와 갈등

1. 보육실에서의 보편적인 문제 상황
2. 영유아의 개별적 특성으로 인한 상황
3. 의사소통
4. 보육교사와 인간관계

1. 보육실에서의 보편적인 문제 상황

사회적 상호교류가 활발히 일어나는 교실에서는 갈등을 피할 수 없다. 또래 간 갈등은 수시로 일어나고 또 협동적으로 해결되기도 하지만 또 다른 갈등이 일어나고 때로는 해결되지 않은 채 남겨지기도 한다. 그러나 이러한 갈등은 사회·도덕적이고 인지적인 발달을 도모하는 중요한 맥락을 제공하기도 한다(DeVries & Zan, 1997).

영유아는 갈등상황에서 타인의 요구나 생각에 직면하면서 자아를 보기 시작하고 자신을 조절하고 규제해 가면서 공동체 안에서 살아갈 연습을 한다. 아직 자기중심성이 강한 영유아는 타자와의 진정한 만남이 쉽지 않아 시간을 들인다. 처음에는 자기 생각을 무조건 주장하면서 다른 의견을 반대하고 심지어는 귀를 막고 들으려 하지 않는 경우도 있다. 그러나 자신의 주장을 반박하는 또래의 반응이나 보육교사의 설득을 통해 자아를 돌아보는 기회를 갖고 점차 다른 의견을 수용하면서 자신의 생각과 감정을 조절해 간다. 이들은 이렇게 교실에 필수적인 조망수용능력을 연습해 간다.

교실에서 보육교사는 이러한 갈등의 원인이 영유아마다 서로 다르기 때문임을 알고 이를 수용한다. 영유아의 갈등은 상대방에 대한 고려 없이 자신의 생각대로 다른 사람을 이끌어 가려 하거나 자신의 생각을 강요하는 것에서 생기므로, 보육교사는 교실에서 이러한 상황이 일어나는지를 눈여겨 잘 관찰해야 한다. 또한 보육교사는 무조건 갈등을 잠재우는 것이 아니라 적접 드러내 놓고 갈등에 관여된 사람들이 자아와 타아의 관점에서 문제를 생각해 보고 감정 조절과 자기규제를 통해 협동적인 공동체 문화를 연습해 가게 할 수 있다. 이로 인해 영유아는 자아와 타인에 대한 태도를 인식하기 위해 타인의 관점, 즉 타인의 태도와 행동의 객관적인 측면에서 자신을 되돌아보기 위한 탈중심화를 하게 된다. 이렇듯 영유아는 교실에서 남에 의해 상처받고 상처를 줄 때도 있지만 그보다는 남의 비판을 적절히 수용하고 자신을 반성적으로 돌이켜 보면서 점차 발전적으로 자아를 구성해 가는 능력이 있는 존재이다. 교사는 이러한 측면을 인지하고 영유아가 공동체 구성원으로 적극적으로 살아갈 수 있는 상호작용을 해주어야 한다.

영유아의 비언어적 표현	어떤 의미를 담은 표현일까요?	교사의 상호작용
등원할 때마다 보육실에 바로 들어오지 않고 문 앞에서 멈칫하고 서성거린다.		
교사를 쳐다보며 환하게 웃으며 안긴다.		
모래놀이를 하는 중 두 다리를 꼬면서 배를 만지고 불안해 보인다.		
쌓기영역의 친구들 놀이를 물끄러미 쳐다보고 있다.		
점심시간에 음식을 삼키지 않고 입에 계속 물고 있다.		
다른 날에 비해 활동 참여량이 적고 자꾸 쿠션 있는 곳에 기대려고 한다.		

출처: 보건복지부, 육아정책연구소(2016).

교실에서 보육교사는 속상하고 화난 기분을 영유아에게 표현함으로써 때로 영유아와 여러 가지 문제로 갈등 국면에 놓이기도 한다. 교실 구성원의 일원으로서 보육교사가 화가 난 기분을 표현하는 것은, 권위주의적인 보육교사로서 영유아에게 야단을 치면서 기분을 표현하는 것과는 다르다. 권위주의적인 보육교사는 일방적인 훈계를 하고 영유아는 복종을 하기 때문에 보육교사와 영유아 간의 갈등이 드러나지 않는다. 다음 사례는 교사가 이러한 상황에 대해 작성한 반성적 기록이다. 보육실에서 자주 나타나는 문제 상황의 사례 예는 다음과 같다.

사 례 **유아와 갈등 국면을 맞아 협동적으로 해결하려고 노력하는 교사**

유아들은 박 만들기를 시작했다. 어제 만들기로 했던 박은 노란색이나 아직 익지 않은 초록색의 박을 만들기로 이야기했는데, 오늘 유아들이 만드는 박은 빨간색 바가지 색 그대로였다. 교사는 유아들이 어제 이야기한 것과 다른 것을 발견하고 유아들에게 박을 어떻게 만들 것인지에 대해 질문하였다.

교사 : 얘들아, 어제 너희들이 만들려고 했던 박은 다른 색이 아니었니?
수민 : 네, 그런데 잘 안 잘려져서...
민지 : 색을 칠할 수도 없잖아요. 선생님은 칠할 수 있어요?

그런데 민지의 말이나 말투가 굉장히 속상하고 화나게 만들었다, 나는 민지에게 굉장히 속상하다는 마음을 전했고, 선생님의 도움이 필요하지 않다면 돕지 않겠다고 이야기하였다. 하지만 나는 유아들이 잊고 있는 것에 대해 이야기하고 싶었다는 것을 전하며 유아들이 문제를 인식하고 함께 이야기할 수 있도록 하였다,

민지의 이야기에 잘 대처하지 못한 나를 안다. 하지만 요즘 여러 번 반복되는 민지의 말투나 말에 상처받고 있었기 때문에 나도 모르게 민감하게 반응해 버리고 만 것 같다. 하지만 내가 먼저 유아들을 배려하고 모범이 되어야 유아들과도 함께 이야기 나눌 수 있을 거란 생각과 함께 유아들과 예절에 대해서도 다양한 방법으로 이야기 나누어 보아야겠다는 생각도 들었다. 다양한 방법으로 유아들과 함께 예절에 대해 생각해 볼 수 있도록 해야겠다.

출처: 곽향림(2015) 재인용.

교실에서 보육교사와 영유아 간의 갈등은 영유아가 보육교사를 불공평하다고 생각할 때, 교사가 하는 것을 싫어할 때, 위의 경우처럼 보육교사가 유아 때문에 화가 날 때 일어나고는 한다. 유아는 가끔 보육교사의 정당한 처사에도 불공평함을 지적하고 오해를 할 때도 있지만 보육교사는 유아의 기분을 충분히 인정해 주고 유아가 생각하는 문제를 여러 관점에서 명백히 설명해 주는 것이 필요하다.

보육교사가 영유아 때문에 화가 날 경우는 보육교사가 전문적인 노력을 기울이지만 쉽지 않을 때가 많다. 특히 영유아가 보육교사를 지속적으로 때리거나 신체적으로 힘들

게 하는 경우가 있다. 이런 경우 보육교사는 영유아 때문에 기분이 상했고 많이 아프고 화가 난다는 표현을 할 수 있지만, 너무 기분이 상했을 때는 스스로 통제가 된 후에 그 아이와 차분히 갈등을 풀어나갈 수 있다. 더 나아가 다른 교사를 중재자로 요청할 수도 있다. 교실에서의 건전한 관계를 유지하기 위해서는 화가 나고 속상한 기분을 상대방에게 적절히 표현하는 것이 바람직하다. 보육교사도 영유아에게 그렇게 할 수 있다. 나쁜 감정이 축적되면서 관계는 더 악화될 수 있기 때문이다. 영아반 보육실에서 자주 나타나는 문제 상황의 예는 다음 〈표 9-1〉과 같다.

표 9-1 영아반 보육실에 자주 나타나는 문제 상황의 예

낮잠시간에 모든 영아들이 자신의 이불에 누웠다.
이때 오늘도 어김없이 OO는 이불에 눕지 않고 앉아서 교사에게 "선생님! 저는 안 자고 싶어요" 라고 한다.
교사는 "음... 안 자고 싶구나. 그럼, 다른 친구들이 잠들 때까지만 누워 있어 보자"
OO이는 "어제도 그랬는데 안 자고 싶어서 일어났잖아요. 그러니까 오늘도 안 잘래요"
이때 다른 영아도 "선생님 나도 안 자고 싶어요"
교사는 난감해졌다......

〈영아 관점〉
졸리지 않아서 잠자고 싶지 않다.

〈보육교사의 관점〉
졸리지 않는다면 영아의 개인적인 욕구를 수용해 주어야 한다. 이 영아의 욕구를 수용해 줌으로 인해 '혹시 다른 영아도 잠들지 않겠다고 하면 어떻게 할까?'

〈상반되는 관점〉
낮잠을 자고 싶지 않은 영아의 권리를 존중할 의무가 있다. vs. 낮잠을 재움으로써 건강하게 보육할 의무가 있다.

〈상반되는 관점에 대해 함께 토론해 보아요〉

출처: 보육교사 교과목 매뉴얼(2019).

2. 영유아의 개별적 특성으로 인한 상황

1) 생활에 변화가 생긴 영유아

(1) 물리적 환경 변화

- 입학 전에 부모로부터 영유아의 특성 및 습관 등에 대한 정보를 파악한다.
- 새로운 영유아가 특별히 관심을 보이는 놀이나 놀잇감을 세심히 관찰하여 보육교사나 또래들과 공통의 즐거운 경험을 공유하도록 격려한다.
- 적응 단계에 따라 양육자가 협조해야 할 사람을 세심히 안내한다.
- 또래들과 함께 활동하는 사진들을 영유아와 양육자가 함께 보면서 또래들과 유대감, 새로운 어린이집에서의 생활에 대한 기대감을 갖도록 한다.

■ 영아를 위한 적응기간 운영

영아반의 학기 초 적응의 목표는 어린이집이라는 새로운 환경에 영아가 익숙해짐으로써 어린이집을 안전하고 편안한 장소로 여기게 되는 것이다. 영아가 어린이집에 등원한다는 것은 익숙하지 않은 낯선 환경에서 주 양육자와 하루 종일 떨어져 지내는 것이므로 영아에게 매우 힘든 일이다. 이런 경우 영아는 불안감을 느끼게 되므로, 울거나 몸부림치고, 주 양육자를 쫓아다니는 등의 행동으로 부정적인 감정들을 표현하며, 먹고, 자고, 노는 등의 일상적인 생활을 유지하는 데 어려움을 겪는다.

영아의 안정적인 어린이집 적응이란 울지 않고 주 양육자와 헤어지며, 급·간식과 배변, 낮잠 등의 일상적 양육과 보육활동에 무리 없이 참여하는 것을 의미한다. 이에 학기 초 적응 프로그램은 주 양육자와의 분리와 어린이집 적응의 두 단계에 걸쳐 이루어진다.

영아의 기질이나 개인적 특성에 따라 개인차가 있지만, 일반적으로 영아의 적응 프로그램은 최소 1주일에서 1~2달까지 여유를 두고 실행하며, 연령이 어릴수록 더욱 여유가 있는 적응기간을 마련하도록 한다.

영아의 연령별 적응과정에 영향을 미치는 여러 요인의 특성과 적응기간 동안의 행동 모형에 대해 정리하면 다음 〈표 9-2〉와 같다.

표 9-2 적응기간 동안의 진행과정

구분	부모	영아의 예상 반응	교사
1일	[짧게 방문하기] 영아와 함께 인사하기	부모의 영역에서 보육실 탐색 약 1시간 방문	[거리감 두기] 눈인사, 영아 관찰 [부모에게 적응 역할 소개하기] 부모와 이야기하기
2일	교사, 영아와 함께 놀이하기(교사와 영아가 친해지도록 협조) [파트너십 형성하기] 교사와 영아에 대해 이야기하기	놀잇감을 통한 주변인과의 접촉 약 2~3시간	[간접적 접촉 시도] [실마리 읽기] 영아와 인사 놀잇감 소개 함께 놀이하기 [파트너십 형성하기]
3~4일	[잘 헤어지기] 영아와 인사하기 [영아와 특별한 시간 갖기]	울기 익숙한 놀잇감으로 안정하기 교사와 접촉하기 오전 프로그램에 참여 후 귀가	[직접적 접촉 시도] [영아 이해 및 표현] 안기·달래기 엄마와 인사시키기 안아주며 이야기 나누기
5~6일	영아와 인사하기 교사와 지속적인 관계 형성하기	울기 교사와 의사소통하기 일과에 적응하기 점심 식사하고 귀가	[스킨십으로 접근하기] 잦은 스킨십 제공하기 영아의 감정을 언어로 표현해 주기 [짧게 방문하기] 교실과 원 소개하기
7~8일	[적응 행동 격려하기]	일과에 적응하기 친구와 사귀기 낮잠 후 귀가	일과에 적응시키기 친구와 놀잇감 소개하기 영아의 적응 행동 칭찬하기
9~10일	영아의 적응 상태를 보아 시간을 조절하기	일과에 적응하기 친구와 사귀기	[적응 행동 격려] 영아의 적응 행동 칭찬하기 일과 진행
적응 후	[지속적인 애정 표현하기]	일과에 적응하기 친구와 사귀기	[영아가 또래와 사귀도록 돕기] 관찰을 통해 영아의 상태 체크

① 0세~만 1세아의 적응

0세~만 1세아는 전적으로 보육교사에 의존하여 어린이집 생활을 한다. 먹고, 자고, 배설하는 문제를 해결받을 수 있는 대상은 보육교사이며, 보육교사와의 신뢰감은 어린이집이라는 낯선 공간에서 살아갈 수 있도록 하는 바탕이 된다.

그러나 초기 적응과정에서는 보육교사 역시 탐색하고 적응해야 할 대상이 되므로 먼저 보육교사와의 안정된 애착을 형성한 후에 어린이집 생활에 적응할 수 있도록 한다. 0세~만 1세아의 적응과정은 다음 〈표 9-3〉과 같다.

표 9-3 0세~만 1세아의 적응과정

적응과정			
보호자와 함께 어린이집 탐색	적절한 거리 두고 접근하기	보육교사와 안정애착 형성하기	보호자와 안정적인 분리

0세~만 1세 영아들이 교실에서 접하는 가장 낯선 환경은 보육교사이다. 주 양육자를 대신하는 보육교사는 7~12개월 사이 낯선 이에 대한 불안이 극대화되는 시기의 영아들과 함께 생활하게 되므로, 무엇보다 영아와 친밀감을 형성하여 교실에서 안정감을 획득할 수 있도록 노력해야 한다.

0세~만 1세아의 적응은 보호자와 함께 등원하여 어린이집을 탐색하는 것에서부터 시작된다. 이때 보육교사는 영아에게 성급히 다가가지 않고 적절한 거리를 두고 접근하는 것이 좋다. 0세~만 1세아가 보육교사와 안정애착을 형성할 때까지는 보호자와 함께 등원하고, 점차 시간을 줄여 안정적인 분리가 이루어질 수 있도록 한다.

적응기간은 보호자와의 분리과정만 최소 5일 이상 걸리고 교실 적응의 과정은 영아의 적응도에 따라 그 이상의 시간(일반적으로 이후 6주까지)이 소요되기도 한다. 영아의 적응 과정 중 적응의 중요 기준은 보호자와 분리되어도 '울지 않는 것'이다. 충분한 적응기간을 거쳐야만 영아는 '어린이집'이라는 새로운 환경에 익숙해지고 어린이집을 안전하고 편안한 장소로 여기게 된다.

가. 적응을 돕는 보육교사의 역할 및 상호작용

영아는 보육교사의 얼굴과 친숙해지며 얼굴과 결합된 교사의 목소리, 냄새, 손길 등을 감각적으로 느낀다. 보육교사는 일과에서 여러 가지 활동을 할 때 영아와 얼굴을 가까이 마주보고 다양한 표정을 지으며, 익숙한 목소리와 일관된 반응양식을 가짐으로써 영아에게 보육교사에 대한 이해를 형성하고, 친근감을 통해 보육실 내 안정된 생활을 할 수 있도록 도울 수 있다.

보육교사와의 활동	상호작용
보육교사와 마주보기	• 이렇게 마주보니까 선생님 얼굴이 잘 보이니? • ◯◯의 동그란 눈이 선생님을 쳐다보네. 눈이 깜빡!
보육교사의 얼굴 탐색	• 선생님 얼굴에는 무엇이 있을까요? 코! 빰! • ◯◯가 선생님의 머리카락을 만지네.
선생님의 따뜻한 손길을 느낄 수 있는 활동	• ◯◯의 발은 어디 있을까요? • ◯◯의 손은 어디 있을까요? 예쁜 손~
선생님과 함께 하는 감각놀이	• 인형을 누르면 꾸욱 꾸욱 소리가 나네~ • 딸랑이를 흔들면 딸랑 딸랑 소리 • 이것을 만져 보자. 울퉁불퉁, 미끈미끈

보육실 환경 탐색	• 벽면 탐색(영아를 안고) - 벽에는 무엇이 있을까? - 거울 속에 누가 있지? ,우리 ○○예쁜 얼굴~ • 보육실 탐색 - 여기가 어딜까? 여기 꽃 그림이 있네. - 저쪽엔 무엇이 있을까? 가서 만져볼까?
또래 인식	• 또래 인식 - 우리 반에 누가 있을까? - ○○가 지금 우유를 먹어요. - □□가 지금 기저귀를 갈아요. - ○○가 지금 들어오고 있네, 친구 안녕! • 또래 정서 인식 - ○○야, □□가 방긋 웃고 있네. - ○○가 울고 있네, '친구야 울지마' 해.

나. 적응을 위한 환경구성

0세~만 1세아는 분리불안이 극대화되는 시기이므로 분리불안을 극복할 수 있는 활동을 준비하고, 감각을 자극하는 환경으로 구성한다. 0세~만 1세아는 보이는 것만이 아니라, 보육실의 냄새나 온도 등을 통해서도 보육실이 다른 환경이라는 것을 느낀다. 이러한 낯선 환경은 영아에게 불쾌감과 불안감을 줄 수 있으므로, 영아가 이러한 환경에 적응할 수 있는 시간이 필요하다. 보육교사는 적극적으로 영아의 요구에 반응하여, 영아가 그 속에서 안전함을 느끼고 신뢰할 만한 공간이라는 것을 알 수 있도록 한다.

- 영아의 담요나 푹신한 인형, 베개 등으로 가정과 유사한 안락한 공간 마련
- 영아에게 친근한 물건이나 호기심을 유발시킬 수 있는 놀잇감 배치
- 영아의 가족사진 전시
- 일상생활을 위한 시설과 설비

② 만 1세아의 적응

만 1세아는 움직임이 활발해지는 시기로, 움직임은 신체발달을 통한 유능함의 획득과 스트레스의 해소, 기질에 따라 에너지의 발산과 축적, 공간에서 자신이 할 수 있는 것과

할 수 없는 것을 구분할 수 있게 해준다.

따라서 보육교사는 영아의 탐색적이고 활동적인 행동에 대해 이해하고, 영아를 위한 안전한 환경을 제공해야 한다.

만 1세아는 자신에게 안전기반을 제공하고 자신이 일상생활과 놀이활동을 하는 데 도움을 줄 성인을 필요로 하므로 보육교사가 이와 관련한 역할을 충실히 해야 한다. 만 1세 초기, 중기에는 또래를 보육교사의 관심과 애정을 다투는 존재로 인식함에 따라 또래에 대한 신체적 공격성의 빈도가 높다. 이후 만 1세 후반에는 또래와 병행놀이를 나타내면서 또래를 인식하고 또래 행동을 모방하면서 긍정적인 관계를 형성하게 된다. 만 1세아의 적응과정은 다음 〈표 9-4〉와 같다.

표 9-4 만 1세아의 적응과정

적응과정					
보호자와 함께 어린이집 탐색	보육교사와 안정애착 형성하기	보호자와의 분리	보육교사의 도움으로 일상생활 및 놀이하기	보육교사와 안정적으로 일상생활 및 놀이하기	보호자와 안정적으로 헤어지기

모두 동일하지는 않지만 만 1세아는 비교적 비슷한 일련의 적응 과정을 밟아 나간다. 보호자와 함께 보육실 공간을 둘러보며 보호자를 안전기반으로 낯선 보육실 공간을 탐색하고 익숙해진다. 보호자와 분리한 후에는 보육교사의 민감하고 반응적인 상호작용을 통해 편안한 일상생활을 보내고 즐겁게 놀이하면서 이후 보호자와 안정적으로 헤어질 수 있게 된다.

가. 적응을 돕는 보육교사의 역할 및 상호작용

만 1세아는 감각적인 활동과 움직임의 욕구 실현을 도울 수 있는 환경구성과 교사의 상호작용이 필요하다. 영아가 감각을 이용하여 탐색할 수 있는 다양한 자료와 사물을 비치하고 다양한 지각적 체험을 제공하여 보육교사와의 유대를 유지할 수 있도록 한다. 만 1세아는 반복되는 일과를 통해 하루일과와 할 일을 몸으로 체득한다. 반복적인 일과는 영아들에게 다음에 일어날 일이나 활동을 이해하게 해주고 예측할 수 있게 해주어 불확실성에서 오는 불안감을 줄일 수 있다. 따라서 적응 초기에는 변화보다 일관성 있는 일과를 통해 영아들이 체득할 수 있도록 기회를 줄 필요가 있다. 보육교사와의 상호작용 예는 다음 〈표 9-5〉와 같다.

표 9-5 보육교사와의 상호작용의 예

보육	상호작용
어린이집 환경 이해하기	• 보육실로 들어오는 길 - 어서오세요. ◯◯야, 보육실로 들어가는 길이 어떻게 되는지 들어가 볼까? 여기 발자국을 따라서 걸어보자. • 붕붕카 타고 어린이집 돌아보기 - ◯◯가 붕붕카 타고 가요, 어린이집을 돌아볼까? - 선생님이 밀어줄까? 자, 다시 보육실로 왔어요.
감각적인 활동	• 색 밀가루 점토 놀이 - 그릇 안에 무엇이 있지? 빨간색, 노란색 밀가루 점토가 있구나. 한 번 만져 볼까? - ◯◯는 밀가루를 손으로 꽉 눌렀구나. 주먹으로 쿵쿵 치면 어떻게 될까? • 마카로니 쏟고 담기 놀이 - 바구니에 무엇이 들었지? 손으로 만져 보자. - ◯◯가 컵에 담았다가 쏟았네. 와~ 다 쏟아졌다. - 다시 그릇에 담아볼까? 가득 담겼네.

선생님과 관계형성	• 역할놀이 - ○○가 소꿉놀이 하고 있었구나. 어떤 음식을 차렸어? 한 번 먹어볼까? - ○○도 먹어볼래? 정말 맛있지. • 스티커 붙이기 - 여기 스티커를 떼서 어디에 붙일까? - ○○는 선생님 얼굴에 스티커를 붙였네. - 이마에도 붙여보자. ○○이마에 스티커가 붙었네.
신체놀이	• 손바닥 쳐보기 - 손바닥을 쳐보자. 짝짝. - ○○가 손바닥을 잘 치네. 이번에는 선생님이랑 해볼까? • 매트 위에서 뛰기 - 이 위에서 쿵쿵 뛰어볼까? - ○○가 아주 높이 뛰어올랐네. 선생님이 잡아줄게.

나. 적응을 위한 환경구성

만 1세아는 신체·움직임을 통해 환경을 탐색하며 신체·움직임에 도전을 하고 싶어 하는 발달적 특징을 보인다. 그러므로 만 1세아가 안전한 환경에서 마음껏 신체활동을 해 볼 수 있도록 환경을 구성하는 것이 적응에 도움이 된다.

- 쿠션, 담요, 인형 등으로 안락하고 쉴 수 있는 공간 마련
- 넓은 보육실 공간
- 교구장을 벽쪽에 배치하고 신체활동을 충분히 할 수 있는 공간
- 충분한 수의 놀잇감 배치
- 영아들의 수준차를 고려한 놀잇감 배치를 통해 영아가 유능감과 만족감을 느낄 수 있는 환경구성

③ 만 2세아의 적응

만 2세 이후 분리불안이 극복되는데, 이 시기의 영아들은 보호자가 특정한 일이 지나면 돌아올 것이라는 것을 알게 되기 때문이다.

만 2세 이후 영아들의 적응은 부모와의 분리가 우선적이지만, 이것이 반드시 보육교

사와의 애착을 통해 이루어지는 것은 아니다. 이들의 보육실 적응 대상은 교사, 또래, 놀이 등 다양하며 이러한 요소들과 순차적으로 적응함으로써 어린이집 생활에 적응한다. 만 2세아의 적응과정은 다음 〈표 9-6〉과 같다.

표 9-6 만 2세아의 적응과정

적응과정					
보호자와 함께 어린이집 탐색	보호자와의 점진적 분리	교사와 관계맺기	또래와 관계맺기	놀이 즐기기	하루일과 적응하기 (급·간식, 낮잠, 배변 등)

가. 적응을 돕는 보육교사의 역할 및 상호작용

만 2세아는 개별적이고 다양한 방식의 적응과정을 거치므로, 보육교사는 영아가 또래, 놀잇감에 개별적인 적응과정과 속도, 방식에 맞춰 적응할 수 있도록 돕는다. 보육교사는 영아에게 보육실을 구성하는 여러 가지 활동과 놀잇감, 구성원들에 대한 정보를 알려주고, 영아가 자율적으로 활동하고 적응할 수 있는 일과로 구성한다.

보육교사와의 활동	상호작용
각 영역 소개하기	• 어린이집 둘러보기 - ○○가 어린이집에 왔구나. 선생님이 기다리고 있었어. 어린이집에는 무엇이 있는지 엄마랑 손잡고 둘러볼까? • 보육실 둘러보기 - ○○는 ○○반에서 선생님이랑 친구들이랑 지낼 거예요. - 엄마랑 교실 한 번 둘러볼까? - ○○가 놀고 싶은 놀잇감을 가져와 볼까? • 영역 둘러보고 놀이하기 - ○○가 퍼즐을 맞추고 있구나. 와 잘하네. - 선생님이 책 읽어줄까? ○○가 재미있는 책을 가지고 왔네. - 여기엔 무엇이 있지? ○○가 그림을 그릴 수 있겠다. 선생님이랑 같이 해볼까?
선생님 알기	• 선생님의 이름은 ○○○야. • 선생님의 얼굴에는 무엇이 있을까? 너희들처럼 눈도 있고, 코도 있고, 입도 있네. • 선생님은 오늘 머리에 핀을 꽂았어. 무슨 모양이지?
또래 알기	• 여기 벽에 선생님이 사진을 붙여 놓았는데, 누구의 사진일까? 누구인지 찾아볼까? • ○○야 □□ 반에 들어와서 반가워. 잘 지내보자.
신체놀이를 통한 긴장해소	• 우리 같이 신나는 음악에 맞춰서 움직여 볼까? • ○○는 그네 타고 싶어서 기다리는구나. • 선생님이 그네를 밀어줄까?

나. 적응을 위한 환경구성

만 2세아는 개별적으로 다양한 적응과정을 보여주므로, 영아의 다양성을 반영한 환경구성이 되어야 한다. 특히 영아의 개인적인 공간이 마련되어 영아에게 자아를 확인할 수 있는 기회를 제공한다.

- 조용히 쉴 수 있는 개별적인 공간
- 조용한 활동/움직임이 활발한 활동을 위한 공간
- 구조화된 움직임을 유도하는 공간/자유로운 움직임을 할 수 있는 공간
- 먹고 씻고 잘 수 있는 일상적인 욕구를 해소하는 공간

④ 신입원아, 수시 입소 신입원아 및 재원아의 적응

3월에 다른 신입원아와 함께 적응과정을 진행해야 하는 신입원아인지, 3월 이후 연중에 단독으로 적응과정에 참여하는 수시 입소 신입원아인지, 전 연령 반에서 1년간 보육되다가 상위반으로 이동하는 재원아인지에 따라 또래 및 교사와의 관계, 해당 시기의 보육실 분위기 등에 차이가 나타난다.

신입원아	동시에 많은 영아가 함께 적응하게 되어 함께 적응기간을 거치게 되므로 많은 수의 또래가 나타내는 부적응 행동과 불안정한 보육실 분위기에 영향을 받아 불편해한다. 그러므로 가능한 적응기간 동안은 동일한 시간대에 신입원아가 모두 적응 프로그램을 진행하지 않도록 시간대를 달리하여 여러 집단으로 나누어 최소 일주일에서 4주 정도의 적응 프로그램을 진행한다.
수시 입소 신입원아	또래들이 이미 초기 적응기간을 끝내 이전보다 부적응 행동을 보이는 빈도가 낮다. 또한 보다 안정된 보육실 분위기가 유지됨에 따라 비교적 적응이 수월해지므로 최소 일주일을 기준으로 적응기간을 운영한다.
재원아	이미 동일 어린이집에서 길게는 1년간 생활한 영아이므로 어린이집에 적응이 끝난 것으로 볼 수 있지만 보육실 공간이 바뀌고 교사 대 비율이 증가하며 보육교사가 이전 보육교사와 동일하지 않을 수 있으므로 신입원아와 마찬가지로 적응 문제를 갖게 된다. 뿐만 아니라 신입원아의 적응기간 동안 신입원아의 보호자가 보육실에 들어오고 신입원아가 울음, 일과 거부 등을 보이는 데 따른 불안정한 보육실 분위기에 영향을 받는다. 따라서 재원아 또한 새로운 보육실 공간을 탐색하여 익숙해질 수 있도록 하고, 현재 보육교사와 더불어 새로 담당할 보육교사와도 일상생활과 놀이를 해 보는 경험을 갖도록 한다. 이 과정을 통해 재원아가 새로운 보육실에 익숙해지고 새로운 보육교사와 안정적으로 애착을 형성할 수 있도록 한다.

⑤ 이사

- 이사하기 전 새롭게 이사갈 집에 사전 견학을 가는 것이 도움이 된다. 특히 영유아의 이불, 베개, 침대, 밥그릇, 수저 등과 일상생활에서 자주 사용되는 것들을 최대한 나중에 하나씩 바꾸는 것이 적응에 도움이 된다.
- 이사와 관련된 동화나 관련 주제를 제공하여 이사에 대한 이야기나 경험을 많이 이야기하도록 한다.

(2) 가족구성원 및 가족관계의 변화

① 형제자매의 탄생

- 영유아에게 동생이 태어나면 여러 가지를 도와주어야 하며 함께 놀 수 있을 정도로 자랄 때까지 돌보아 주어야 하는 존재라는 것을 알려주도록 한다.
- 그림책이나 그림자료를 통해 동생의 탄생에 관한 이야기를 해준다.
- 자신이 소외되는 것에 대한 영유아의 불안감을 소개하고 이를 예방하도록 동생의 탄생을 준비하는 과정에 영유아가 함께 참여할 수 있는 방법으로 안내한다.
- 동생에게 관심을 집중할 수 있으므로 이때 영유아가 경험하게 될 질투에 대해서 부모에게 안내한다.

② 부모의 불화나 이혼

- 가정의 불화가 의심되는 영유아의 행동이 관찰될 때 부모에게 영유아가 처한 어려운 상황을 확인하도록 한다. 어쩔 수 없는 상황에서 부부싸움이나 이혼의 위기라면 부모는 영유아 앞에서는 안정적이고 성숙하게 문제를 해결해야 하고 부모의 불화나 이혼이 영유아의 책임이 아니라는 것을 알려주도록 안내해 준다.
- 영유아가 경험하는 스트레스와 불안이 영유아가 성장한 후에도 계속 지속될 수 있고 성인이 되어서도 삶에 영향을 미칠 수 있음을 반드시 알려준다.
- 그림책, 영상자료, 인형극 등을 통해 이혼에 대해 소개하고 이 과정에서 영유아가 경험하게 될 감정과 힘든 문제 등을 소개한다.
- 교수매체를 이용해 다양한 형태의 가족을 소개하고 가족구성원들끼리 진정으로 사랑하고 있음을 알 수 있도록 격려해 준다.
- 부모의 이혼이나 재혼을 경험하게 된 영유아 본인이 경험하는 감정을 솔직히 인정하고 표현할 수 있는 기회를 제공한다.
- 어려운 상황을 극복하기까지 영유아에게 나타나는 감정과 행동의 변화를 이해하고 수용해 주며, 고통을 염려하여 과잉보호나 방임을 하지 않도록 조심해야 한다.

2) 특별한 요구가 있는 영유아

(1) 의심되는 발달지체 정의하기

- 영유아의 발달에 문제가 있었을 때는 영유아의 행동을 본 것을 위주로 정확하게 객관적으로 관찰 기록한다.
- 영유아의 문제에 대해 전문가의 세세한 검사가 필요하다고 판단된 경우 부모가 당황하지 않도록 충분히 설명하고 부모들에게 참고가 될 만한 각 영역의 전문가의 명단을 소개해 준다. 전문가 의뢰를 결정하게 되면 보육교사는 그동안 본 것을 정확하고 객관적으로 관찰 기록한 자료를 전문가에게 보내 영유아에게 적합한 도움을 줄 수 있는 계획을 세우도록 한다.

(2) 특별한 요구가 있는 영유아 부모

① 자녀의 상황을 받아들이지 못하는 부모

부모와 신뢰로운 관계를 형성할 때까지 영유아에 대한 걱정을 이야기하지 않도록 하고, 어느 정도 신뢰로운 관계가 형성되었다면, 객관적인 자료에 의해 설명하되 부모가 여전히 인정하기를 거부한다면 의견을 존중한다. 그리고 전문가의 서비스를 받아야 하지만 전문가의 서비스를 받을 재정적인 여유가 없다면 보육교사는 복지기관 등의 기관 연계를 통해 도움의 제공방법을 안내한다.

② 지나치게 관여하는 부모

부모에게 보육교사의 역할을 분명히 전달하고, 늘 불안해하는 부모를 위해 한 달에 1회 정도의 정기적인 면담을 청한다.

- 상대방의 이야기를 들을 때는 나의 입장을 접는다.
- 상대방의 말에 무시, 위협의 표정이나 말을 하지 않도록 주의한다.
- 나의 입장을 말할 때는 내용보다는 말투, 제스처, 표정을 잘 사용한다.
- 서로가 마음을 열 수 있는 최적의 시간을 찾는다.

- 현재 갈등을 겪는 문제만 다룬다.
- 상대방이 제시한 방법에서 해결점의 출발을 찾는다.
- 갑자기 떠오른 획기적인 해결책에 현혹되지 않는다.
- 여러 가지 해결책이 있을 수 있으므로 자기 주장을 고집하지 않는다.

출처: 보건복지부, 육아정책연구소(2016).

3. 의사소통

1) 인간관계에서 의사소통의 중요성

의사소통은 사람과 사람 사이에 이루어지는 정보, 의사, 감정이 교환되는 것으로, 언어·비언어 등의 수단을 통하여 의견, 감정, 정보를 전달하고 피드백을 받으면서 상호작용하는 과정이다. 의사소통을 통해 다른 사람을 알고 이해할 수 있고 자신을 좀 더 이해할 수 있으며, 자신을 정확하게 파악할 수 있는 기회를 가질 수 있다. 의사소통 시 다른 사람의 반응을 통해 자신을 관찰할 수 있기 때문이다.

특히, 어린이집은 보육 대상이 어린 영유아라는 특성을 전제로 하기에, 부모와 보육교사 간의 의사소통은 매우 중요하다. 부모와 보육교사의 원활한 의사소통은 영유아에 대한 다양한 지식과 정보를 공유할 때 영유아교육의 공동목표를 성취할 수 있다. 부모는 영유아에 대한 세심한 관찰을 통해 수집한 구체적인 사례를 중심으로 대화하는 교사를 만났을 때, 자신보다 교사가 자신의 자녀를 더 깊이 보고 알고 있음을 전해 들으며 깊이 감동하고 신뢰감을 가지게 된다. 부모와의 효과적인 대화 원칙에 대해서 살펴보면 다음과 같다(보건복지부, 육아정책연구소, 2016).

- 교사는 단정한 복장과 언어로, 교사다운 품격을 보이도록 한다.
- 부모가 보육실에 들어오면, 환하게 웃으면서 반갑게 맞이한다. 미리 약속된 만남이 아닐 경우에도 "어쩐 일이세요?"라고 인사하지 않고 "어서 오세요!"라고 인사한다.

- 신뢰감과 편안함을 느낄 수 있는 정중한 말투와 표정을 지닌다. 영유아에 대한 긍정적인 이야기로 시작하되, 교사의 다음 일정(교사회의, 하원지도 등)을 넌지시 알려주어 부모가 대화시간을 질적으로 관리하도록 안내한다.
- 교사는 대화할 때에 자신의 시선과 몸짓 및 표정을 잘 관리할 수 있어야 한다. 아울러 부모의 시선과 몸짓 및 표정을 잘 관찰하면서 부모가 교사의 말에 어느 정도 공감하고 있는지를 판단하며 지혜롭게 대화하여야 한다.
- 교사가 많이 말하기보다는, 부모의 이야기를 잘 듣는 것에 중점을 두도록 한다. 부모에 비해 영유아를 덜 알고 있는 교사가 영유아에 대해 단정적인 견해를 말하는 것은 매우 위험하며, 오히려 부모에게 불신감을 줄 수 있다.
- 교사와 부모 간의 대화시간은 보육현장의 여러 여건으로 인하여 제한될 수 있으므로, 부모가 미리 전달한 관심사를 중심으로 대화를 시작하도록 한다. 이때 교사는 적절한 질문을 통해 부모로부터 부모의 양육철학과 태도, 가정에서 영유아의 행동, 가족관계, 방과 후 활동, 영유아에게 갖는 부모의 기대 등에 대한 정보를 얻을 수 있다.
- 부모가 충분히 이야기할 시간을 준 다음, 공감하는 부분에 대한 의견을 교환하고 공감대를 느끼지 못하는 부분에 대해서 객관적인 자료를 수집하기 위한 기간이 필요함을 공유하고 다음 만남을 계획한다.
- 영유아의 긍정적인 면, 발전 가능성이 있는 부분에 대한 대화를 충분히 나눈다. 부정적인 면을 언급할 경우에는 가정에서도 관찰되고 있는지, 변화시킬 수 있도록 함께 노력할 부분은 무엇인지 등에 대해 진솔하면서도 따뜻한 언어를 사용하여 이야기를 나누도록 한다.
- 대화 중인 부모의 자녀 외에 다른 유아나 다른 부모에 관한 이야기를 하는 것은 가급적 피한다.
- 교사가 부모와 공유할 수 있는 내용을 살펴보면 다음과 같다.
  - 어린이집 적응도
  - 신체운동(신체활동, 운동 경험 및 능력 등)
  - 기본생활(인사하기, 화장실 사용, 식습관 태도, 줄서기, 정리하는 태도 등)

- **사회관계**(놀잇감 나누어 쓰기, 친구관계 등)
- **예술경험**(미술활동 등 집단활동 참여도, 표현 발달 정도 등)
- **의사소통**(집단 앞에서의 발표력, 상호작용 정도, 이해능력, 어휘력 발달과 존댓말 사용 등)
- **자연탐구**(지적 호기심, 창의성, 수 개념 발달 정도, 사물을 관찰하는 태도 등)

- 만약 교사의 실수로 인한 부모의 섭섭함이 만남의 원인인 경우에는 부모에게 즉시 정직하게 사과하고 진심어린 위로의 마음을 전한다. 변명을 길게 늘어놓는 것은 문제해결에 도움이 되지 않는다.
- 특별활동 유무, 영유아의 진학에 관해 문의할 때는 객관적인 의견은 제시하지만, 결정적인 판단은 부모가 하도록 한다.
- 대화내용은 상담일지에 기록하여 2학기 상담과 다음 학년도 상담에 참고하도록 하되, 타인에게 공개하지 않도록 정보관리에 주의한다.
- 상담을 통해 알게 된 가정사에 대해서는 비밀을 보장하고, 기관장에게만 보고하여 적절한 가족 지원 및 추가 조치가 이루어질 수 있도록 한다.
- 원장과의 추가 상담이 필요한 경우에는 부모의 동의를 받아 상담을 중재하도록 한다.

부모와의 소통을 방해하는 부적절한 대화 유형 피해가기

- **명령하기**

  예) 이렇게 하셔야 해요. / 이렇게 하세요. / 부모는 이렇게 할 책임이 있습니다.

- **강의하기**

  예) 제 설명을 아시겠어요? / 제가 그때 설명하였듯이

- **판단하기**

  예) 잘못하셨어요. / 그렇게 하시면 안 돼요. / 어머니의 문제는... 그것은 나쁜 방법이에요. / 이해를 잘 못하시네요.

- **집요하게 묻기**

  예) 언제, 누가, 어디서, 어떻게, 왜 그랬어요?

- **위협 / 경고하기**

  예) 그렇게 하지 않으시면... / 계속 그렇게 하신다면 저는...

- **피상적으로 위로하기**

  예) 잘될 거예요. / 잘 해 오셨어요. / 잘하실 거예요.

- **진단하기**

  예) 아직 어머니는 ~~단계에 계신 거예요. / 그렇게 행동하신 것은 ~~가 요인인 것 같아요.

- **비난하기**

  예) 너무 모르셨네요. / 그게 잘하는 것인 줄 아셨나 봐요. / 여태껏 그것도 모르셨어요? / 너무 심하셨네요.

2) 효과적인 의사소통 기법

표 9-7 효과적인 의사소통 기법

<table>
<tr><td>① 경청하기</td><td>단순히 말을 듣는 게 아니라 상대방이 전달하려는 내용과 동기를 파악하는 것</td></tr>
<tr><td>② 관심 기울이기</td><td>말을 듣는 자세, 표정, 시선접촉과 같은 비언어적 행동을 말한다.</td></tr>
<tr><td>③ 공감하기</td><td>상대방이 지니고 있는 감정을 그대로 읽어주고 함께 느껴주는 것</td></tr>
<tr><td>④ 수용하기</td><td>상대방의 생각과 느낌을 존중하며 있는 그대로 받아들이는 것</td></tr>
<tr><td>⑤ 자기표현하기</td><td>다른 사람들에게 자신의 의사, 욕구, 감정을 효과적으로 전달하는 것
- 효과적인 대화법 훈련하기 - 표현의 4단계의 예)
<table>
<tr><td>1단계</td><td>관찰 /사실</td><td>OO야~ 넌 집에 있을 때 하루에 한 번 이상은 큰 소리를 지르지?</td></tr>
<tr><td>2단계</td><td>느낌</td><td>너의 큰 소리 때문에 화가 나.</td></tr>
<tr><td>3단계</td><td>욕구 /필요</td><td>큰 소리를 지르지 않았으면 좋겠어.</td></tr>
<tr><td>4단계</td><td>요청 /부탁</td><td>그렇게 해줄 수 있겠니?</td></tr>
</table></td></tr>
</table>

4. 보육교사와 인간관계

보육교사는 어린이집에서 영유아, 부모, 동료교사, 지역사회 등 다양한 대상과 관계를 맺게 된다. 보육교사의 주된 역할인 영유아를 보육하고 그들을 대상으로 교육활동을 진행하는 것 역시 영유아의 관계 맺기를 통해서 이루어진다고 볼 수 있다. 뿐만 아니라 어린이집이 제 기능을 다하기 위해서는 보육교사가 부모와 상호 신뢰를 구축하고, 동료교사와 긍정적인 관계를 맺고 협력하며, 지역사회와 원만한 관계를 형성해야 한다.

1) 영유아와의 관계

(1) 영유아와의 관계 중요성

보육교사는 어린이집에서 영유아와 실질적으로 상호작용함으로써 영유아에게 가장 큰 영향을 주는 대상이다. 특히 유아기는 주 양육자의 행동에 근거해 자신을 독립된 개체로 인식하기 시작하며, 다른 사람과의 경험을 통해서 자아역동성을 형성하는 시기이므로, 보육교사와 영유아의 관계도 매우 중요한 의미를 지닌다.

표 9-8 영유아를 존중해 주는 상호작용의 실제

상황	영유아의 감정	존중해 주는 상호작용
놀잇감을 가지고 영아들끼리 갈등 상황에 놓여 있을 때 "너희들 또 싸우니? 이러면 너희들은 놀이할 수 없겠다."		
사람들이 다 볼 수 있는 공간에서 영유아의 옷을 갈아입히면서 "괜찮아, 빨리 갈아입자."		

유아가 교사에게 도움을 요청하자 "형님인데... 혼자 해야지." "지금 선생님이 바쁘니까 나중에 해줄게."		
정리하지 않는 유아에게 놀잇감 정리하기를 지도할 때 "OO는 또 정리 안하는구나." "다음엔 놀이하지 마세요." "제자리가 어딘지 모르니?" "큰 형이 정리를 못하니 아기반에 가서 다시 배우고 와야겠구나."		

출처: 보건복지부, 육아정책연구소(2016).

(2) 영유아와의 관계 특성

보육교사와 영유아의 관계는 학습자인 영유아의 성장과 발달을 도와주기 위한 유목적적인 관계이며, 동반자적 관계이다. 영유아와 보육교사는 하루일과를 함께 하고, 발달적 과업을 함께 성취해 나가는 특별한 유대감을 이루어가는 관계이다.

(3) 영유아와 원만한 관계 맺기

보육교사는 영유아를 하나의 인격체로 존중하고, 계층과 성별, 사회문화적 배경에 상관없이 그들의 권리를 보장하여야 한다. 이는 보육교사가 모든 영유아에게 공평한 기회를 제공하고 이들이 처한 상황에 맞게 적절히 대처해야 함을 뜻한다. 보육교사가 영유아와의 관계에서 가장 주의해야 할 부분이 바로 편애이다. 특정한 영유아에 대한 편애는 해당 영유아뿐 아니라 다른 영유아의 정서발달과 사회성 발달에도 부정적인 영향을 미칠 수 있으므로, 모든 영유아를 편애하지 않고 공평하게 대할 수 있도록 해야 한다.

① 영아와의 관계

보육교사는 영아와의 관계에서 부드럽고 따뜻한 상호작용을 해야 한다. 영아와의 관계에서는 몸을 사용해 영아와 정서적인 유대관계를 형성할 수 있다. 만 2세 이하의 영아들은 언어 사용이 원활하지 못하므로, 제한된 언어능력으로 보육교사와 상호작용할 때에는 몸을 통한 표현으로 의사전달을 용이하게 할 수 있다.

② 유아와의 관계

보육교사는 유아와의 관계에서 일관성 있는 모습을 보여야 한다. 보육교사의 기분에 따라 혹은 개별 유아에 대한 선입견으로 인해 같은 행동이나 말이 때로는 용납되고 때로는 용납되지 않는 비일관적인 경험은 유아에게 가치관 혼란과 올바른 규칙 준수에 악영향을 미칠 수 있다. 보육교사는 어린이집에서 유아들 간의 상호작용에서 갈등이 발생하였을 때 혹은 유아가 아프거나 상처를 입는 등의 어려운 상황에 처했을 때 이러한 상황을 해결해 주는 문제해결자로서의 역할을 해야 한다. 문제상황에서 보육교사는 해당 문제를 여러 관점에서 파악하고 원인과 결과를 이해한 후 문제를 해결할 수 있는 다양한 대안을 찾아 유아에게 제시해 줄 필요가 있다.

2) 학부모와의 관계

(1) 학부모와의 관계 중요성

영유아기는 주 양육자인 부모가 자녀의 전반적인 발달에 중요한 영향을 미치는 시기이다. 기혼여성의 사회참여 증가로 인해 어린이집에서 많은 시간을 보내는 영유아가 늘고 있어, 주된 양육자인 부모와 보육교사의 협력적인 관계가 더욱 중요하다. 이를 위한 NAEYC(미국유아교육협회)의 지침을 보면 다음과 같다.

NAEYC가 권고한 부모-교사 관계에 대한 지침

- 가족과의 상호적인 관계를 만들어 나가야 한다.
- 동반자로서의 부모-교사 관계는 바람직한 영유아교육의 기초이다.
- 교사와 가족 간의 상호적 관계는 서로 같은 목적을 이루기 위해 상호존중, 협력, 공유된 책임감, 갈등에 대한 타협이 필요하다.
- 영유아 교사는 가족과 협력적인 동반자적 관계 속에서 업무를 수행하며 규칙적으로 빈번한 쌍방 간의 의사소통을 활성화하여야 한다.
- 영유아 교사는 부모의 방문을 환영하고, 자녀의 보호와 교육에 대한 의사결정자로서 참여하게 한다.
- 전문가로서 교사는 부모가 자녀를 위해 선택하는 바를 인정하고, 존중하는 태도를 갖는다.
- 부모와 자주 의사소통하고, 계획을 통해 영유아의 발달 및 학습에 대해 이해하도록 한다.
- 교사는 가족을 여러 가지 방법으로 지원하여야 하며, 가족의 의사소통 능력과 유능감이 증진되도록 돕는다.
- 보다 정확하고 효율적인 정보를 얻기 위해 교사는 각 영유아에 대한 진단평가와 계획을 수립하는 과정에 가족을 참여시킨다.
- 기관은 가족과 관련된 프로그램을 운영하여 자원 제공과 주의사항을 명시해야 한다.
- 교사, 부모, 기관은 사회복지, 보건당국 및 상담가와 영유아를 위해 교육적 책임을 나누어야 한다.
- 가족이 참여할 수 있는 기회와 시간을 마련하여 영유아의 발달에 대한 정보를 공유함으로써 영유아가 좀 더 나은 수준으로 발전하도록 돕는다.

(2) 학부모와의 관계 특성

보육교사와 학부모는 영유아를 매개로 이루어지며, 영유아의 생활 및 교육과 관련되는 일에 주로 한정된다. 이러한 부분적인 관계의 특성상 보육교사와 학부모는 서로에 대해 깊이 있게 알지 못하고, 이로 인해 상호 간 오해나 불신이 생길 수도 있다. 그러므로 학부모와 공적인 관계를 유지하여 이러한 오해의 소지를 만들지 않도록 하는 노력이 필요하다. 보육교사와 학부모는 영유아보육법에 따른 합법적이고 공식적인 관계이다. 간혹 학부모가 영유아에 대한 서비스를 받는다고 생각하는 경우가 있을 수 있다. 그러나 어린이집은 영유아를 위한 교육기관으로 어린이집의 운영방침이나 철학에 따라 운영하는 곳인 만큼, 학부모가 교사에게 지나치게 개별적인 요구를 하거나 무례한 행동을 하지 않도록 이 부분을 알려줄 필요가 있다.

교사의 입장	상황	부모의 입장
	"너무 바빠서 아침밥을 못 먹였어요. 아침밥 좀 먹여 주세요."	
	"아이가 어린이집 가기 싫어해요. 혹시 편애하는 건 아닌지 CCTV 좀 보여 주세요."	
	"어린이집 부모교육에 참여하기 싫어요."	

출처: 보건복지부, 육아정책연구소(2016).

(3) 학부모와 원만한 관계 맺기

교사와 학부모는 상호협력체계를 구축해야 한다. 요즘 영유아기 자녀를 둔 학부모들은 적은 수의 자녀를 낳아 자녀에 대해 가지는 기대감이 큰 것에 비해서, 맞벌이 부모들이 많기 때문에 이러한 기대감을 보육교사가 채워주기를 바라는 경우가 많다. 따라서 보육교사는 학부모가 가지는 자녀에 대한 기대감과 맞벌이로 인해 자녀양육에 많은 시간을 할애하지 못한다는 불안감을 이해하고, 학부모와 상호 협력하는 관계를 형성해야 한다.

학부모와의 의사소통 방법

어린이집과 가정, 보육교사와 학부모와의 의사소통은 이들 간의 관계 개선과 정보교류를 위해 중요한 부분이다. 학부모와 보육교사가 자주 의사소통하는 기회를 가지는 경우 궁극적으로 영유아에게 긍정적인 결과를 가져오므로, 보육교사는 학부모와 의사소통할 다양한 방법을 고려해야 한다.

① **강좌** : 학부모에게 영유아를 양육하는 데 도움이 되는 지식과 정보를 제공하기 위해 전문가를 초청하여 강좌를 듣는 방법

② **워크숍** : 학부모가 영유아의 교육자료를 구성하거나, 부모역할 훈련을 하는 등 실제 활동에 참여하여 실습해 보는 방법

③ **가정통신문** : 학부모에게 어린이집의 주요 활동에 대한 전달사항을 서면으로 알리는 방법

④ **보육수첩** : 학부모에게 영유아의 매일의 생활과 학급에서 진행된 교육활동 내용을 알리는 방법

⑤ **게시판** : 학부모에게 필요한 다양한 정보와 알림사항을 확인할 수 있는 방법

⑥ **개별상담** : 학부모와 보육교사가 직접 대면하여 영유아의 어린이집에서의 생활 및 발달상황에 대해 의견을 나누는 방법

⑦ **집단상담** : 반별로 담임교사와 학부모들이 함께 모여 여러 부모들이 자녀에 대한 이야기를 함으로써 문제상황에 대한 해결책을 찾고, 연령에 따른 공통적인 특징에 대해 의견을 나누는 방법

⑧ **온라인상담** : 온라인 공간에서 학부모가 자녀에 대한 궁금한 점을 올린 글에 보육교사가 답글을 달거나 메일 등을 통해 학부모와 상담을 주고받는 형식으로 문제상황에 대한 답을 구하는 방법

출처: 보육교직원 교직윤리 강화자료(2017) ⑥

3) 윤리적 딜레마의 해결과정 : 윤리강령 적용 사례

사 례 **지저분해지는 놀이**

신교사가 담임인 3세반에 하영이 엄마가 다음과 같이 요청한다. 딸인 하영이의 청결 때문에 지저분해지고 더러워지는 미술이나 감각활동을 안했으면 한다고 하였다. 하영이의 옷이 더러워지면 물감, 풀 등 자국 제거가 너무 어렵고, 온갖 세제를 써봤지만 소용없고, 하영이가 어린이집에 갈 때 단정하고 깨끗해 보이는 것은 엄마에게 매우 중요해서 매일 딸의 모든 옷을 교체하는 데 시간을 더 이상 들일 수 없다고 하였다. 게다가 물감을 손톱 밑, 머리, 팔, 다리에 묻혀 오면 목욕시간이 길어지고, 자국 지울 때 하영이가 울어서, 바빠서 매일 밤 이럴 시간이 없으며, 요리하고 다른 애들 숙제도 봐줘야 하고 잠자리까지 챙겨야 한다고 하소연하셨다.

신교사는 청결한 옷차림에 대한 하영이네 가족의 가치를 존중하고 워킹맘이 얼마나 바쁜지 이해한다. 하지만, 하영이가 지저분해지는 놀이를 포함하여 모든 활동을 얼마나 많이 즐기는지를 안다. 그것은 하영이의 발달과 학습을 돕는 것으로 하영이에게 필요한 것이다. 하영이가 반 친구들과 함께 상호작용하며 활동하는 것도 매우 중요하며 또한 하영이의 선택사항이기도 하다. 신교사는 하영이의 선택들을 제한하는 것은 정말 몹쓸 짓이 되리라고 생각한다.

〈어린이집에서의 예방 방안〉

어린이집에서는 오리엔테이션 때 영유아에게 제공되는 활동을 보여주고 발달적 의미를 설명해준다면, 이런 상황의 발생을 예방할 수 있다.

오리엔테이션은 부모가 관심을 드러내고 문제와 해결에 대해 토론할 기회를 제공한다. 보육교사는 부모 안내 자료를 통해 감각놀이의 특징과 참여하였을 때의 발달의 긍정적인 면들을 안내해 줄 수 있다. 신교사의 결정은 보육교사로서의 윤리적 기교에서의 노력이 성공하느냐와 하영이와 엄마가 얘기하는 상황에 대한 평가(하영이에게 감각놀이가 얼마나 이로운지, 금지 시 어떻게 반응할지, 엄마와 신뢰 구축이 얼마나 중요한가를 포함한)에 달려 있다. 신교사는 하영이 엄마에게 자신의 결정이 신뢰와 존중에 기초함을 확인시켜야만 한다. 이 접근은 영유아의 매일의 경험에 가족을 참여시키는 것에 대한 어린이집과 보육교사의 노력을 반영한 것이다.

✪ 보육교사의 윤리적 딜레마 해결 과정 ✪

1. 문제를 정의하고, 윤리를 포함하는지를 결정하기	1) 첫 단계는 문제가 윤리를 포함하는지를 결정하는 것이다. 옳고 그름, 또는 공정 불공정 용어가 상황에 적용되는지 질문해 본다. 지저분해지는 놀이 상황은 분명히 윤리를 포함한다.

	예를 들면, ① 하영이 엄마의 욕구를 존중하는 것이 옳다. ② 또한 미아가 놀이를 하게 하는 것도 옳다. 2) 두 번째 단계는 윤리적 딜레마인지 아닌지를 결정하는 것이다. 영유아와 부모의 욕구 충돌로 인해 보육교사는 충돌하는 의무를 갖게 된다. 윤리강령 적용으로 두 가지 가능한 해결책은 ① 감각 및 창의적 경험을 원하는 하영이의 욕구를 지지하고 엄마의 요구 거절할 것인지... ② 영유아에게 지저분해지는 놀이를 금지하여 깨끗하게 하원하기를 원하는 엄마의 욕구를 존중할 것인지...
2. 적용 가능한 핵심가치 정의하기	• 우리의 일은 영유아가 발달하고 학습하는 방법에 대한 지식에 바탕을 둔다. • 영유아와 가족 간의 유대를 인정하고 지지한다. • 영유아는 가족, 문화, 공동체와 사회 맥락 속에서 가장 잘 이해되고 지지됨을 인식한다. • 개별(영유아, 가족원과 동료)의 존엄, 가치와 개성을 존중한다. • 영유아, 가족들과 동료들의 다양성을 존중한다. ➔ 매우 많은 핵심가치가 관련 있으므로 우선순위를 부여해야 한다.
3. 상황으로 인해 영향을 받는 사람 정의하기	신교사의 결정으로 영향을 받는 사람들에 대해 신교사는 책임 있다. • 하영이는 미술활동을 필요로 하고, 발달의 모든 면을 지지하는 놀이를 할 자격이 있다. • 하영이의 엄마는 바쁘고 어린이집으로부터 존중받으며 요구가 존중될 거라고 확신할 자격이 있다. • 하영이의 형제들은 저녁에 엄마의 돌봄이 필요하다. • 신교사는 영유아의 요구를 만족시키는 데 헌신하는 교사로서, 교사직에 있어 전문적 통합성을 갖추고 싶다. • 동료들과 원장은 프로그램의 질, 부모와의 관계, 지역공동체에 관심 있다.
4. NAEYC 윤리강령에서 지도 구하기	NAEYC 강령은 모든 영역의 영유아 발달 지원, 그들 부모와의 밀접한 협력과 욕구 존중을 강조한다. ➔ 신교사는 부모와의 관계와 영유아 욕구 중 어느 것을 우선할지 정해야 한다.
5. 윤리적으로 가장 우선해야 할 행동 정하기	1) **부모 요구의 '의미' 이해** • 하영이 엄마가 한 요구의 성격을 명확히 이해하는 것이 가장 우선할 일이다. • 신교사는 하영이 엄마와 개별 대화를 할 것을 제안하고, 하영이 엄마의 요구를 예민하게 이해할 수 있도록 자신의 판단을 멈추고 주의 깊게 경청하는 것이 중요하다. • 하영이 엄마가 요구를 통해 정말 하려는 말을 이해한다. - 아이를 깨끗하게 잘 입혀 학교에 보내는 것을 중요시하는 문화집단 있음.

- 잘 차려 입기는 교사와 학교에 대한 존경을 드러내는 것이라 느끼기도 함.
- 가족이 생각하기에 더러운 차림새는 어린이집에 아이가 방임된다고 여기게 하거나 부정적인 인상을 강화한다고 지적.

• 가족과 어린이집 간 의사소통의 질이 아이의 문제를 해결하는 열쇠가 된다. 보육교사는 양방향 대화를 하고, 부모님의 말을 경청하고 무시하거나 판단하지 말아야 하며, 부모의 의견을 이해하고 문화 차이를 인식하고 존중하는 것이 중요하다.

2) 윤리적 기교 적용하기

엄마 요구의 의도를 깨달으면 윤리적 기교가 적용될 수 있는지를 생각할 수 있다. 이는 부모와 보육교사 모두를 이롭게 하는 "윈-윈" 전략이다.

① 하영이를 깨끗하게 집에 보내기

• 엄마의 요구가 밤에 씻기는 게 힘든 것이라고 결정되면 하영이에게 놀이를 금하지 않으면서 엄마의 요구를 존중할 방법을 찾아본다.

• 하영이 엄마에게 여벌의 깨끗한 옷들을 가져오게 해 집에 가기 전 갈아입고, 옷은 어린이집에서 세탁하고, 하영이의 긴 머리를 뒤로 묶고 샤워캡을 씌우고, 큰 셔츠를 입히거나 미술용품점에서 파는 보호용 핸드로션을 발라줄 수 있다.

② 활동 수정

• 쉽게 지워지는 재료로 활동하는 대신, 잘 지워지는 물감, 찰흙 대신 플레이도우, 지워지는 마커와 사람, 옷에 자국 남지 않는 매체들을 사용한다.

③ 프로그램 수정

• 지저분해지는 놀이를 일과 중 일찍 배치하거나 전이시간을 길게 하여 정돈시간을 길게 확보하거나, 미술놀이를 하영이 엄마가 밤에 덜 바쁜 특정한 요일에 하여, 활동에 맞는 옷을 입힐 기회를 줄 수 있다.

3) 윤리적 기교가 작동하지 않는다면? 어려운 선택을 해야만 함

① 하영이 엄마에게 요구를 들어줄 수 없고 하영이가 활동에 참여하지 않도록 할 수 없다고 말하기

• 영유아가 관련된 윤리강령 항목에 의해 정당화될 수 있다. 신교사는 이 원칙을 먼저 고려해야 한다.
  - 무엇보다 우선 영유아를 해롭게 하지 말아야 한다. 이 원칙은 강령의 모든 원칙에서 우선시 된다.

• 세심한 관찰과 성찰 후에 미술활동 금지가 하영이에게 해롭다면, 신교사는 엄마의 요구를 거절해도 된다. 미술활동 금지는 미아에게 의미 있는 학습경험을 박탈하는 것이고, 정서적 손해일 것이라고 얘기할 수 있다.

② 엄마 요청대로 하고 하영이를 미술활동에서 제외시키기.

• 가족에 대한 존중과 협력을 강조하는 윤리강령 항목에 의해 정당화될 수 있다.
  - 가족과 상호 신뢰관계를 발달시키고 파트너십을 만든다.

	- 가족의 존엄과 선호를 존중하고 가족의 구조, 문화, 언어, 관습, 신념을 알려고 노력하는 것이다. - 가족의 양육가치와 자녀를 위한 의사결정 권리를 인정하는 것이다. - 가족과 영유아와 가족 정보를 공유하면, 가족의 투입이 프로그램의 계획 및 실행에 기여함을 가족에게 확인해 줄 수 있다. 신교사는 미술활동 금지가 하영이에게 해롭지 않다고 결정되면 부모의 요구를 따르는 것이 타당하다. 신교사가 엄마 요구를 거절하면 엄마와의 관계에 해롭고 엄마와 하영이 사이에 긴장을 일으킬 수도 있다. 영유아의 즉각적 욕구 충족만큼 보육교사와 가족 간 유대에 대한 존중은 중요하다. 하영이를 미술활동에서 제외시키는 상황이 된다면, 신교사는 하영이에게 대안활동을 제시해 주어야 하고, 하영이가 소외감을 느끼지 않도록 다른 친구들에게도 이해를 시켜줄 필요가 있다.

CHAPTER

10

보육교직원과의 협력

1. 보육교직원과의 관계 형성
2. 보육교직원과의 관계 및 갈등예방 방법
3. 보육교사의 갈등해결

1. 보육교직원과의 관계 형성

보육교직원이란 "어린이집 영유아의 보육, 건강관리 및 보호자와의 상담, 그 밖의 어린이집의 관리 운영 등의 업무를 담당하는 자로서 어린이집의 원장 및 보육교사, 그 밖의 직원"을 의미한다(영유아보육법 제2조 제5항).

어린이집은 나이, 성격, 생활방식 등 제각기 다른 사람들이 서로 어울려서 한 공간에 모여 보육서비스 제공이라는 같은 목표를 가지고 일을 하게 되면서 서로 협력하기도 하지만 경쟁을 하기도 하고, 갈등으로 인한 스트레스를 경험하며 동료교사로 인한 어려움을 겪기도 한다. 어린이집에서 교사가 경험하는 인간관계는 원장과의 상하관계, 동료교사와의 관계, 영유아와 학부모와의 관계 및 지역사회와 행정기관과의 관계이다. 어린이집에서는 이렇게 다양한 인간관계 속에서 업무가 이루어지기 때문에 인간관계로 인해 파생되는 영향은 매우 크다고 할 수 있다.

2. 보육교직원과의 관계 및 갈등예방 방법

어린이집은 대부분 소규모로 이루어져 있으며, 보육교사가 담당하는 영유아에 관한 보육업무 외에도 공동 업무를 수행하기 위해 동료교사와의 협력이 필요하다. 동료교사와의 관계는 보육교사들 간에 신뢰와 존중을 기초로 관계를 형성하고 어린이집에 함께 근무하는 동료들로부터 받는 지지와 격려를 본인이 지각하는 정도를 의미한다. 보육교사들은 동료교사와 서로 협력하여 업무를 수행할 때 가장 큰 만족감을 느끼고, 동료 보육교사들이 서로 관심과 지지, 격려를 바탕으로 우호적인 관계를 맺을 때 교사들의 직무 만족도와 성취감 및 조직에 대한 몰입과 헌신도가 높다(김영실, 신애선, 김선미, 곽경화, 2014).

표 10-1 갈등의 원인

범주	내용
모호한 권한	책임과 권한이 분명하게 정해지지 않으면 갈등이 발생할 가능성이 높다.
이해관계의 갈등	부족한 자원이나 보수에 대한 경쟁은 갈등을 일으킬 가능성이 높다.
의사소통장애	부족한 의사소통, 오해와 용어, 마지못해 다른 사람의 말을 듣는 것 등은 갈등을 일으킬 가능성이 높다.
상대방에 대한 지나친 의존	만약 누군가가 지나치게 다른 사람의 정보나 도움을 의지한다면, 갈등이 발생할 가능성이 높다.
조직 내에서의 분화	집단 내의 분화의 정도(예: 권위의 수준, 특정 직업의 유형과 숫자)가 클수록 갈등이 일어날 가능성이 높다.
접촉의 기회	의사결정 과정에서 비공식적으로 개인들이 상호작용을 많이 할수록 갈등이 일어날 가능성이 높다.
협의에 대한 요구	모든 사람들이 결과에 대해 합의해야만 할 때 갈등이 일어날 가능성이 높다.
행동 규제	규칙, 규정, 공식적 정책과 같은 통제가 있을 때 갈등이 일어날 가능성이 높다.
해결되지 않은 과거의 갈등들	과거에 해결되지 않은 갈등이 많을수록 새로운 갈등이 발생할 가능성이 높다.

출처: 박은혜(2011).

보육교사가 업무를 수행하는 데 있어 동료교사로부터 얻는 조언과 정보는 중요한 요인이다. 보육교사는 단독으로 반을 맡기도 하지만, 한 반에 두 명 이상이 팀티칭으로 보육하는 경우도 있어 동료 보육교사와의 관계는 더 중요하다. 그러나 보육교사의 업무 특성상 여성들이 선호하여 여성들이 대부분의 직을 맡고 있는 상황에서, 여성 특유의 성향과 문화, 소통방식으로 인해 일부 동료교사와 경쟁관계를 형성하게 되고, 심한 경우 갈등관계를 보이기도 한다.

보육교사가 경험하는 갈등의 유형 중 '보육교사와 보육교사 간의 갈등'은 상당히 큰 부분을 차지하며, 동료교사에 대한 동향, 학연, 지연, 시기와 질투, 서로에게 업무 미루기, 소통의 부재와 부족 또는 거부로 인해 발생하는 갈등이다. 어린이집에서 동료교사와의 관계가 원만하지 못할 경우 보육교사는 스트레스를 받고 직무불만족을 느끼며 이직의도가 높아지므로, 보육교사들은 관찰을 통해 상호 간에 긍정적 또는 부정적 행동을 강화하는데, 긍정적인 측면에서 바람직한 동료 보육교사의 행동은 동일시 대상이 되기도 하고, 보육교사 상호 간의 인간관계는 어린이집의 다른 보육교직원이나 영유아와의 관계보다 훨씬 더 중요하다고 할 수 있다.

동료교사 간에 바람직하고 신뢰로운 관계를 유지하기 위해서는 보육교사 각 개인의 인격과 고유 업무에 대한 존중을 바탕으로 서로 협력하고 너그러운 마음으로 수용하며 믿음을 갖는 것이 중요하며, 각 개인의 차이를 인정하고 상호 예의를 갖춰 각자의 위치에 따라 주어지는 특수한 상황을 세심하게 이해하고 배려해 줄 수 있어야 한다. 동료교사 간 좋은 인간관계 형성을 위한 방법은 다음과 같다.

- 동료교사 간에 상호 협조정신을 발휘해야 한다.
- 동료교사 간에 너그러운 신뢰감과 태도를 가져야 한다.
- 동료교사 간에 상냥하고 자상한 친구를 가져야 한다,
- 동료교사 간에 친목회를 효율적으로 운영해야 한다.
- 동료교사 간에 명랑하고 건전한 언어 형태를 지녀야 한다.

동료교사와의 관계에서 나타나는 문제 상황의 예는 다음 〈표 10-2〉와 같다.

표 10-2 동료교사와의 관계에서 나타나는 문제 상황의 예

모든 보육교직원이 다음 주에 있을 운동회 행사 준비에 참여하고 있다. 행사 준비가 마무리되었고 뒷정리를 하면 되는 상황이 되었다. 이때 교사 1이 일어나서 조용히 밖으로 나가고 있다.

교사 2 : 선생님! 어디 가요?
교사 1 : 저, 잠깐만요.. 저희 교실에 다녀올게요. 내일 수업 준비를 못했어요.
교사 2 : 우리 지금 다 같이 운동회 준비하기로 했잖아요.
교사 1 : 그건 아는데.. 내일 수업준비물을 다 챙겨 놓지 못했어요.
교사 2 : 우리도 수업 준비 다 못했어요. 이거 끝나고 하려고!

관점 1 어린이집 행사 등 조직 구성원이 모두 협력해서 참여해야 하는 직무의 경우는 모든 교사들이 참여하는 것이 공평하다. 협력해서 해야 하는 업무시간 외에 학급별 업부(교사 단독으로 수행 가능한 업무)를 처리해야 한다.

관점 2 조직구성원으로서 어린이집 전체 행사 및 협력해야 하는 직무에 참여해야 한다는 것은 알지만, 내일 운영해야 할 보육활동 준비도 시급한 상황이다. 또한 내일의 수업 준비도 어린이집의 주요한 업무라고 생각한다.

* 대체로 어린이집에서는 행사나 평가인증과 같이 모든 보육교직원의 협력이 필요한 업무는 다 같이 모여서 효율적으로 일할 수 있는 시간에 실행한다. 그리고 각각 담당한 업무는 그 외 시간에 계획하여 처리하는 것이 일반적인 지침이다.
* 그러나 다 같이 모여서 업무를 진행하다 보면 예상했던 시간보다 더 길어지는 경우가 종종 발생한다. 이로 인해 교사 각각의 업무처리시간이 줄어들거나 늦어질 수 있다.

〈위의 관점 1과 관점 2의 사례를 토대로 토론해 보아요〉

출처: 보육교사 교과목 매뉴얼(2019).

3. 보육교사의 갈등해결

1) 보육교사의 윤리적 갈등해결

(1) 보육교사의 윤리적 임무, 윤리적 가치 갈등과 민주적 의사결정

보육교사들에게 윤리강령은 자신의 윤리적 업무에 대해 전문성과 공공성을 갖추도록 하는 주요 근거가 된다. 보육교사 윤리강령을 중심으로 자신들의 공동의 가치와 사명을 가진 어린이집에 속해 있다는 소속감을 강화시킬 수 있다. 영유아는 자신의 의사를 원활하게 표현하기 어렵기 때문에 보육교사의 민감하고 적극적인 보호를 필요로 한다. 아울러 영유아의 건강한 발달을 위해 일차적인 양육책임을 맡고 있는 가족과 긴밀히 협력하여 최적의 환경을 제공해 주어야 한다. 그러나 어린이집은 다수의 영유아와 보육교직원 그리고 영유아의 가족과 지역사회 등 이해가 다른 사람들이 함께 연루되어 있기 때문에 윤리적인 딜레마 상황이 일상적으로 나타나게 되어 윤리적 가치에 대한 갈등상황을 자주 맞이하게 된다. 따라서 민주적인 의사결정을 행할 때 다음 세 가지 질문을 고려해 보도록 한다.

- 이 의사결정은 합법적인 것인가?(기존의 기본 규정과 규칙을 고려)
- 이 의사결정은 공평한가?(인간의 공정성과 합리성 고려)
- 이 의사결정으로 인해 나는 나 자신에 대해 어떻게 느낄 것인가?(자신의 도덕적 기준에 비추어 봄)

(2) 대인 간(보육교직원, 학부모)의 갈등해결 사례[1)]

갈등이란 사람과 사람 사이의 관계나 한 사람의 마음이 복잡하게 얽혀 있는 상태로 우리 삶의 일부이다. 갈등을 해결하지 않으면 사회생활이 불편하게 느껴지므로 누구하고나 소통을 하기 위해서는 일차적으로 갈등에 대한 바른 이해가 필요하고 이를 바탕으로 갈등관리기술과 구체적인 방법을 습득할 필요가 있다. 어린이집 보육교직원에게 요구되는 갈등관리기술은 갈등을 효과적으로 관리하기 위해 필요한 기술로서 갈등해결역량과 갈등예방역량이 있다(한국보육진흥원, 2003).

① 갈등해결역량

갈등해결역량에는 문제해결능력, 협상능력, 조정능력, 중재능력이 있다.

- 문제해결능력은 갈등이나 문제가 발생했을 때 문제해결 방법을 사용하여 해결하는 능력이다.

1) 본 내용은 어린이집 사전직교육과정 교재 내용 중 조병남(의사소통과 갈등관리)이 집필한 부분에서 발췌함

- 협상능력은 상대방과 갈등이 발생했을 때, 협상방법을 사용하여 해결하는 능력이다.
- 조정능력은 두 사람이나 두 집단 간에 갈등이 발생했을 때, 제3자로서 조정방법을 사용하여 해결하는 능력이다.
- 중재능력은 두 사람이나 두 집단 간 갈등이 발생했을 때 제3자로서 중재방법을 사용하는 해결능력이다.

갈등반응의 유형에 대해 분석하고, 가장 효과적으로 사용되고 있는 협상을 중심으로 갈등해결역량을 키우는 방법을 제시하면 다음 〈그림 10-1〉과 같다.

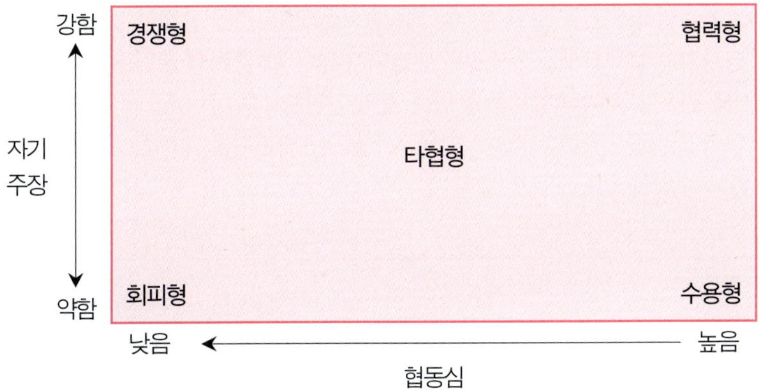

그림 10-1 토마스 칼만의 갈등해결모델

수직축에는 자기주장, 수평축에는 협동심의 강·약을 표시하여 이에 따른 갈등 유형을 5가지 유형으로 정리하였다.

- 회피형 : 갈등 자체를 피하는 유형
- 경쟁형 : 상대방을 이겨서 자신의 주장을 관철시키려는 유형
- 수용형 : 상대방의 주장이나 요구를 그대로 받아들이는 유형
- 타협형 : 경쟁적인 두 사람이 적당히 서로 양보하면서 갈등을 해결하는 유형
- 협력형 : 상호 간에 자신의 요구사항을 최대한으로 만족시키기 위해 적극적으로 협력해서 창의적으로 해결방법을 모색하는 유형

다음의 〈사례 1〉을 토마스 칼만의 유형에 따라 원장과 보육교사의 입장 및 다른 보육교사의 입장에서의 반응을 생각해 보자.

사례 1 원장과 보육교사 간의 갈등

B어린이집의 경우 원장이 회의를 다녀오거나 다른 어린이집의 원장들과 만남이 있은 후 다른 어린이집에서 하는 프로그램, 환경구성, 시스템 등이 좋다고 생각되는 경우에 어린이집 실적이나 어린이집의 특성 및 교사들의 의견 등을 듣지 않고 그냥 원장의 뜻대로 진행하는 경우가 많다.

그로 인해 보육교사들이 겪는 고충이 많다. 예를 들면, 다른 어린이집에서 보육교사들이 계량한복을 입고 수업하는 것을 보고 온 후, 계량한복을 입는 것을 결정한 것이다. 계량한복을 입어야 되는 당사자인 보육교사들의 의견은 반영되지 않은 채 혼자서 결정한 것이다. 어린이집도 일종의 회사와 같은 조직이나 유니폼을 입는 것이 당연하므로 유니폼으로 계량한복이 적합하다는 것이다. 그리고 바로 다음날 원장은 보육교사들이 계량한복을 구매한 후 보육교사들에게 계량한복을 입고 수업할 것을 지시하였다.

출처: 한국보육진흥원(2013) 재인용.

〈사례 1〉에 대한 갈등반응을 토마스 칼만의 갈등해결 유형에 따라 살펴보면 다음과 같다.

〈원장의 입장〉

- 회피형 : 보육교사들이 싫어하는 모습을 알아차린 원장은 보육교사들과 부딪치지 않기 위해 피해 다닌다.
- 경쟁형 : 보육교사들에게 무조건 입으라고 강요한다.
- 수용형 : 보육교사들의 의견을 받아들여 교사들이 계량한복 입는 것을 포기한다.
- 타협형 : 보육교사들이 계량한복을 입는 조건으로 초과수당을 지급하기로 한다.
- 협력형 : 보육교사들에게 계량한복의 장점을 주지시키며 다른 어린이집과 차별화된 전략으로 삼아 부모들에게 좋은 이미지를 심어주고 영아들에게는 친근감을 주어 경쟁력을 키워 나가자고 설득한다.

〈교사의 입장〉

- 회피형 : 계량한복을 입으라고 하는 원장이 싫어져 일부러 피해 다닌다.
- 경쟁형 : 계량한복 입는 것을 계속 반대한다.
- 수용형 : 그대로 받아들인다.
- 타협형 : 계량한복을 입는 대신에 근로조건을 개선해 달라고 제안한다.
- 협력형 : 계량한복을 입고 근무하는 것에 대한 장 · 단점을 잘 고려하여 차별화된 어린이집으로 거듭날 수 있는 방법에 대해 원장과 함께 의논한다.

보육현장에서 문제해결능력 외에 보육교직원들과 또는 부모들과 상충되는 이슈를 가지고 토론할 때 모두에게 이익이 되기 위한 결과 도출을 위해 협상을 활용하는 것도 효과적이다. 또한 교사회의에서 서로의 주장만 관철시키려 할 때 갈등상황으로 번지지 않도록 하기 위한 효과적인 회의 진행 방법에 브레인스토밍과 적극적 듣기를 활용해 볼 수 있다. 브레인스토밍의 기본원칙(원창희, 2012)과 적극적 경청기술(박원우, 2012)은 다음과 같다.

표 10-3 브레인스토밍의 기본원칙과 적극적 경청기술

브레인스토밍의 기본원칙	적극적 경청기술
• 비판하지 말라. • 판단하지 말라. • 자유롭게 상상하라. • 어떤 의견도 표현하게 하라. • 의견은 많을수록 좋다 • 모든 아이디어를 기록하라.	• 눈을 마주 보라. • 적절히 끄덕이고 안면 표정을 지어라. • 질문하라. • 상대방의 말을 인용하라. • 관심을 분산시키는 행동이나 제스처를 피하라. • 상대방의 말을 방해하지 말라. • 말을 많이 하지 말라. • 말하기보다는 들어라

② 갈등예방역량

갈등을 해결하기 위해 많은 비용을 부담하거나 잘못 관리하여 악화될 경우 손해를 입

을 수도 있다. 갈등예방역량을 개발하기 위해서는 상대방과의 신뢰관계 구축, 상대방에 대한 존중의식, 정보공유능력, 의사소통능력, 자율참여를 이끄는 능력이 필요하다.

- 신뢰관계: 상대방이 자신에게 신뢰를 가질 수 있게 하는 품성과 말과 행동을 통해 구축된다.
- 존중의식: 신뢰관계의 구축을 위해서 상대방의 인격과 의견을 존중해 주는 품성을 갖추어야 한다.
- 정보공유: 타인과의 공개적인 관계를 형성할 수 있는 수용적 품성과 필요한 정보를 공유하는 긍정적인 행동이 필요하다.
- 의사소통: 상대방이 말을 적극적으로 듣고 이해하려고 노력하며 자신의 의견을 충분히 피력하고 정확하게 전달하는 대화능력의 개발을 위한 훈련이 필요하다.
- 자율참여를 이끄는 능력: 상대방이 자발적으로 과제수행에 참여하도록 이끄는 동기유발 능력의 개발을 위한 훈련이 필요하다.

보육교사는 여러 가지 역할을 동시에 하면서 이에 따라 매순간 어떠한 것을 최우선시해야 할 것인지, 어떤 점을 중시해야 할 것인지 등을 고민하고 이에 따른 갈등도 겪으면서 의사결정을 하게 된다. 그 의사결정에 한 가지 정해진 답이 없고 같은 상황을 바라보는 각 유아들의 개인차가 있기 때문에 교사가 한 의사결정이 과연 최선의 것인지 그 누구도 확인할 수 없다는 것을 이해한다.

2) 갈등해결을 위한 언어적 · 비언어적 의사소통방법

보육교사는 여러 상황에서 의사결정을 해야 하고, 그 결정이 최적의 것인지에 갈등이 있기 때문에, 성취감을 최저 수준으로 가지게 된다. 자신이 순간순간 한 의사결정에 영유아들의 안녕감이 좌우될 수 있다고 생각하기 때문에 누군가가 "맞다, 틀리다"를 판단해 주기를 바라는 보육교사들의 고민은 많을 수 있다. 보육교사 효능감이 낮은 경우 더욱 보육교사들의 소진이나 이직과 관련될 수 있기 때문에 주의 깊게 살펴보아야 한다

(한국보육진흥원, 2013).

영유아가 부적절한 행동을 보이는 경우, 보육교사는 그 원인을 찾아 적절히 조치할 필요가 있다. 여기에서의 조치란 보육실에서의 보육과 가정에서의 양육 간의 협조를 통한 지도를 말한다. 그러나 간혹 양육대행자로서의 역할과 치료자로서의 역할이 서로 부딪칠 수 있다. 다음의 사례를 통해 생각해 보기로 한다.

사례 2

만 2세 민석이는 여동생이 태어나 스트레스를 많이 경험하는지, 동생이 태어난 이후로 보육실에서 장난감으로 놀이하면서 장난감으로 친구를 때리거나, 물기도 하는 경우가 늘어나고 있다. 교실에서 친구들을 장난감으로 때리거나 무는 행동은 부적절한 행동으로 공격적인 행동에 대한 지도를 받아야 하는 상황이다. 내가 보육교사라면 이러한 경우 민석이에게 어떻게 해 줄 수 있을지 생각해 보기로 하자.

이렇듯 많은 역할의 갈등상황이 있을 수 있다. 더구나 보육서비스를 받는 학부모가 만약 양육대행자의 역할을 과도하게 강조하는 경우, 보육교사가 모든 역할을 균형 있게 수행하는 데 어려움은 커진다. 따라서 원만한 갈등해결을 위한 방안으로 의사소통방법을 이해하고 적용해 보는 것이 필요하다. 보육교사는 의사소통이 어렵다거나 문제가 있다고 생각하면서도 막상 그 원인이나 해결방안에 대해서는 깊이 생각하지 않고 지나치는 경향이 있는데, 자신의 문제를 명확하게 의식하고 그 해결방안을 다각도로 생각해 보도록 하자.

의사소통이란 둘 또는 그 이상의 사람들 사이에서 정보가 전달되는 과정을 의미하는 것으로 의도적이든 비의도적이든 간에 자신의 감정이나 생리적인 상태, 바람, 의견 또는 인식을 타인에게 전달하는 행위를 포함한다. 의사소통 과정에는 언어 외에 준언어적, 비언어적 요소들이 포함되며 아직 언어적 능력이 미숙한 영유아와 의사소통할 때에는 이러한 요소들이 더욱 중요한 역할을 하게 된다.

• 언어 : 음성언어와 문자언어, 수용언어와 표현언어
• 준언어 : 억양, 강세, 속도, 침묵
• 비언어 : 표정, 몸짓, 자세, 시선, 머리/몸의 동작, 물리적 거리나 근접성

보육교사는 영유아와의 의사소통에서 기술적으로 영유아의 말 들어주기, 질문에서 보육교사의 주도권 줄이기, 영유아에게 개방적·확산적 질문하기, 영유아의 대답을 기다려 주기, 영유아의 대답에 평가적 표현을 줄이기, 긍정어를 사용하기, 적절하게 칭찬하기, 영유아에게 설명과 선택권 제공하기, 영유아가 못 알아듣더라도 말해주기 등을 갈등 해결방법으로 사용할 수 있다.

또한 부모-보육교사 간 의사소통기술에서 부모에 대한 존중 나타내기, 사생활 보호하기, 말하기보다 들어주기, 구체적으로 말하기, 단어를 신중하게 선택하기 등 부모 유형별(적대적인 태도를 보이는 부모, 모든 것을 다 아는 것처럼 행동하는 부모, 불만을 토로하는 부모, 부정적인 부모, 반응이 없거나 수줍어하는 부모 등)로 적절한 언어적·비언어적 의사소통기술을 갖추어서 보육교사는 어린이집에서 발생할 수 있는 다양한 갈등을 해결하도록 노력해야 한다(한국보육진흥원, 2013).

CHAPTER

11

학부모 및 지역사회와의 협력

1. 부모-보육교사 협력
2. 학부모와의 관계 형성 및 의사소통
3. 지역사회와의 협력

1. 부모-보육교사 협력

1) 부모-보육교사 관계 맺기의 기본 요소 이해

어린이집은 영유아가 가정과 어린이집에서 일관된 양육 및 교육환경을 경험할 수 있도록 가정과 긴밀한 협력관계를 가져야 한다. 영유아에게 최적의 환경을 제공하기 위해서는 부모나 보육교사 그 어느 누구도 일방적이 되어서는 안 된다. 부모와 보육교사가 성공적으로 관계를 맺기 위하여 필요한 요인은 다음과 같다.

(1) 신뢰 형성

모든 관계는 신뢰를 바탕으로 시작되어야 한다. 보육교사는 부모가 영유아에 대해 가장 잘 아는 사람이고 누구보다 자녀가 잘되기를 바라는 사람이라는 것을 인정해야 한다. 또한, 부모는 보육교사가 영유아의 학습을 위해 가장 전문가라는 것을 인정하는 것에서부터 관계를 시작해야 한다. 이러한 상호 간의 역할에 대한 기대와 동의는 부모와 보육교사의 관계를 성공적으로 유지시킬 수 있다.

(2) 상호협력체제 구축

부모와 보육교사는 영유아를 사이에 두고 상호 경쟁하는 관계가 아니라 영유아의 학습에 있어 상호 책임을 가지고 있는 사람이라는 것을 인정해야 한다. 부모는 가정에서의 경험과 어린이집의 프로그램을 연결시켜 줄 수 있으며, 보육교사는 부모에게 필요한 여러 가지 자녀양육과 관련되나 지식을 제공할 수 있다. 부모와 보육교사가 자녀교육에 대한 동일한 목표를 지닐 때 가장 효과적인 보육과 교육이 이루어질 수 있다.

(3) 효과적인 의사소통

부모에게 자녀가 받는 교육에 대해 충분한 정보를 제공하면 부모는 어린이집과 보육교사의 보육과 교육방침에 대해 더욱 적극적으로 협조할 수 있다. 보육교사는 편지, 메일, 게시판, 전화, 홈페이지 등을 활용하여 양방향 의사소통이 될 수 있도록 많은 노력을 기울여야 한다. 의사소통은 매일, 매주일, 매달, 그리고 매학기 이루어져야 한다. 부모 역시 의사소통의 책임이 전적으로 어린이집에 있다고 하기보다는 좀 더 적극적이고 진솔하게 의사소통해야 한다. 이러한 개방적이고 솔직한 양방향의 의사소통은 부모와 보육교사 사이에 발생할 수 있는 많은 갈등을 사전에 방지할 수 있다.

(4) 상호존중의 태도

부모와 보육교사는 서로의 지식과 기술을 존중하고 각자가 가지고 있는 어려움을 이해할 필요가 있다. 보육교사는 부모들이 가지고 있는 자녀양육에 대한 두려움과 기대, 사회적인 압박에 대한 부담 등을 이해하고, 부모는 보육교사가 과도한 책임을 맡고 있는지를 이해하며 각자의 역할을 분명히 하고 이를 존중하는 태도를 가질 필요가 있다(박은혜, 2015).

2) 부모와의 협력의 필요성 및 목적

현대사회의 어린이집은 전통사회에서 가정이 담당하던 양육 역할을 교육 및 보육 측면에서 담당하고 있다. 그러나 양육책임자와 교육책임자 모두 부모라는 것은 불변하는 진리이다. 양육과 교육책임자인 부모가 그 책임을 다 할 수 있도록 협력하고, 어린이집에서 실행하는 교육의 효과를 극대화하기 위해 부모와 보육교사는 협력해야 할 필요가 있다.

또한, 다양한 가족구조의 형태가 존재하므로 어린이집에서는 다양한 접근방법으로 부모의 요구와 시대의 흐름을 반영한 협력방안을 모색해야 한다. 어린이집은 부모와 긴밀하게 협력관계를 유지하고 질 높은 교육을 제공하며, 어린이집과 가정이 서로 원활하게 소통하여 영유아들의 개인적인 특성이 교육프로그램과 적절하게 연결되어 일관성 있는 양육방법이 적용될 수 있도록 해야 한다. 최근, 특히 아주 어린 시기부터 어린이집에서 많은 시간을 보내는 영아들이 늘어나고 있어, 어린이집이라는 낯선 환경에서 긴장과 불안함을 경험하기도 하는데, 가정의 부모와 어린이집의 보육교사의 긴밀한 협력관계를 통해 낯선 환경으로 인한 영아의 불안감을 줄이고, 정서적 안정감을 제공해 주어야 한다.

3) 부모-보육교사 협력의 중요성

부모와 보육교사의 협력을 통해 부모와 보육교사는 영유아에 대한 정보를 공유하고, 이를 통해 더욱 민감하게 영유아의 요구를 파악할 수 있으며, 영유아에게 가장 적합한 보육프로그램을 계획, 실행할 수 있게 된다. 따라서 어린이집에서는 부모가 편안하게 어린이집과 교류할 수 있도록 분위기를 조성하고, 가정과 협력할 수 있는 다양한 프로그램을 계획, 운영하는 것이 필요하다. 부모-교사의 협력의 중요성은 다음과 같다.

- 부모의 측면: 부모는 협력을 통해 교사로부터 자녀에 대한 바른 양육방법과 문제 상황에서의 해결방법에 대한 조언을 들음으로써 자녀양육에 자신감을 가질 수 있다.
- 보육교사 측면: 부모로부터 영유아에 대한 정보를 얻고 어린이집의 교육내용을 가정과 연계하여 지도함으로써 교육의 효율성을 높일 수 있다. 하지만 부모-보육교사 간 여러 갈등이 생길 수 있으므로 보육교사의 적절한 대처가 필요하다.

부모-보육교사 간 여러 갈등 시, 교사의 적절한 대처는 다음 〈표 11-1〉과 같다.

표 11-1 부모-교사 간 여러 갈등 시, 교사의 적절한 대처

부모-교사 간 여러 갈등 시, 교사의 적절한 대처의 예를 들면,

① 부모의 어린이집 교육과정에 대한 이해 부족으로 인해 갈등.	신 교사는 학부모가 영어 교육이나 특기 교육을 요구하며 어린이집을 단순히 노는 곳으로 인식하고 있다. 이에 교사는 부모교육을 통해 영유아 발달특성과 어린이집 교육과정에 대한 전문적 지식을 전달함으로써 어린이집에 대한 부모의 이해를 높일 수 있다.
② 자녀에 대한 이해 부족으로 인한 갈등.	임 교사는 부모가 자녀의 가정과 어린이집에서의 다른 행동에 대해 수용하지 않아 어려움을 겪고 있다. 이에 수업참관을 통해 부모가 자녀의 어린이집에서 생활을 직접 보고 객관적으로 판단할 수 있도록 노력해야 한다.
③ 부모가 교사에게 불만이 있는 경우.	김 교사는 부모가 상담 중 교사가 자녀를 미워한다며 어린이집을 옮기겠다고 하여 갈등을 빚고 있다. 이에 교사는 먼저 자신이 동호를 형과 별개로 객관적으로 바라보고 있는지 반성하고 부모를 대하는 자신의 태도에 대해서도 점검해 보아야 한다.

이에 교사와 부모는 상호협력적인 관계를 맺기 위한 바람직한 태도를 가질 수 있도록 노력해야 한다. 먼저 교사는 부모가 영유아에게 가장 중요한 존재임을 알고 존중하고 부모면담, 게시판, 가정통신문 등을 이용해 자주 대화하고 정보를 나누려는 적극적인 태도가 필요하다. 또한 부모는 교사를 유아교육 전문가로서 인정하고 필요시 도움을 요청하고 협력할 수 있는 열린 태도를 가져야 한다.

개별 영유아에 대한 이해와 그 연령의 발달 특성에 대한 이해를 바탕으로 교육이 이루어져야 한다. 이에 가정과 기관은 서로 연계하여 정보를 공유하고 일관성 있는 지도를 하여 교육의 효과를 높이고 영유아의 전인발달을 이룰 수 있다.

4) 부모와의 협력방법

부모와의 협력방법으로는 게시판, 일일보고서, 대화수첩, 가정통신문, 전화, 인터넷(홈페이지, e-메일), 운영안내책자, 도서대여 등이 있고, 부모면담 방법으로는 개별면담, 집단면담 등이 있으며, 부모교육 방법으로는 부모 오리엔테이션, 강연회, 워크숍, 부모 참여수업, 기타(자원봉사, 부모 간 교류 기회 마련) 등이 있다.

2. 학부모와의 관계 형성 및 의사소통

1) 가정과의 연계방법

영유아의 가정과 어린이집 그리고 지역사회는 영유아에게 있어 매우 중요한 환경으로서 서로 연계되어 영유아의 삶에 영향을 미친다. 영유아의 어린이집 적응을 돕고, 어린이집에서 이루어지는 보육의 효과가 극대화되기 위해서는 가정과의 연계가 필수적이다. 또한 어린이집은 지역사회의 특성과 요구, 지지 및 지원에 따라 운영 전반에 영향을 받게 되고, 어린이집 역시 지역사회에 영향을 미치기 때문에 지역사회와도 신뢰롭고 협력적인 관계를 구축해야 한다.

가족의 구조가 변해 가고 맞벌이 가정이 늘어나면서 아주 어린 시기부터 어린이집에서 많은 시간을 보내는 영아들이 늘어나고 있다. 영아는 어린이집이라는 낯선 환경에서 긴장과 불안함을 경험하기도 하는데, 어린이집과 가정과의 긴밀한 협력관계를 통해 낯선 환경으로 인한 영아의 불안감을 줄이고, 영아에게 정서적 안정감을 제공할 수 있다. 또한 어린이집은 가정과의 협력을 통해 영유아에 대한 정보를 공유하고, 이를 통해 더욱 민감하게 영아의 요구를 파악할 수 있으며, 각 영유아에게 가장 적합한 보육프로그램을 계획·실행할 수 있게 된다. 따라서 어린이집에서는 부모들이 편안하게 기관과 교류할 수 있도록 분위기를 조성하고, 가정과 협력할 수 있는 다양한 프로그램을 계획하고 운영하는 것이 필요하다.

가정과의 연계에서 주된 대상은 부모가 많지만 우리나라의 점차 다양해지는 가족구조(조부모가족, 한부모가족, 다문화가족 등)를 고려하여 명칭, 방법 등을 재구성하고, 대상을 융통성 있게 조정하여 실행할 수 있다. 특히 최근에는 다문화가족이 증가하고 있어 그들을 위한 개별적인 배려가 요구되고 있으므로, 다문화가족과 연계할 수 있는 관련 기관이나 도움을 줄 수 있는 방안을 알아두도록 한다.

어린이집에서 실시할 수 있는 가정과의 연계활동은 다음 〈표 11-2〉와 같다.

표 11-2 가정과의 연계활동

구분	내용
가정과의 상호작용	• 게시판, 일일보고서, 대화수첩, 가정통신문, 전화 및 인터넷 활용, 안내책자, 도서대여 등의 다양한 정보교환
부모면담	• 정해진 시기에 실시하는 공식적인 1:1 개별면담 • 부모 여러 명과 함께 진행하는 집단면담
부모교육	• 신입원아 부모 오리엔테이션, 강사초빙 강연회, 워크숍, 부모참여수업 등
기타	• 어린이집 행사관련, 급식 도우미, 교구 제작 및 보수, 책 읽어주기 등의 자원봉사 • 부모 간 교류기회 마련 등

표 11-3 영아 일일보고서의 예

<table>
<tr><td colspan="10">월 일 요일 날씨( ), 출결( )</td></tr>
<tr><th colspan="5">집에서의 소식</th><th colspan="5">원에서의 소식</th></tr>
<tr><td rowspan="3">원아 상태</td><td>기분</td><td colspan="3">좋음, 보통, 나쁨(이유:)</td><td rowspan="3">원아 상태</td><td>기분</td><td colspan="3"></td></tr>
<tr><td>건강</td><td colspan="3">좋음, 보통, 나쁨(이유:)</td><td>건강</td><td colspan="3"></td></tr>
<tr><td>체온</td><td colspan="3">열이(있음, 없음)</td><td>체온</td><td colspan="3"></td></tr>
<tr><td rowspan="3">식사</td><td>저녁</td><td></td><td>식욕</td><td>있음, 보통, 없음</td><td rowspan="3">식사</td><td>간식</td><td></td><td>식욕</td><td>있음, 보통, 없음</td></tr>
<tr><td>그외</td><td></td><td>식욕</td><td>있음, 보통, 없음</td><td>점심</td><td></td><td>식욕</td><td>있음, 보통, 없음</td></tr>
<tr><td>아침</td><td></td><td>식욕</td><td>있음, 보통, 없음</td><td>간식</td><td></td><td>식욕</td><td>있음, 보통, 없음</td></tr>
<tr><td rowspan="2">배변</td><td>저녁</td><td colspan="3">안했음, 했음(딱딱함, 보통, 설사)</td><td rowspan="2">배변</td><td>아침</td><td colspan="3">안했음, 했음(딱딱함, 보통, 설사)</td></tr>
<tr><td>아침</td><td colspan="3">안했음, 했음(딱딱함, 보통, 설사)</td><td>점심</td><td colspan="3">안했음, 했음(딱딱함, 보통, 설사)</td></tr>
<tr><td>수면</td><td colspan="4">:부터 :까지</td><td>수면</td><td colspan="4">:부터 :까지</td></tr>
<tr><td>투약</td><td colspan="4">투약시간: 약용량:
증상</td><td>투약</td><td colspan="4">투약시간: 약용량:
증상</td></tr>
<tr><td>전달 사항</td><td colspan="4"></td><td>전달 사항</td><td colspan="4"></td></tr>
<tr><td>준비물</td><td colspan="4"></td><td>수납</td><td colspan="4"></td></tr>
</table>

출처: 여성가족부(2008).

표 11-4 영아 일일보고서의 예

반 월 일 요일

<table>
<tr><th>이름</th><th>도착 시간 및 보호자</th><th>아침 식사</th><th>배변</th><th>심적 상태</th><th>귀가예정 시간 및 보호자</th><th colspan="2">배변</th><th>수유 및 이유식</th><th>수면</th><th>심적 상태</th></tr>
<tr><td>OOO</td><td>7:50
모</td><td>O</td><td>X</td><td>O</td><td>18:00
할머니</td><td>1</td><td>3</td><td>우유 450mL,
주스, 점심,
간식 2회</td><td>10:20~11:30,
4:00~5:30</td><td>O</td></tr>
<tr><td>선생님께</td><td colspan="10">출장을 가게 돼서 할머니가 데리러 오실 거예요.</td></tr>
<tr><td>부모님께</td><td colspan="10">엄마와 헤어지기 싫어 많이 울어 바깥으로 나가 달래어 들어오니 잘 놀았어요.
자꾸 바깥으로 나가려고 합니다.</td></tr>
<tr><td>OOO</td><td>8:40
모</td><td>X</td><td>O</td><td>△</td><td>19:00
부</td><td>1</td><td>4</td><td>우유 300mL,
주스, 점심,
간식 2회</td><td>12:20~2:30</td><td>△</td></tr>
<tr><td>선생님께</td><td colspan="10">어제 저녁부터 기침을 조금씩 하더니 맑은 콧물이 나오네요.</td></tr>
<tr><td>부모님께</td><td colspan="10">열은 없었는데 기침을 계속 하네요. 누런 콧물이 나오기 시작해요.
컨디션이 안 좋은지 잘 먹지 않는군요.</td></tr>
</table>

출처: 김혜경, 김홍은, 문혁준, 박은혜, 유애열, 임혜영, 조혜진(2002).

(1) 가정통신문

- 가정통신문은 보육교사와 부모가 서면을 통해 의사소통하는 수단이다.
- 가정통신문의 내용은 대체로 주간 보육계획안이나 월간 보육계획안 등의 프로그램 안내이며, 행사에 대한 안내, 식단 등에 관한 것이다.
- 가정통신문은 짧고 간결하면서도 필요로 하는 내용들을 정확하게 전달할 수 있도록 작성한다. 가정통신문을 통해 부모가 참여해야 할 행사나 활동을 알리는 경우에는 부모가 미리 일정을 조정하여 참여할 수 있도록 충분한 시간적 여유를 두고 미리 안내해야 하며, 적어도 1주일 전에는 전달하는 것이 바람직하다.
- 가정통신문은 영유아에게 직접 배부하는 것이 좋으며 부모용 게시판에 게시하거나 부모들이 쉽게 가져갈 수 있는 곳에 비치해 두고 가져가도록 준비해 둔다.

(2) 전화

- 부모와 급한 연락이 있을 때, 영유아가 갑자기 아프거나 다쳤을 때, 영유아가 결석했을 때 등 즉각적인 대화가 필요할 때 사용하거나, 상담할 내용이 있으나 만나기가 어려울 때 사용한다.
- 전화는 간편하게 정보를 전달할 수 있는 이점이 있으나, 긴 시간 동안 심도 깊은 이야기를 나누기 어려우므로 심각한 내용에 대한 상담은 따로 시간을 내어 개별면담으로 진행하는 것이 좋다.

☎ 전화통화의 예

⊙ 영유아가 결석했을 때

"OO어머님, 안녕하세요? OO가 오늘 어린이집에 오지 않아서 걱정되어 전화 드렸습니다. 무슨 일이 있나요?"

⊙ 영유아가 아파서 결석한 후

"안녕하세요? OO 담임교사인 OOO입니다. OO가 건강한 모습으로 어린이집에 오게 되어 다행입니다. 어린이집에서 OO의 건강을 위해서 주의해야 할 사항은 없나요?"

⊙ 영유아가 다쳤을 때

"안녕하세요? OO담임교사인 OOO입니다. 다름이 아니라 OO가 오늘 놀이시간에 블록놀이를 하다가 친구와 다툼이 일어나 손등을 물렸습니다. 상처가 심하지는 않아서 양호선생님께서 간단히 치료해 주셨어요. 많이 속상하시죠. 다음부터는 좀 더 주의해서 아이들 놀이를 관찰하겠습니다."

⊙ 영유아의 신체에 이상이 생겼을 때

"안녕하세요? OO 담임교사인 OOO입니다. OO가 등원 후에 몸이 간지럽다고 하여 살펴보니 배에 두드러기가 나 있어서 전화 드렸습니다. 오전에 집에서 무엇을 먹고 등원했나요?"

출처: 보건복지부(2014).

⊙ 안전사고가 발생되었을 때

가. 응급처치 후 즉시 부모에게 연락하고 사고에 대해 상세히 설명

- 장소 및 위치, 상황(어디서 무엇을 어떻게), 영유아의 상태, 응급조치, 병원 방문 등을 상세히 설명함.

> 예) "어머님, 00의 네 번째 손가락 두 번째 마디부분에 0.5cm 정도 베이는 상처가 생겨서 바로 지혈을 하고 소독을 한 다음에 밴드를 붙여주었습니다. 친구랑 함께 놀이를 하던 중에 친구가 00의 가위를 사용하자 00이 것이라고 이야기하며 되가져오는 중에 잘못 건네받아 상처가 생겼어요. 처음에 피를 보자 조금 놀라긴 했는데 소독을 하고 밴드를 붙여주니 금세 방긋 웃으며 친구와 놀이를 하고 있습니다."

- 사고로 인해 놀랐을 부모의 감정에 공감
- 부모의 감정이 가라앉을 때까지 경청
- 사고가 난 날 저녁, 부모에게 연락하여 영유아의 상태를 묻고 사고에 대한 유감을 표명

> 예) "많이 속상하시죠"
> "우리 00는 지금 집에서 어떤가요?"
> "어린이집에서 더욱 신경써서 봐야 하는데 앞으로는 더욱 즐겁게 생활할 수 있도록 하겠습니다".

나. 지속적인 부모와의 소통

- 영유아가 등원하지 않았을 경우 현재 상태와 어린이집 등원이 가능한 날을 확인
- 영유아가 등원한 경우 어린이집에서 주의해야 할 사항에 대해 등하원 시 부모에게 물어보고, 원에서 보낸 하루 생활에 대해 이야기함.

출처: 어린이집안전공제회(2017).

(3) 인터넷(홈페이지, e-메일)

- 기관에서 홈페이지를 개설한 경우는 홈페이지를 통하여 부모와 대화를 교류할 수 있고, 홈페이지가 없는 경우라도 부모와 교사가 개인 e-메일을 통해 의사소통하는 것이 가능하다.
- 홈페이지와 e-메일은 어린이집에서 알려야 할 정보를 전달하는 것뿐 아니라 영유아들의 활동사진이나 작품을 보여주는 도구로도 사용된다.
- 인터넷을 이용한 의사소통은 매우 편리한 방법이나 간혹 인터넷 사용이 익숙하지 않은 부모는 없는지 사전에 확인하는 것이 필요하다.

(4) 운영안내책자

- 운영안내책자는 기관에서 제공하는 프로그램에 대해 이해하고 영유아가 기관에 다니는 동안 가정에서 참고할 사항들에 대한 내용을 담아 구성한다.
- 운영안내책자의 내용은 간결하고 명확해야 하며, 전문적인 용어 사용을 자제하고 부모들이 쉽게 이해할 수 있는 용어를 선택하여 작성한다.
- 운영안내책자에는 어린이집의 운영철학, 보육목표, 프로그램의 특성, 보육시간 및 보육료, 일과운영 등 어린이집에 대한 소개 및 부모가 알아야 할 정보들 위주로 구성하며, 이 책자는 부모 오리엔테이션 자료로 활용할 수도 있다.

(5) 도서대여

- 부모의 바람직한 역할 및 자질 습득을 위한 정보를 제공하는 방법으로 도서대여의 방법이 있다.
- 부모에게 유용한 교양도서 및 교육용 책자를 따로 구비해 놓고 대여해 준다.
- 도서대여 프로그램을 실시할 때는 도서의 내용 선정에 유의하고 부모의 요구에 맞는 적절한 도서를 기간별로 추천해 주는 것이 보다 효과적이다.

2) 부모면담

(1) 개별면담

- 개별면담은 보육교사와 부모가 일대일로 대면하여 영유아에 대한 생활과 문제행동 등에 대한 의견을 교환함으로써 바람직한 지도방안을 모색하는 활동이다.
- 면담을 통해 보육교사는 부모와 친밀감을 형성하고, 서로 영유아 보육에 필요한 정보를 교환할 수 있다. 또한 부모로 하여금 자녀에 대한 이해를 높일 수 있으며, 보육교사는 부모의 양육방법이나 가정환경을 이해함으로써 영유아를 보다 잘 이해할 수 있게 된다. 영유아에게 문제가 있을 경우, 가능한 해결방법을 강구하고 효율적인 지도방안을 위해 함께 노력할 수 있다.
- 개별면담은 어린이집의 연간 계획에 따라 정해진 시기에 실시하는 공식적 면담으로 이루어질 수도 있고, 등하원 시 만나게 되는 부모와 자연스럽게 대화하는 비공식적 면담으로 이루어질 수도 있다.
- 면담을 위한 준비로 각 영유아에 대한 관찰기록이나 영유아의 활동 결과물, 신체 측정 결과 등을 토대로 면담을 하고 면담결과는 정확히 기록하여 보관해 둔다. 특히 영유아의 경우 부모가 가장 궁금해하는 것은 어린이집에 잘 적응하였는지와 일상생활과 관련된 내용이므로 보육교사는 평소 영아의 적응 상태, 생활습관, 배변, 수면 상태 등을 잘 정리해 두고 면담 시 활용할 수 있도록 한다.
- 개별면담은 1년에 2회 정도로 계획하는 곳이 많다. 첫 번째 면담은 주로 학기 초에 이루어지는데 이때는 영유아가 기관에 어떻게 적응하는지, 가정에서의 생활은 어떠한지에 대하여 대화를 나누게 된다. 두 번째 면담은 2학기가 시작된 후 이루어지는데 이때는 보육교사가 기관에서의 영유아의 생활과 변화 등에 대해 대화를 이끌어 나간다.
- 개별면담은 20분에서 30분 정도 소요되도록 계획하고 편안한 분위기를 제공할 수 있는 곳으로 준비한다.

개별면담 진행하기

◎ **반갑게 맞이하기**

"어서 오세요, OO어머님(아버님). OO담임교사 OOO입니다. 면담 시간에 맞춰 직장에서 오시느라 고생 많으셨죠?"

◎ **개별면담의 취지 알리기**

"오늘 면담은 OO의 어린이집 생활에 대해 부모님이 궁금해 하시는 사항에 대해 알려드리고, OO가 집에서는 어떻게 생활하는지 알기 위해 진행하는 것입니다."

◎ **보육교사가 관찰한 내용 전달, 궁금한 내용 질문**

"OO는 등원해서 부모님과 잘 헤어지고, 간식, 점심도 잘 먹는 편입니다.
다른 친구들에 비해 적응을 잘 한 것 같아요."
"OO가 어린이집을 다닌 후, 집에서의 생활에서 달라진 점이 있나요?

◎ **부모가 부탁하거나 하고 싶은 말 있는지 확인 후 이야기를 듣거나, 부모의 질문에 답하는 순서로 진행**

"어린이집에 부탁하실 내용이나, 바라는 점 있으신가요?"

(2) 집단면담

- 집단면담은 면담의 깊이를 갖기 어려운 단점이 있지만 시간을 절약할 수 있고 부모들 간의 교류를 통해 자녀의 문제를 폭넓게 볼 수 있으며 부모와 보육교사의 둘만의 긴장된 관계를 해소할 수 있다는 장점이 있다.
- 집단면담에서는 기관 운영이나 보육내용 등의 다양한 주제에 대한 부모의 의견이나 요구를 듣고 이를 수렴하는 것이 가능하다. 또한 함께 모인 부모 간에 자녀 양육에 대한 공감대를 형성할 뿐만 아니라 상호 정보를 얻고 의견을 교환하는 좋은 기회가 될 수 있다.
- 집단면담을 효율적으로 운영하기 위해서는 부모에게 편리한 시간과 장소를 선택하여 가능한 많이 참석할 수 있도록 유도하며, 부모가 일정을 조정할 수 있도록

충분한 시간을 두고 사전에 미리 안내하는 것이 바람직하다. 집단면담 이전에 면담의 주제와 유형, 진행 방식 등에 관해 부모에게 미리 알려주는 것이 좋다.

3) 부모교육

(1) 부모 오리엔테이션

- 오리엔테이션은 가정과 어린이집의 협력을 위한 기반을 다질 수 있는 좋은 기회로, 주로 학기 초에 어린이집의 전반적인 프로그램에 대한 소개 및 영유아의 어린이집 생활을 위해 가정에서 준비해야 할 사항들에 대한 논의가 이루어진다.
- 어린이집에서는 매년 신입원아 또는 재원아 부모를 위한 오리엔테이션을 실시하는 것이 바람직하며, 중간에 입소하는 원아 부모에게도 개별적으로 실시하는 것이 좋다.
- 신입원아를 위한 부모 오리엔테이션을 실시하는 것은 영유아들이 입소하기 전에 미리 어린이집을 둘러보고 보육교사와 만나 어린이집에 대한 낯선 감정을 제거하고 친숙한 느낌을 갖게 함으로써 적응에 도움을 줄 수 있다.
- 어린이집을 처음 이용하는 부모에게는 어린이집에 대한 여러 정보 및 어린이집 생활에 필요한 정보들을 모두 안내해야 하므로 오리엔테이션 자료를 충실히 만들어 배부하는 것이 바람직하다. 어린이집에 대한 운영안내책자가 마련되어 있다면 오리엔테이션 자료로 활용할 수 있다.

(2) 강연회

- 강연회는 정해진 주제에 대해 부모가 강연을 듣는 형식으로 진행된다.
- 강연회를 실시하는 목적은 영유아보육에 대한 올바른 이해 및 인식을 돕고, 영유아 발달에 대한 이론과 기술을 습득하며, 양육의 바른 태도를 함양하는 것에 있다. 또한 부모가 영유아 발달의 촉진자로서 필요한 환경구성, 상호작용 방법,

역할 모델을 습득하도록 돕고, 부모들의 자아실현을 돕는 데 있다.

- 강연회의 내용은 연령별 발달에 대한 지식과 정보, 부모-자녀관계 특성, 대화법, 영유아의 문제행동과 이에 대한 지도, 효과적 학습환경 조성 및 상호작용 기술에 관련된 것이 포함될 수 있으며, 부모의 요구 및 보육교사들이 필요하다고 생각하는 내용을 기초로 정할 수 있다.
- 강연회의 주제뿐 아니라 강사 선정 및 섭외과정에 부모들이 참여한다면 더욱 효과적인 강연회가 될 수 있고, 가능한 부모가 많이 참석할 수 있는 시간과 시기를 잘 선택하는 것이 필요하다.
- 강연회의 주제와 강사가 정해지면 각 가정에 강연 제목, 일시, 장소, 주제 등을 간단히 소개하는 초대장을 보낸다. 강연회가 끝나면 그날 강연에 대한 간단한 평가를 할 수 있도록 하고 평가 결과는 다음 강연을 계획할 때 반영하는 것이 좋다.

부모 강연회 준비 tip

- 학기 초 오리엔테이션이나 설문지를 통해 미리 부모의 의견을 수렴하여 관심 있는 분야를 선정하기
- 강연회의 주제와 제목은 현실감 있고 흥미가 유발되는 것으로 선정하기
  예) '아침에 아이 깨우기', '부모가 즐거운 놀이시간', '우리 아이를 위한 경제교육', ' 우리 아이가 달라졌어요 - 배변훈련 편' 등
- 안내문에 '부모님께'로 시작하는 것보다 '○○ 어머님' 또는 '부모 이름'으로 시작되는 편지를 작성하여 특별히 준비된 편지를 받는다는 느낌을 주어 참여율 높이기
- 강연회 동안 영아보육을 담당해 주기
- 자녀 작품이나 활동과정을 강연회 직전에 보여주어 부모들이 강연회에 늦지 않도록 유도하기
- (강연회 시작이 지연될 경우) 제 시간에 온 부모를 위한 간단한 게임이나 활동을 계획하기
  예) 드라마 주인공 알아맞히기 게임, 어린이집 보육교사(다른 반) 이름 알아맞히기 게임, 물건값 알아맞히기 게임 등

(3) 워크숍

- 어린이집에서 영유아들이 하는 놀이 및 활동에 대한 부모들의 이해를 돕기 위하여 부모들이 영유아와 함께 활동을 진행해 볼 수 있는 워크숍을 계획할 수 있다.
- 워크숍의 주제는 부모의 관심사를 반영하는 것이 좋고, 활동의 예로는 놀잇감 제작, 영유아를 위한 놀이 및 게임 배우기, 손유희 배우기, 소꿉놀이 소품 만들기 등이 있다. 활동은 가능한 간단하고 이해하기 쉬운 것으로 준비한다.
- 워크숍에서 만든 결과물은 어린이집에 기증하거나, 어린이날 선물 등으로 활용할 수 있고, 각 가정으로 가져갈 경우 자녀와 함께 놀이할 수 있도록 활동방법이나 효과적인 상호작용 방법을 소개해 준다.

(4) 부모 참여수업

- 부모 참여수업은 자녀와 함께 어린이집의 생활을 직접 경험해 보는 활동이다.
- 부모들은 이러한 경험의 공유를 통하여 보육 프로그램을 이해하고 자녀의 생활을 새로운 시각에서 이해할 수 있는 기회를 가질 수 있다.
- 일반적으로 가정 및 부모의 상황이나 프로그램의 특성에 따라 어머니 참여수업, 아버지 참여수업, 할머니 또는 할아버지 참여수업 중에서 필요한 활동을 선택하여 계획한다. 최근에는 가족구조가 다양화됨에 따라 어머니 참여수업이나 아버지 참여수업이 의도하지 않게 상처와 스트레스를 줄 수 있기 때문에 각 영아의 가족상황을 분석하고 가장 적절한 참여대상을 선정하여 계획하도록 한다.
- 참여수업은 부모들이 시간을 비워둘 수 있도록 최소 3~4주 전에는 날짜를 알리고 참석 여부를 파악하는 것이 필요하다.
- 교실에서 실시할 수 있는 참여수업에는 터널 통과하기, 풍선놀이, 음악에 맞춰 함께 몸을 움직여 보는 신체놀이 및 활동이 있다. 2세의 경우에는 간단한 요리 활동과 미술활동도 실시할 수 있다.

4) 기타

(1) 자원봉사

- 부모들이 자원봉사자로 참여할 수 있는 방법은 여러 가지가 있다.
  - 교재교구 제작 및 수리하기
  - 악기연주를 통한 작은 음악회
  - 동화책 읽어주기
  - 급 · 간식 도우미
  - 야외학습 및 소풍 시 도우미
- 부모들이 자원봉사자로 역할을 할 때에는 반드시 적절한 사전교육을 실시하여 부모가 미리 준비할 수 있도록 한다. 또한 부모로 하여금 현장에서 자신의 자녀와 다른 영아를 차별하는 태도를 취하지 않도록 하며 보육에 실제 참여할 때는 사전에 보육교사와 함께 보육내용에 대한 협의를 하도록 한다.

(2) 부모 간 교류기회 마련

- 어린이집에서는 자녀를 보내는 부모들이 자녀양육의 어려움과 영아의 활동 및 발달에 대하여 다른 부모들과 서로 의견을 나누고 정보를 공유할 수 있도록 다양한 기회를 마련하는 것이 바람직하다.
- 여러 부모참여 프로그램을 진행한 후 부모들 간 의견을 교류할 수 있도록 소그룹 간담회를 실시하거나, 부모만을 위한 온라인 커뮤니티를 개설하는 등의 방법이 있다.

3. 지역사회와의 협력

어린이집과 지역사회는 서로 도움을 주고받는 상호보완적 관계여야 한다. 현대사회는 핵가족화와 맞벌이 부부의 증가, 다양한 가족구조의 탄생 등으로 인해 양육이 가정의 문제만이 아닌 사회의 영역이 되어 지역사회가 함께 하는 부모의 역할이 요구되고 있다. 특히 고령화 사회로 노인인구가 증가하고, 다문화가족이 늘어나는 등의 사회적 변화에 따라 이를 고려한 지역사회 연계방안에 대한 필요성도 증가하고 있다. 인적자원뿐 아니라 지역사회의 여러 시설을 이용하는 것도 영유아를 둘러싸고 있는 환경과 지역사회에 대한 이해를 도울 수 있으므로 어린이집은 지역사회 기관과의 협조관계를 유지하고 영유아가 지역사회 기관과 연계된 프로그램에 참여할 수 있도록 다양한 경험을 제공하도록 한다. 어린이집에서 일반적으로 실행하는 지역사회 연계활동은 다음과 같이 인적 자원 활용, 물적 자원 활용, 어린이집 운영 참여자의 유형으로 나눌 수 있다.

표 11-5 지역사회 연계 자원 유형

인적 자원 활용	- 지역의 다양한 인적 자원을 자원봉사자로 활용 - 지역사회 어르신을 영유아 보육의 자원봉사자로 활용하거나, 전래동화 이야기 선생님, 예절 선생님 등으로 활용
물적 자원 활용	- 어린이집 앞 공터나 놀이터, 공원, 도서관, 관공서, 농장 등
어린이집 운영 참여자	- 어린이집 운영위원회 구성원으로 지역사회 인사 참여

1) 지역사회 인적 자원 활용

- 지역사회 어르신이나 구성원들이 어린이집을 방문하여 정기적인 자원봉사를 실시하거나, 동화를 읽어주는 활동 등을 계획할 수 있다.
- 이러한 활동은 영아들이 할머니, 할아버지, 지역사회 구성원을 만날 수 있는 건전한 기회를 만들어 주는 것에 중점을 두고 지역사회와 유기적인 관계를 유지

해 가도록 한다.

- 지역사회 구성원이 자원봉사자로 활동할 때는 적절한 교육과 안내를 통해 어린이집 상황에 적합하고 영아들의 활동에 지장이 없도록 하는 것이 필요하다.

2) 지역사회 물적 자원 활용

- 어린이집에서는 영유아들이 가정과 어린이집 외에 지역사회에 관심을 가질 수 있도록 공원, 도서관, 어린이박물관 등의 가까운 장소를 방문하는 기회를 마련한다. 이때 영유아들은 나들이가 쉽지 않으므로 각 연령에 맞는 가까운 거리의 장소를 적절히 선택하여 활동을 진행하도록 한다.
- 지역사회 기관과 연계된 프로그램을 마련하여 진행하는 것도 가능하다. 예를 들면 도서관이나 보육정보센터와 연계하여 책, 놀잇감을 빌려보거나, 영유아들이 정기적으로 방문하여 책을 빌리는 등의 활동을 진행할 수 있다.
- 지역사회와의 의사소통을 위해 보육관련 단체나 개인에게 어린이집의 참관을 허용하는 것도 하나의 방법일 수 있다.

표 11-6 연령에 따른 지역사회 연계

연령	내용
0세	스스로 걷는 것이 어려우므로, 실외놀이터나 베란다에서 바깥구경을 하거 나 유모차를 타고 어린이집 주변을 둘러보는 등의 활동을 진행할 수 있다.
만 1세	스스로 걷고 뛰는 것이 가능한 연령이 되면 보육교사는 어린이집 근처의 공원, 실외놀이터, 산책로 등의 장소를 알아두고 영아들이 일광욕과 산책을 할 수 있도록 한다.
만 2세	2세는 실외공간에서 활동적인 체험활동을 좋아하므로 지역사회의 공원, 동물원, 소방서, 어린이용 소극장, 어린이박물관, 영유아플라자 등과 연계하여 영아가 다양한 경험을 할 수 있도록 한다. 학기 초에는 가까운 공원이나 도서관 등과 연계된 가벼운 활동을 진행하고, 학기 후반으로 갈수록 좀 더 다양한 지역사회 연계활동을 계획하여 진행하도록 한다.

〈박물관 견학〉

〈소방서 견학〉

〈수목원 견학〉

〈동물원 견학〉

3) 어린이집 운영 참여자

영유아보육법 제25조에서는 지역사회 인사를 포함한 어린이집 운영위원회를 구성하도록 하고 있다. 따라서 어린이집과 지역사회의 협력관계를 위해 정기적인 모임을 갖도록 한다.

가정 및 지역사회와의 연계 연간주제

본 연령별 보육프로그램에서는 가정 및 지역사회 연계활동을 주제와 연관하여 주제별로 1개씩 수립하여 제시하고 있다. 관련 내용을 참조하여 각 연령별로 다양한 가정 및 지역사회와의 연계활동을 지속적으로 수립하여 실천하도록 한다.

표 11-7 가정 및 지역사회와의 연계 - 2세

번호	연간주제	가정과의 연계	지역사회와의 연계
1	어린이집이 좋아요 (7주)	가족과 어린이집에서 한 일 이야기해 보기	지역 대학의 관련학과 학생 자원봉사(보조교사)로 활용하기
2	봄나들이 가요 (5주)	가족과 집 주변 산책하기	선생님과 꽃과 벌레를 관찰할 수 있는 공원이나 뒷동산, 농원 등 산책하기
3	나는요 (5주)	가족과 함께 목욕하며 서로의 몸에 관심 갖고 자연스럽게 탐색해 보기	선생님과 함께 가까운 보건소 방문하여 신체와 건강에 대한 이야기 들어보기
4	재미있는 여름이에요 (7주)	가족과 집에서 목욕하거나 수영장에 가서 물놀이하기	기관으로 치과의사 선생님 초대하여 치아검진 받기
5	나는 가족이 있어요 (5주)	가족과 '가족사진' 함께 보기	할머니, 할아버지를 어린이집으로 초청하여 함께 놀이하기
6	동물놀이해요 (6주)	가족과 함께 동물원 나들이 해보기	동물병원 견학하기
7	알록달록 가을이에요 (6주)	가족과 함께 공원 나들이 해보기	공원으로 산책가기(어린이집에서 가까운 근린공원으로 산책가기)
8	겨울과 모양을 즐겨요 (5주)	가족과 '내 몸', '가족의 몸'에 있는 '모양' 찾아보기	선생님과 주변의 가게(군고구마, 호빵 등)에 방문하여 '겨울 음식' 살펴보기
9	나는 친구가 있어요 (6주)	가족과 함께 선생님, 친구의 사진을 보며 이름 말하기	선생님과 노인정, 양로원 등 어르신이 계시는 곳을 방문하여 새해인사 드리기

출처: NAEYC의 기관지 [Young Children](2012).

PART 3

보육교사의 역량 개발

CHAPTER

12

자기개발

1. 보수교육
2. 원내 교육 및 멘토링

1. 보수교육[1)]

1) 보육교사 보수교육의 정의 및 구분

보육교사 자질 향상을 위해 실시하는 교육으로서, 보육에 필요한 지식과 능력을 유지·개발하기 위하여 보육교직원이 정기적으로 받는 직무교육과 보육교사가 상위 등급의 자격(3급 → 2급, 2급 → 1급)을 취득하기 위해 받아야 하는 승급교육 및 어린이집 원장의 자격을 갖추기 위하여 받아야 하는 사전직무교육을 의미한다.

2) 보수교육 종류

보육교사 등의 보수교육은 다음 〈표 12-1〉과 같다.

표 12-1 보육교사 등의 보수교육

직무교육					승급교육	
일반직무교육		특별직무교육				
기본교육/심화교육	장기 미종사자 교육	영아보육 직무교육	장애아보육 직무교육	방과후보육 직무교육	2급 보육교사 승급교육	1급 보육교사 승급교육

3) 보수교육 대상자

① 일반직무교육

- 보육교사 직무교육: 현직에 종사하고 있는 보육교사로서 보육업무 경력이 만 2년이 지난 사람과 보육교사 직무교육(승급교육을 포함)을 받은 해부터 만 2년이 지난 사람이다.

1) 2020년 어린이집 운영안내 자료집에서 일부 발췌함.

- 장기 미종사자 직무교육: 어린이집 원장 또는 보육교사의 자격을 취득한 사람으로서 만 2년 이상 보육업무를 수행하지 아니하다가 다시 보육업무를 수행하려는 사람

  ※ 취업 전 만 2년 이내에 「영유아보육법 시행령」[별표 1] 비고의 제2호에 해당하는 경력이 없는 사람

「영유아보육법 시행령」 [별표 1] 비고의 제2호

2. "보육업무 경력"이란 다음의 어느 하나에 해당하는 경력을 말한다.

   가. 다음의 어느 하나에 해당하는 경력

      1) 어린이집에서 어린이집의 원장, 보육교사, 특수교사 또는 치료사로 근무한 경력

      2) 육아종합지원센터에서 육아종합지원센터의 장, 보육전문요원, 특수교사, 대체교사 또는 일시보육 담당 보육교사로 근무한 경력

      3) 법 제26조의2 제2항에 따른 일시보육서비스지정기관에서 기관의 장 또는 일시보육 담당 보육교사로 근무한 경력

   나. 「유아교육법」에 따른 교육과정과 방과후 과정을 운영하는 유치원에서 원장, 원감, 수석교사 또는 교사로 근무한 경력

- 이수기한
  - 현직 보육교사가 직무교육을 받아야 하는 연도에 직무교육을 받지 못한 경우에는 다음 연도 12월 31일까지 받아야 한다.
  - 장기 미종사자 교육 대상자는 반드시 다시 보육업무를 수행하기 이전(채용 이전)까지 교육을 받아야 한다(2020. 3. 1. 이후 채용예정자부터 적용).
  - 다만, 장기 미종사자의 경우 다시 보육업무를 수행하기 이전 만 2년 이내의 기간 동안 보수교육을 이수한 사람은 장기 미종사자 교육을 이수한 것으로 본다.

② 승급교육

- 2급 보육교사 승급교육: 3급 보육교사 자격 취득 후 보육업무 경력이 만 1년이 지난 사람이다.
- 1급 보육교사 승급교육: 2급 보육교사 자격 취득 후 보육업무 경력이 만 2년 이상이 경과한 사람이다.

4) 보수교육 내용

보육교사 일반직무교육의 내용은 다음 〈표 12-2〉와 같다.

표 12-2 보육교사 일반직무교육

<table>
<tr><th rowspan="2">영 역</th><th colspan="2">일반직무교육(기본과정)</th><th colspan="2">일반직무교육(심화과정)</th></tr>
<tr><th>교과목</th><th>시간</th><th>교과목</th><th>시간</th></tr>
<tr><td rowspan="3">인성 · 소양
(8시간)</td><td>• 보육교사와 인권
- 인권에 대한 이해
(성인지 교육내용 포함)
- 교사와 아동의 인권 존중 이해</td><td>3</td><td>• 보육교사의 인문적 소양
(성인지 교육내용 포함)
- 행복한 교사되기</td><td>3</td></tr>
<tr><td>• 보육교사의 직무역량 강화
- 보육교사 직무 이해
- 보육교사 의사소통기법 훈련</td><td>3</td><td>• 보육교사의 직무역량 강화
- 보육교사 리더십 키우기
- 기관 구성원 간 멘토링 실행</td><td>3</td></tr>
<tr><td>• 보육교사의 건강관리
- 보육교사의 신체 · 정신건강 이해 · 관리</td><td>2</td><td>• 보육교사의 건강관리
- 보육교사의 신체 · 정신건강 이해 · 관리</td><td>2</td></tr>
<tr><td rowspan="3">건강 · 안전
(9시간)</td><td>• 안전사고 예방교육
- 재난대비, 교통안전, 응급처치</td><td>3</td><td>• 안전사고 예방교육
- 재난대비, 교통안전, 응급처치</td><td>3</td></tr>
<tr><td>• 보건위생관리
- 감염병 및 약물오남용, 응급처치</td><td>3</td><td>• 보건위생관리
- 감염병 및 약물오남용, 응급처치</td><td>3</td></tr>
<tr><td>• 아동학대, 성폭력, 실종 예방 및 사후관리
- 아동학대의 이해
- 성폭력 및 실종 예방 교육
- 어린이집 성문제 대응교육</td><td>3</td><td>• 아동학대, 성폭력, 실종 예방 및 사후관리
- 아동학대의 이해
- 성폭력 및 실종 예방 교육
- 어린이집 성문제 대응교육</td><td>3</td></tr>
</table>

전문 지식 · 기술 (23 시간)	장애 및 다문화 실제 (4시간)	• 다문화교육 이해와 실제 - 현장사례 중심 분석	2	• 다문화교육 과정 심화 - 다문화프로그램 개발	2
		• 장애통합보육 운영 실제 - 개별화 프로그램 이해, 개발	2	• 장애통합보육 운영 실제 - 개별화 프로그램 적용 및 부모 협력 강화	2
	보육 활동 운영의 실제 (16시간)	• 영유아 관찰 및 기록 실제 - 신체 · 인지 · 언어 · 정서 등 발달 관찰 및 사례 분석	3	• 영유아 관찰 기록의 활용 - 관찰 기록 분석 및 영유아 발달 평가와 상담 활용능력 키우기	3
		• 영유아 부적응 행동의 이해 - 부적응 행동 유형의 이해 (불안, 위축, 공격, 주의산만 등)	2	• 영유아 행동 유형별 발달지원 - 부적응 행동 예방과 지도	2
		• 보육정보 탐색의 적용과 사례 - 인터넷 등 정보활용방법, 보육통합정보시스템 이해	2	• 보육교사의 놀이참여 및 확장 · 연계 - 영유아 놀이 관찰, 개입을 통한 확장 및 연계 교수-학습방법	2
		• 디지털시대의 교수매체 활용 및 적용 - 인터넷, 스마트기기 등의 교수매체로서의 활용 방법 이해 및 실습	3	• 영유아 프로그램 계획 및 운영 - 보육대상 및 철학에 따른 보육 프로그램 운영	3
		• 영유아 인성교육의 실제 - 기본생활습관지도 및 활동에 따른 인성교육 실제 사례	3	• 영유아 인성교육의 심화 - 기관 및 영유아의 발달 특성에 인성교육 계획 실습	3
		• 영아교사의 상호작용 전략(선택) - 영아발달, 흥미, 놀이에 따른 교수방법 학습	3	• 어린이집 시설 · 설비관리(선택) - 어린이집 시설 · 설비 관리능력 학습	3
		• 유아교사의 상호작용 전략(선택) - 유아발달, 흥미, 놀이에 따른 교수방법 학습	3	• 동료 수업 멘토링(선택) - 동료교사 간 수업지원능력 학습	3
		• 보수교육기관 자체개발 교과목(선택)	3	• 보수교육기관 자체개발 교과목(선택)	3
	가족 및 지역사회 협력 (3시간)	• 부모-교사 의사소통의 이해와 실제 (선택) - 부모-교사 간 의사소통 이해 및 갈등상황 시 소통능력 함양	3	• 열린 어린이집 계획 및 운영(선택) - 열린 어린이집 개념과 환경구성 - 열린 어린이집 계획과 운영 실제	3
		• 부모 개별 면담 기법(선택) - 성공적인 부모면담 위한 대화법	3	• 지역사회 연계 프로그램 사례 분석(선택) - 지역 내 육아인프라 활용능력 함양	3
계		15과목	40	15과목	40

장기 미종사자가 다시 보육업무를 수행하기 이전 만 2년 이내의 기간 동안 보수교육을 이수한 사람은 장기 미종사자 교육을 이수한 것으로 본다. 장기 미종사자 보육교사 직무교육의 내용은 다음 〈표 12-3〉과 같다.

표 12-3 장기 미종사자 보육교사 직무교육

영역 (시간)	보육교사	
	교과목	시간
인성·소양 (8시간)	• 보육교사의 역할과 윤리 - 보육교사의 역할 - 보육교사의 윤리	4
	• 아동복지와 인권 - 아동복지와 인권의 이해 - 아동권리와 학대	4
건강·안전 (4시간)	• 영유아 건강 · 안전 - 영유아 건강 · 안전교육(어린이집 성문제 대응 교육 포함) - 영유아 안전사고 예방교육 - 보육교사의 건강	4
전문지식 · 기술 (28시간)	• 영유아 관찰 및 평가 - 영유아 관찰의 이해 - 영유아 평가의 이해 - 영유아 평가 방법의 종류 - 관찰법 이해 및 적용 - 포트폴리오 평가 이해	4
	• 영유아 행동지도 - 영유아 문제행동의 이해 - 영유아 문제행동 예방과 지도	4
	• 영유아 긍정적 상호작용 - 영유아 존중 상호작용의 이해 - 영유아 놀이 상호작용의 실제	4
	• 영유아 행동의 발달적 이해 - 영아발달(신체발달 · 인지발달 · 정서발달) - 유아발달(신체발달 · 인지발달 · 사회성발달)	4
	• 보육계획 수립 - 보육계획 수립의 원리 - 보육계획 수립의 실제	4
	• 보육일지 작성의 실제 - 보육일지의 이해 - 보육일지 작성 방법 - 보육일지 작성 실습	4
	• 표준보육과정 - 표준보육과정의 변천과 기초 - 표준보육과정의 구성과 관련 자료	4
계	10과목	40

※ 「건강·안전」 영역의 응급처치 관련 교육은 심폐소생술, 응급처치 실습 등 이론보다 실습 위주로 교육하도록 함

※ 「건강·안전」 영역 교육에서 「긴급복지지원법 시행규칙」 제2조의3에 따른 긴급지원 신고의무자에 대한 내용을 1시간 이상 포함하여 교육하도록 함

※ 건강·안전(9시간) 영역 내 '아동학대, 성폭력, 실종예방 및 사후관리' 교육내용에서 아동의 성 관련 문제의 유형과 사례, 대응방법 등 내용을 포함하여 교육 실시하도록 함

보육교사 승급교육 내용은 다음 〈표 12-4〉와 같다.

표 12-4 보육교사 승급교육

<table>
<tr><th colspan="2" rowspan="2">영 역</th><th colspan="2">2급 승급교육</th><th colspan="2">1급 승급교육</th></tr>
<tr><th>교과목</th><th>시간</th><th>교과목</th><th>시간</th></tr>
<tr><td colspan="2" rowspan="3">인성 · 소양
(11시간)</td><td>• 아동복지와 인권의 이해
- 사례중심 아동권리에 대한 민감성 증진</td><td>4</td><td>• 아동복지와 인권의 실제
- 사례중심 아동권리에 대한 민감성 증진</td><td>4</td></tr>
<tr><td>• 보육교사의 역할과 윤리
- 보육교사 2급의 역할 및 직업윤리</td><td>4</td><td>• 보육교사의 역할과 윤리
- 보육교사 1급의 역할 및 직업윤리</td><td>4</td></tr>
<tr><td>• 보육교사의 건강관리와 힐링
- 보육교사의 신체 및 정신건강 이해
- 실습중심 질환 예방법 및 대처법</td><td>3</td><td>• 보육교사의 건강관리와 힐링
- 보육교사의 신체 및 정신건강 이해
- 실습중심 질환 예방법 및 대처법</td><td>3</td></tr>
<tr><td colspan="2" rowspan="4">건강 · 안전
(12시간)</td><td>• 영유아 건강안전교육 계획 및 실행
- 건강안전교육 계획 및 실행 실습</td><td>3</td><td>• 영유아 건강안전교육 계획 및 실행
- 건강안전교육 계획 및 실행 실습</td><td>3</td></tr>
<tr><td>• 안전사고 예방교육
- 재난대비, 교통안전, 응급처치</td><td>3</td><td>• 안전사고 예방교육
- 재난대비, 교통안전, 응급처치</td><td>3</td></tr>
<tr><td>• 보건위생관리
- 감염병 및 약물 오남용, 응급처치</td><td>3</td><td>• 보건위생관리
- 감염병 및 약물 오남용, 응급처치</td><td>3</td></tr>
<tr><td>• 아동학대, 성폭력, 실종 예방 및 사후관리
- 아동학대 예방 기초, 개입과정
- 성폭력, 실종 예방 교육
- 어린이집 성문제 대응교육</td><td>3</td><td>• 아동학대, 성폭력, 실종 예방 및 사후관리
- 아동학대 이해 및 어린이집에서의 아동학대
- 성폭력, 실종 예방 교육
- 어린이집 성문제 대응교육</td><td>3</td></tr>
<tr><td rowspan="2">전문 지식 · 기술 (55시간)</td><td rowspan="2">장애 및 다문화 실제 (8시간)</td><td>• 다양한 가정의 영유아 이해
- 다양한 가정의 이해
- 다양한 가정 영유아의 특성에 따른 발달적 지원 방법</td><td>4</td><td>• 다문화 가정의 영유아 지원
- 다문화 가정 영유아의 생활 및 발달 지원, 보육 지원 등 사례 중심</td><td>4</td></tr>
<tr><td>• 장애영유아의 이해
- 발달기 영유아의 다양성 이해
- 영유아 선별, 장애진단, 중재의 중요성</td><td>4</td><td>• 장애영유아의 이해 및 지원
- 특수 영유아 특성별 지도
- 기관 내 장애영유아 지원 관리 방안</td><td>4</td></tr>
</table>

		• 영유아 관찰 사례 이해 및 실제 - 관찰의 기초, 관찰 기록 이해 - 일상생활 및 놀이행동, 상호작용 관찰 실습	4	• 영유아 관찰 및 평가 - 관찰도구의 활용 - 관찰 기록을 평가에 활용하는 방안	4
		• 대 · 소집단활동 운영 - 대 · 소집단활동 운영을 위한 교수-학습방법	4	• 대 · 소집단활동 운영의 실제 - 대 · 소집단활동 운영 실습	4
		• 신체 · 예술(음률)활동 운영 - 신체 · 예술영역 발달의 이해 - 신체 · 예술활동 운영 방법	4	• 신체 · 예술(음률)활동 운영의 실제 - 신체 · 예술(음률)활동 운영 실습	4
		• 언어 · 수과학활동 운영 - 언어 · 수과학영역 발달의 이해 - 언어 · 수과학활동 운영 방법	4	• 언어 · 수과학활동 운영의 실제 - 언어 · 수과학활동 운영 실습	4
	보육활동 운영의 실제 (39시간)	• 역할 · 쌓기놀이활동 운영 - 역할 · 쌓기놀이영역 발달의 이해 - 역할 · 쌓기놀이활동 운영 방법	4	• 역할 · 쌓기놀이활동 운영의 실제 - 역할 · 쌓기놀이활동 운영 실습	4
		• 보육계획 수립 및 보육일지 작성 - 보육계획의 원리, 연계성 있는 보육계획 - 보육일지 작성의 원리, 일과 계획 작성, 일과의 실행과 평가 작성	4	• 보육일지 작성의 실제 - 보육일지 작성 실습	4
		• 표준보육과정의 이해 및 평가 - 제3차 어린이집표준보육과정 총론, 0-1세 보육과정(6개 영역 목표, 내용체계), 2세 보육과정(6개 영역 목표, 내용범주, 내용) - 표준보육과정 운영평가	4	• 보육실습 지도의 적용과 사례 - 보육실습 지도의 의의, 계획, 운영, 평가	4
		• 누리과정의 이해 및 평가 - 3-5세 누리과정 5개 영역 목표, 내용범주, 내용 - 누리과정 운영평가	4	• 어린이집의 개인정보보호 관리 - 개인정보보호 관련법에 대한 이해 - 개인정보가 포함된 문서 관리 - CCTV 관련 개인정보 관리	4

		• 영유아 행동의 발달적 이해 - 사례중심 발달영역별 영유아 행동의 이해 및 지원	4	• 영유아 문제행동 조기발견 - 영유아 사회・정서발달과 적응지도 - 발달적 지원과 치료적 접근이 필요한 영유아 이해 - 사례중심 문제행동 지원방법	4
		• 실내외 놀이 환경구성 - 실내외 놀이 환경구성의 기본요건, 원리, 실제 및 평가	3	• 어린이집 환경구성 및 관리 - 어린이집 환경구성의 원리 및 관리 실제	3
	가족 및 지역사회 협력 (8시간)	• 다양한 부모-자녀 관계의 이해 - 가족 형태의 다양화, 부모역할, 건강한 부모-자녀관계 형성	4	• 부모참여 계획 및 실행 - 부모참여의 실제 및 활성화 방안	4
		• 부모참여 및 상담 실제 - 부모참여활동 계획 - 부모상담을 위한 준비 및 실습	4	• 지역사회 연계활동 계획 및 운영 - 보육과정, 장소, 활동에 따른 지역사회 연계활동 계획	4
평가시험		• 2급 승급교육 평가시험	2	• 1급 승급교육 평가시험	2
계		21과목+평가시험	80	21과목+평가시험	80

※「건강・안전」 영역의 응급처치 관련 교육은 심폐소생술, 응급처치 실습 등 이론보다 실습 위주로 교육하도록 함

보육교직원 보수교육 대상자가 육아종합지원센터와 어린이집안전공제회가 주관하는 아동학대예방 및 안전관리 교육을 수료한 경우, 동일 연도 내 보수교육 건강・안전 영역 중 해당 과목을 이수한 것으로 인정하여 면제한다(보건복지부, 2021).

2. 원내 교육 및 멘토링

1) 동료장학의 개념

동료장학은 보육교사들 사이에 교육활동의 개선을 위해 서로 장학을 하는 것이다. 일반적으로 같은 학년 혹은 과목으로 수업의 과제 해결이나 어떻게 교육해야 더 효율적인지에 대한 수업방법을 연구 및 개선하는 활동을 하는 것이 전형적이다. 동료장학은 다른 장학에 비해 자율성이 크고 협동성을 기초로 한다.

2) 동료장학의 목적

동료장학은 보육교사의 개별적 요구를 토대로 동료교사 간에 지원과 피드백을 주고받는 과정이다. 보육교사 자신의 교수기술 향상을 위해 끊임없이 노력하는 보육교사 공동체를 형성하기 위한 것으로 새로운 지식과 기술을 함께 연구하기 위해 새로운 교수기술과 전략을 배울 수 있는 장을 마련하는 것이다.

또한, 문제가 되는 교수 상황을 해결하고 문제를 해결하여, 보육교사의 교수기술 향상과 실제 현장에서 직면하는 문제나 어려움을 공유하고 해결하여 보육교사의 전문성 발달을 도모하는 것이다.

3) 동료장학의 내용

동료장학은 교육관, 가치관, 교육 신념 확립, 교수기술 향상, 자아상 확립, 대인관계능력 배양, 지원적 환경 조성과 관련된 내용을 포함하여야 하며 다음 〈표 12-5〉와 같다.

표 12-5 동료장학의 내용

• 교육관, 가치관, 교육 신념 확립	보육교사가 교수를 수행해 가는 토대가 되는 내용, 교직관, 장학신념, 교육이론, 새로운 이론 등에 대한 성찰 및 재정립을 포함한다.
• 교수기술 향상	보육교사에게 바람직한 교수기술과 지식을 학습할 수 있는 내용으로 보육교사가 담당하고 있는 교육과정 설계, 일과계획 및 수행, 상담 및 조언, 환경구성, 영유아와의 상호작용, 장학기술, 교수전략, 연구능력 등을 향상시키는 내용이다.
• 자아상 확립	보육교사의 자신에 대한 이해로서 보육교사로서의 자아정체성 등을 재정립하는 내용이다.
• 대인관계 능력 배양	보육교사로서 보육교사 및 원장 또는 학부모와의 바람직한 관계를 형성하기 위한 능력으로서 의사소통기술, 동료 보육교사에 대한 이해, 인간관계기술 등을 기를 수 있도록 하는 내용이다.
• 지원적 환경 조성	보육교사의 전문적 성장을 지원하는 교수 상황과 자신이 원하는 환경을 조성해 가고자 의지를 갖거나 시도해 보는 것으로 상황 개선에 대한 의지, 근무환경에 대한 만족도, 인적 환경 조성, 원의 운영관리와 같은 내용이다.

4) 동료장학의 방법

보육교사의 발달을 돕기 위해 이루어지는 장학의 여러 방법은 보육교사의 관심사나 그 분야에 대한 수준을 고려하여 각 보육교사에게 적절한 방법을 활용하는 것이 중요하다. 보육교사의 역할, 위치, 보육교사가 속한 어린이집의 상황에 적합한지를 고려하여 효과적으로 활용해야 한다.

① 반성적 저널쓰기

반성적 사고는 과거나 현재에 일어나고 있는 실천적 행위에 대한 사려 깊고 분석적인 사고로부터 미래 행위에 대한 방향을 결정하는 자연스러운 과정이다(박은혜, 2003).

좋은점	• 보육교사로 하여금 감추어진 신념들을 드러내 검토·분석할 기회를 제공한다. • 자신이 무엇을 알고 있는지, 무엇을 느끼는지, 무엇을 하고 있는지, 왜 해야 하는지를 고려함으로써 반성적 사고를 기르는 데 도움이 된다. • 주된 인물, 해결할 문제(갈등), 문제의 해결과 관련된 사건 등 기본 구조로 하여 저널을 쓰면 반성적 사고 향상에 효과적이다. • 어린이집 학급에서 일어나는 교수와 관련된 실천행위를 스스로 관찰, 분석할 수 있는 수단(자율적 의사결정자가 되도록 도움)이다.
유의점	• 보육교사 자신이 쓰기를 즐겨하고 기록할 때 자신을 반성할 수 있는 기본 능력이 갖추어져 있어야 효과적이다. • 저널쓰기를 통한 반성적 사고 변화를 이루려면 다소 긴 시간과 꾸준한 노력이 필요하다.

② 보육교사의 이야기쓰기

이야기쓰기는 보육교사로서의 갈등, 실패나 성공담, 보육교사가 직면하는 문제나 과정, 수업 실제에 대한 반성, 보육교사의 자전적 인식을 바탕으로 한 자아인식의 과정, 교육에 대한 보육교사의 희망, 사회에 대한 비판 등을 포함한다.

전형적 이야기의 구성 요소(예: 배경, 등장인물, 주제, 전환점, 줄거리)가 있느냐 이외에도 교수-학습, 해석에 대한 반성이 포함된다.

의의	• 보육교사가 역할을 수행하고 보육교사가 되는 데 영향을 준 개인의 발달과 개인의 이전 경험을 조명할 수 있도록 한다.
좋은점	• 서로의 이야기를 듣고 자신의 이야기를 말할 때 가르치는 일의 깊고 다양함을 나타낼 수 있다(동료장학). • 각 개인의 삶 속에 녹아 있는 실천적 지식을 자연스럽게 표현하고 그 중요성을 부각하는 기능을 한다. • 보육교사 개인과 개인을 쉽게 연결해 준다. • 타인의 경험에 대한 접근을 용이하게 하여 보육교사 전문성 발달에 도움이 된다.

③ 영유아 관찰

영유아를 세밀하게 관찰하는 것은 유능한 보육교사에게 요구되는 것으로 이에 대해 피드백하고 분석하는 일련의 반성적 과정은 보육교사의 전문성 발달을 위해 중요하다.

영유아에 대한 객관적 관찰은 보육교사라면 누구나 지녀야 할 기본 기술이나 특별한 관찰기술을 개발하는 것은 경력교사에게 보다 더 필요하다.

유형	• 일화기록법 : 특정 시간·사건에 제한 없이 관찰자가 흥미 있다고 생각하는 것을 기록한다. • 시간표집법 : 정해진 시간 내의 행동을 표집한다. • 사건표집법 : 특정 행동이 일어날 때 그에 대해 관찰하고 기록한다. • 행동목록/평정척도법 : 일정한 기록 양식을 사전에 준비해 이에 따라 표기한다.
관찰의 어려움	• 이전 경험이나 편견, 선입견 그리고 기대들로 인해 잘못된 해석을 할 수 있다. • 빠르게 진행되는 교실의 상황이 관찰에 용이하지 않기 때문에 관찰은 쉬운 일이 아니다.

④ (상호)수업사례 분석

수업사례 분석은 자신이나 동료 보육교사의 수업 또는 사례를 분석해 보는 방법이다. 수업을 녹화한 자료를 함께 보거나 전사한 자료를 보며 수업의 진행과정에서 나타난 문제점과 장점을 비판적으로 검토하고 의견을 나누는 방법이다.

좋은점	• 자신의 수업을 객관적으로 살펴볼 기회가 된다. 교수 상황에서 고립되어 다른 수업을 관찰하거나 조언을 들을 기회가 없는 상황에서 자신의 교수행위를 객관적으로 살펴볼 수 있다. • 교실에서 보육교사가 무엇을 생각하고 실제 무슨 일이 일어나는지 알게 된다. 동료교사의 피드백을 얻을 수 있기 때문에 보육교사의 반성적 사고를 기르는 데 도움이 된다.
절차	• 수업 전 협의 → 수업안 작성 → 수업안 협의 → 수업 실시 → 수업 후 협의

⑤ 전문서적 읽기와 토론(세미나)

보육교사 간 공동이 관심사를 정해 관련 전문서적을 정기적으로 읽고 교수 실제와 연결지어 토의하는 방법이다.

좋은점	• 자신의 필요에 의해 적절히 전문서적을 읽는다면 보육교사가 지닌 기존의 교육에 대한 관점까지도 변화시킬 수 있는 영향력을 행사할 수 있다. • 다른 보육교사와 토의하고 공유하는 과정에서 보다 폭넓은 지식을 구성한다. 자신이 전문가라는 인식을 갖게 하는 중요한 기회가 된다. • 개인적으로 전문서적을 읽기는 쉽지 않으므로 이러한 모임을 가짐으로써 이론적 그리고 실천적 전문성을 협력적으로 쌓아갈 수 있다.
방법	• 관심 있는 주제 모으기 → 읽어 보고 싶은 주제의 우선 순위 정하기 → 교재 정하기 → 교재 읽고 내용 협의하기(현장 적용 방법, 공유하고 싶은 내용, 의문이 가는 내용 등) → 다음 주제 안내하기(다음 읽을 내용 정하기, 새로 알게 된 부분을 교실에 적용하고 다음에 결과를 공유)
유의점	• 처음부터 너무 어려운 책을 읽지 않도록 하고 성취감을 높일 수 있게 한 번에 너무 많이 읽지 않도록 한다. • 서로의 읽기 능력 차이를 인정하여 적절한 자료를 선정하고 지속적인 격려로 편안함을 느끼도록 한다.

⑥ 멘토링

멘토링은 경력 있고 능숙한 교사들이 초임이나 기술이 서툰 교사들의 전문적이고 개인적 발달을 증진하기 위해 충고하고 격려하고 상담하는 방법이다.

효과적인 멘토링을 위해서는 순환적 시스템을 활용한 체계적 과정의 진행으로 교육적 대화로 공동체 문화를 형성하고 반성적 사고를 촉진하는 기술과 방법을 활용한 관계형성과 유지가 중요하다.

- 멘토: 경력교사 중에 선발되어 다른 동료교사의 전문성 발달을 돕기 위해 지원과 자문(경력교사라 하더라도 멘토를 제공받기도 함)하는 것을 의미한다.
- 멘토의 개인적 자질: 교직에 대한 열의 / 다른 사람을 도우려는 의지 / 사교적이고 융통성 / 초임교사의 요구에 대한 민감한 반응 / 권위적이지 않고 수용적 / 비밀보장
- 멘토의 전문적 자질: 다양한 교수방법에 대한 개방적 자세 / 전문적 발달을 위한 지속적 노력 / 능숙한 의사소통능력 / 조직 기술

상호 유익	• 멘토 : 멘토링을 제공하는 과정에서 자신의 전문적 성장이 이루어짐 / 현장의 교사가 교사 교육자로 참여된다. • 멘티 : 자신들을 도와주는 유용한 인적 자원이 있음 → 교사로의 자신감과 전문적 능력이 증진된다.
멘토의 역할	• 전문적 가르침에 중점을 두는 동료 코칭과 달리 전문적 지원과 정서적 유대와 배려가 관계 형성의 중요한 요소이다. • 적절한 피드백과 모델링 과정에서의(멘티의) 근접발달지대를 통한 점진적 교수 전문성 획득과 문제해결의 반성적 사고과정을 촉진한다. • 비판단적 중재이자 정서적 지원자다.
멘티의 태도	• 제공받는 입장에서 피드백을 경청 = 방어하는 태도는 안 된다. • 피드백이 유용한지 여부를 판단하고 결정해야 한다. • 지적된 내용을 반영하는 반응적 태도와 피드백 방법에 대한 불만을 표현하여 서로가 함께 나아가는 장학이 되도록 한다.
〈멘토〉 피드백 시 유의점	• 특정 교수행위에 초점을 둔 구체적인 피드백(변화되어야 할 행위에 대해 말해 주어야 한다) = 일방적 칭찬은 안 된다. • 즉각적이고 구체적인 피드백을 주되 제공된 피드백이 이해되었는지를 확인해야 한다.

⑦ 동료 간 협의(동료 임상장학)

동료 간 협의는 교육계획안에서부터 행사 계획, 문제 상황 등 역할 수행 시 부딪히는 다양한 문제를 중심으로 수직적 관계가 아닌(관심 있는 교사끼리) 동료 간 수평적 관계에서 편안하고 심도 있게 상호 조언을 구하고 해결방안을 모색하는 방법으로 정기적 모임 혹은 비형식적 형태 모두 가능하다.

좋은점	• 수직적 관계의 부담감 없이 협의과정을 통해 많은 것을 배운다. • 동료끼리 교수방법에 대해 협의하여 교수법을 향상한다. • 초임교사의 경우 경력교사와의 협의를 통해 구체적 도움과 심리적 지지를 얻는다.
유의점	• 원만한 인간관계 형성은 소속감과 직무 만족도에 중요한 요인이므로 협의회를 통해(획일적 주장 등) 관계가 악화되지 않도록 한다.

⑧ 동료 코칭

동료 코칭은 교수과정을 돌아보고 검토할 목적으로 실시한다. 동료 장학팀을 이룬 동료 간에 상호 교수 실제에 대해 비판적으로 분석하고 더 나은 대안을 제시하거나 교수

기술을 알려주는 것이다.

일반적으로 다른 동료의 수업을 관찰하거나 동료의 저널을 검토하여 보다 개선하기 위해 필요한 사항에 대한 조언과 정보 알려주기, 교수 실제 모범 보이기 등 다양한 방법으로 지원한다(교육부, 2005 재인용).

좋은점	• 보육교사들이 바라는 자신 분석, 반성, 성장을 위한 기회를 제공하는 데 유용하다.
방법	• 그대로 반영하기 : 지적할 것을 기록하지만 교수 행동에 간섭하지 않는다. • 협력적인 코칭 : 원하는 도움을 주지만 교수 행동에 간섭하지 않는다. • 전문가적인 코칭 : 관찰자가 교사의 학습 또는 특정 기술이 향상되도록 피드백을 제공한다.
유의점	• 동료교사 간 신뢰가 바탕이 되어야 한다.

5) 동료장학의 효과

① 공동체 의식 형성 : 동료장학을 통해 보육교사들은 동료와 함께 계획하고 교수하며 평가하는 시간을 가짐으로써 공동체 의식을 갖게 된다.

② 상황학습 : 동료장학을 통해 다른 상황을 접해볼 기회를 가짐으로써 다양한 수업을 이해하고 활용할 수 있다.

③ 반성 : 동료 보육교사와 협의하는 과정은 보육교사 개개인의 교수뿐만 아니라 동료로부터 받은 피드백 또한 반성하게 된다. 동료장학은 교수내용과 과정에 관해 깊이 있는 사고를 하도록 촉진한다.

④ 공유언어 : 동료장학 사전·사후협의에서 교사들은 자신의 상황을 설명하고 분석하며 해석하기 위해 구체적인 언어를 사용한다. 이러한 교수행위를 설명하는 과정에서 공유된 전문적 용어를 사용하는 것은 보육교사들로 하여금 자신의 교수에 대한 지식을 높여가는 기회가 된다.

⑤ 전문적 성장 : 동료장학은 보육교사들 간에 상호 도움을 주고받음으로써 전통적인 보육교사의 역할을 넘어서 교육자로서의 역할을 확장해 나간다.

CHAPTER

13

전문성 개발

1. 보육교사의 발달단계
2. 보육교사의 전문성

1. 보육교사의 발달단계

1) Steffy와 Wolfe의 생애순환적 발달모형

유능한 보육교사가 교직에 오랫동안 머무르기 위해 보육교사들이 교직에 만족감을 느낄 수 있는 지원이 필요하며, 교사교육을 할 때 보육교사들이 자신이 속한 각 단계에 따라 지니게 되는 다양한 요구들을 이해하고 반영하는 것이 중요하다(Steffy & Wolfe, 2001). Steffy와 Wolfe가 제시한 생애순환적 발달모형(Life-cycle Model for Career Teachers)의 교직발달의 6단계는 다음과 같다.

(1) 발달단계

① 초보 단계(Novice phase)

초보 단계에서는 보육교사가 되기 전에 받는 보육실습을 통하여 보육교사로서의 역할을 처음 경험하게 되는 시기이다. 이 단계에서 보육교사로서 성장의 기초가 형성된다.

② 견습 단계(Apprentice Phase)

견습 단계에서는 보육교사가 된 후 첫 2~3년 동안의 시기이다. 이 단계에서 처음으로 자신이 담당한 학급 영유아들을 대상으로 실제 수업을 계획하고 수행하는 역할을 하게 되고, 교사교육을 통하여 배운 전문적 지식을 보육 현장의 영유아들에게 실행한다.

③ 전문성 형성 단계(Professional Phase)

전문성 형성 단계에서는 보육교사로서의 자신감을 형성하는 단계이다. 보육교사로서 자신감을 형성해 나가는 데는 영유아들의 반응이 많은 영향을 준다. 영유아들이 보육교사로서 자신을 존중해 주고 잘 따라줄 때 보육교사로서의 유능감을 증진할 수 있지만 그렇지 않은 경우에는 유능감을 잃게 될 수도 있다.

④ 숙련 단계(Expert Phase)

숙련 단계에서는 보육교사로서 전문성이 숙련되는 시기로 보육교사에게 요구되는 높은 기준을 충족한다. 모든 보육교사가 단순한 시간이 흐르고 경험이 쌓인다고 해서 숙련 단계에 도달할 수 있는 것은 아니므로 지속적이고 체계적인 교사교육을 통해 숙련 단계에 도달할 수 있어야 한다.

⑤ 수훈 단계(Distinguished Phase)

수훈 단계는 일반적으로 우수하다고 평가되는 보육교사에게 기대되는 수준을 능가하는 단계이다. 숙련 단계와 마찬가지로 모든 보육교사가 경력이 많다고 해서 이 단계에 도달할 수 있는 것은 아니고, 이 단계에 도달한 보육교사들은 그들에게 의무적으로 기대되는 역할수준을 능가하여 더 높은 전문성의 경지에 이르기 위하여 노력한다.

⑥ 명예교사 단계(Emeritus Phase)

명예교사 단계에서는 보육교사로 재직하고 퇴직한 후에 명예교사로 일하는 단계이다. 보육 현장에서 긍정적인 평가를 받고 인정받은 보육교사들은 퇴직 후에도 교사교육자나 멘토로 일하면서 자신이 가지고 있는 지식과 전문성을 환원하는 역할을 한다.

(2) 반성-갱신-성장주기

Steffy와 Wolfe(2001)가 제시한 생애순환적 발달모형은 초임교사뿐만 아니라 보육교사들의 전 생애를 통해서 발달이 이루어져야 하고, 경력이 많은 보육교사라 할지라도 반성-갱신-성장주기를 통해 발달이 이루어져야 함을 보여준다. 생애순환적 발달모형은 다음 〈표 13-1〉과 같다.

표 13-1 생애순환적 발달모형

주기	내용
반성	보육교사의 가치관, 수업방식, 태도 등에 대해 돌아보는 과정으로 동료장학 저널쓰기, 스터디, 그룹으로 참여하는 것이 도움이 되고, 반성의 과정을 통해 가르치는 일에 대해서 더 깊이 이해하고 보육교사로서 유능감을 형성한다.
갱신	자신이 보육교사가 된 이유와 현재 가지고 있는 교육에 대한 신념을 되돌아보고 교육에 대해서 기존에 가지고 있던 관점을 새로운 시각으로 바라보거나 새로운 목표를 선정하고 도전하며 교사 교육 프로그램에 참여하여 새로운 정보를 받아들인다.
성장	반성과 갱신의 과정을 통하여 보다 유능한 보육교사로 성장한다.

출처: 문혁준 외(2016) 재인용.

2) Katz의 보육교사 관심사 발달단계

Katz(1972)는 보육교사는 다음과 같은 네 단계를 거쳐 발달하며, 개별 보육교사에 따라 각 단계에서 보내는 시간에는 큰 차이가 있다고 보았다. Katz의 보육교사 관심사 발달단계의 특징은 다음 〈표 13-2〉와 같다.

표 13-2 Katz의 보육교사 관심사 발달단계

1단계 생존단계 (survival stage)	최초 교직생활 1년간의 시기이다. 생존단계에서는 보육교사는 교육 현장에서 부딪치는 여러 가지 문제를 원활하게 처리해 나갈 수 있을지에 많은 관심과 우려를 나타낸다. 예를 들면, "오늘도 하루를 무사히 보낼 수 있을까"? "아이를 잃어버리지는 않을까"? "주말까지는 잘 버틸 수 있을까"? "다음 방학까지는 버틸 수 있을까"? "내가 정말 매일매일 이런 일들을 해낼 수 있을까"? 등 그러므로 보육교사들을 지원, 이해, 격려, 확신, 위로, 안심 등 심리적 안정과 교실 현장에서 즉각적으로 활용할 수 있는 통찰력이 필요하므로, 교수 상황을 잘 파악하고 있는 원장이나 선배 보육교사, 컨설턴트, 프로그램 조력자 등의 즉각적이고 지속적인 도움이 중요하며, 그러한 교육은 모두 교실 현장에서 제공되어야 한다.

2단계 강화단계 (consolidation stage)	교직 경력 1년 말쯤 되는 때부터 3년 정도의 시기이다. 교직생활의 첫 해가 끝날 즈음에 보육교사는 대개 생존할 수 있다는 생각으로 어느 정도 안정감과 자신감을 갖게 되며, 보육교사는 첫 단계 동안에 획득한 것을 통합할 준비가 되어 있다. 1단계에서 초임교사가 영유아들이 어떤 특성을 갖고 무엇을 기대할 수 있는지에 대한 정보의 토대를 획득하였다면, 2단계에서는 대부분의 영유아들과는 다른 양상을 보이는 개별 영유아들을 알아보기 시작한다. 예를 들면, "수줍은 아이를 어떻게 도와줄 수 있을까?" "학습을 하지 않는 것 같아 보이는 유아를 어떻게 도와줄 수 있을까?" 등 이때 보육교사는 특정 영유아 혹은 문제를 제기하는 영유아에 대한 정보가 필요함을 느끼므로, 현장에서의 즉각적인 지원과 특정 유아 및 문제 유아에 대한 정보를 제공해 줄 수 있는 경험이 많은 동료교사나 전문가와의 정보교환이 필요하다.
3단계 갱신단계 (renewal stage)	교직 경력이 약 2년에서 5년쯤 되었을 때의 시기이다. 이 단계에서 보육교사는 같은 일을 하는 데 지치기 시작한다. 보육교사는 그 분야에서 새로운 발달에 대해 질문한다. 예를 들면, "누가 어디에서 무엇을 하고 있는가?" "새로운 교수매체, 교수기법, 접근방법 그리고 아이디어는 무엇인가?" 등 의 질문을 하기 시작한다. 보육교사는 자신이 영유아들을 위해 한 일들이 적합했다고 생각은 하지만, 새로운 것을 추구하면서 이전의 일을 반복하기보다는 무언가 새로운 것을 시도해 보고자 하여 다양한 프로그램에 관한 정보와 도움을 얻고자 한다. 그러므로 다른 프로그램을 운영하는 보육교사와의 만남, 협회의 참여, 자료 연구, 타 학급이나 기관의 방문이 필요하고 여러 분야의 전문가와 상담하는 것이 많은 도움이 된다.
4단계 성숙단계 (maturity stage)	교직 경력 3년 내에 도달하기도 하나 보통은 5년에서 그 이상이 되었을 때 도달하는 시기이다. 이 단계에서 보육교사는 보육교사로서의 자신을 받아들이려고 애쓴다. 예를 들면, "나의 역사적 철학적 뿌리는 어디에 있는가?" "성장과 학습의 본질은 무엇인가?" "교육적 결정은 어떻게 내리는가?" "교직은 전문직인가?" 등 좀 더 깊이 있고 추상적인 질문을 하는데 보육교사로서의 완전한 자신감과 경험을 갖추게 되는 시기이다. 성숙 단계의 보육교사들은 세미나, 단체, 학위 프로그램, 학술지, 폭넓은 독서, 여러 분야 전문가와의 만남 등이 필요하다 .

출처: 고선옥, 신애선 외(2018) 재인용.

2. 보육교사의 전문성

보육교사의 전문성이란 보육교사가 갖추어야 할 전문적인 지식이나 기술과 보육교사로서의 자신에 대한 태도나 자신감 및 근무하면서의 동료와 부모 및 지역사회와의 관계 및 물적 지원 환경을 의미한다(백은주, 조부경, 2004). 보육교사는 영유아의 개별적인 흥미 및 관심이 무엇이며 어디에 있는지 끊임없이 관찰하고 적절하게 반응해야 하며, 영유아의 자발적인 놀이를 지적 발달의 기회로 활용할 수 있다. 보육교사의 전문성은 교수방법의 기초가 되므로, 전문가로서 자부심을 갖고 영유아에 대한 이해와 전문적 지식을 갖추어야 한다.

현대사회에서 어린이집 보육의 질적 향상에 대한 요구가 증가하고 있다. 특히 부모의 입장을 고려한 보육을 받기를 기대하고 있어 그 결과 사회의 변화에 맞게 어린이집의 이용시간의 변화, 교사 대 아동 비율의 변화, 보육료 지원, 누리과정, 표준보육과정 등 다양한 교육·보육과정과 정책 및 사업이 진행되고 있다. 이에 따라 보육교사 역할에 대한 기대와 중요성이 강조되면서 보육교사는 전문직이라는 인식을 가지고 전문성을 갖춘 보육교사가 되기 위한 다양한 노력을 기울여야 하며, 자신의 개인적인 노력과 사회적 차원에서의 체계적인 지원 속에서 자질 향상을 위한 끊임없는 노력을 해야 한다.

1) 보육교사의 전문성 발달 및 중요성

보육교사가 보육을 함에 있어 좋은 결과를 얻기 위해서는 자신의 업무와 연관된 높은 수준의 지식과 기술, 태도를 겸비해야 한다. 이에 보육교사에게는 자신의 업무와 관련하여 높은 수준의 지식, 기술, 태도가 필요하며 교직 경험이 증가할수록 전문성도 함께 발달해 가는 만큼 영유아의 성장에 중요한 역할을 하는 보육교사는 자신의 전문성 발달에 노력을 해야 한다.

보육교사의 질 향상을 위해서는 보육교사의 전문성 강화가 중요하고, 이를 위해 각종

교육이나 연수 기회를 확대하고 정부는 법 개정을 통한 장학제도를 실시해야 한다. 또 열악한 근무환경은 보육교사의 높은 이직률로 연결되어 보육의 질 저하로 이어지므로, 자신의 직업에 대한 자긍심과 전문성 함양을 위한 노력이 강화되어야 한다. 또한, 보육교사의 전문성 발달수준은 보육교사의 효능감을 높이는 중요한 역할을 한다. 보육효능감이 높은 보육교사는 직업에 대해 스스로 전문직이라는 인식을 가지고 지식과 기술, 자기이해, 동료교사와 부모 및 지역사회와 원활하고 유기적 관계를 맺기 위해 노력한다.

보육교사의 전문성은 일정 기간의 양성과정 교육과 보육 현장의 다양한 경험 및 지속적인 재교육을 통해 점진적으로 발달해 간다. 이를 위해 보육교사의 전문성 발달을 위한 지속적이고 점진적으로 노력을 해야 하며, 발달을 위한 노력은 개인뿐 아니라 기관 및 국가의 다양한 기회 제공과 지원 및 근무환경 개선 등이 이루어져야 한다.

2) 전문성 발달에 영향을 미치는 요인

보육교사의 전문성은 지식과 기술의 발달, 자기이해 발달, 생태적 발달의 세 측면에서 통합적으로 이루어졌을 때 성취될 수 있다. 이 세 가지 측면이 서로 통합적으로 발달할 때 진정한 보육교사의 전문성 발달이 성취될 수 있다. 먼저 전문성 발달에 영향을 미치는 요인을 세 가지 측면에서 보육교사 발달을 살펴보고자 한다.

① 지식과 기술의 발달: 영유아들에게 온정적이고 안정적인 보육환경을 제공해 주고, 부모와의 원활한 의사소통으로 신뢰감을 형성하며, 영유아의 발달수준과 흥미를 고려한 보육과정의 설계 및 역할을 수행하는 것이다.

예) 물리적 환경구성, 영유아에 대한 이해, 보육교사–영유아 상호작용, 교육과정 계획, 실시, 평가

② 자기이해 발달: 보육교사의 교수행동이 보육에 대한 신념과 밀접하게 관련이 되고, 보육교사 자신에 대한 이해가 영유아에 대한 이해와 함께 하는 것이다.

예) 보육교사로서의 자신에 대한 태도, 자신감, 자신에 대한 태도

③ 생태적 발달: 어린이집에서 원장과 동료교사와의 관계가 영유아와 그들의 학부모를 대상으로 하는 보육활동의 질에 직접적인 영향을 미친다.

예) 동료교사와의 관계 형성, 부모 및 지역사회와의 관계 형성, 물리적 환경구성

보육교사 민감성, 전문성, 행복감에 관련 연구결과

논문 제목 :

영아교사의 민감성, 전문성 및 행복감이 영아발달에 미치는 영향(신애선, 김영실, 2016)

1. **영아교사의 민감성, 전문성, 행복감과 영아발달의 관계**

1) 영아교사의 민감성과 영아발달의 관계

영아발달에 있어 영아보육이라는 특수한 상황에 처한 영아교사의 자질이 중요한 변인으로 관심이 대두되면서 영아교사의 민감성이 중요한 요인으로 부각되고 있다. 영아교사 민감성은 영아와 교사의 상호작용 빈도를 증진시키는 교사의 특성으로, 영아의 신호를 민감하고 정확하게 해석하여 상황에 적절한 온정적인 반응을 해주고, 영아의 개별적 요구를 인식하는 능력과 영아의 발달과 학습을 비계설정하는 능력이다.

2) 영아교사의 전문성과 영아발달의 관계

영아교사의 전문성이란 영아교사가 갖추어야 할 전문적인 지식이나 기술과 교사로서의 자신에 대한 태도나 자신감 및 근무하면서 동료와 부모 및 지역사회와의 관계 및 물적 지원 환경을 의미하는 것으로, 영아의 개별적인 흥미 및 관심이 무엇이며 어디에 있는지 끊임없이 관찰하고 적절하게 반응해야 하며, 영아의 자발적인 놀이를 지적 발달의 기회로 활용할 수 있는 것이다.

3) 영아교사의 행복감과 영아발달의 관계

영아교사의 행복감은 개인의 삶의 만족뿐 아니라 영아의 보육과 교육을 위한 필수조건이다. 영아교사는 영아의 전반적인 발달에 결정적 영향을 주며 영아교사의 긍정적 정서 상태와 생활에 대한 만족감을 나타내는 행복감 정도는 역할수행에 있어 매우 중요하다.

4) 영아발달에 대한 영아교사의 민감성, 전문성, 행복감의 영향력

영아발달(의사소통, 대근육운동, 소근육운동, 문제해결능력, 개인-사회성)에 가장 큰 영향

을 미치는 교사 요인은 민감성, 전문성, 행복감 순으로 나타나 민감성의 영향력이 큼을 알 수 있었다. 영아발달의 요인별로 살펴보면,

- 영아의 의사소통에 대해서는 영아교사 민감성의 영향력이 가장 크게 나타났다. 이는 영아들의 비언어적 의사소통에서 언어적 의사소통으로의 발달을 위해서 전문적 이해를 바탕으로 한 영아교사의 지지적이며 긍정적인 상호작용의 중성을 보여주는 결과이다. 영아보육의 목적이 질 높은 교육과 보육을 통해 영아들이 전인적인 인간으로 성장시키는 것이라고 볼 때, 특히 영아교사의 민감성은 영아들에게 유의미한 교육과 보육의 접근을 통해 교육의 효과를 극대화 시킬 수 있는 중요 요인임을 알 수 있다.
- 영아의 대근육운동에 대해서는 영아교사 행복감의 영향력이 가장 크게 나타났다. 영아교사는 열악한 근무여건일지라도 원장과 동료교사와의 관계가 좋고 직무에 만족하여 직장생활에 행복함을 느낄수록 자신들이 근무하는 어린이집에 더 많은 애착을 갖고 책임감 있게 업무에 임하게 된다는 것을 알 수 있다.
- 영아의 소근육운동에 대해서는 영아교사 전문성의 영향력이 가장 크게 나타났다. 본 연구대상의 영아들은 만 0~2세로 어린이집에서 일상적 양육과 개별화된 활동, 놀이가 균형을 이루어 일과를 진행하고 있다. 영아교사는 자신이 갖고 있는 이론적 지식을 기초로 영아가 처한 여러 상황의 변인들을 동시에 고려하여 영아로 하여금 성공적인 경험을 하도록 상호작용을 해주는데, 전문성이 높은 영아교사가 영아의 민감한 요구를 파악하고 이에 적절한 상호작용으로 소근육운동을 도운 것으로 보여진다.
- 영아의 문제해결에 대해서는 영아교사 민감성의 영향력이 가장 크게 나타났다. 이는 영아의 활동에 관심을 가지고 참여하는 민감한 영아교사일수록 발화수가 많아, 자기의 생각과 느낌을 말보다는 비언어적인 의사소통 수단으로 표현하는 영아들의 다양한 요구를 인식하고 긍정적 관점에서 적절하게 반응해 준다는 것을 알 수 있다.
- 영아의 개인-사회성에 대해서는 영아교사 행복감의 영향력이 가장 크게 나타났다. 생애 초 중요한 시기의 영아들에게 직접적인 영향을 미치는 영아교사는 자기뿐만 아니라 영아들을 위해서도 스스로의 행복을 추구할 수 있도록 교사들의 행복감 향상을 위한 제도가 마련되어야겠다.

나의 보육교사의 민감성 수준 체크하기

다음은 보육교사의 민감성 발달(김현지, 2007)을 측정하기 위한 도구로 점수가 높을수록 보육교사의 민감성 발달 수준이 높은 것을 의미하는 것으로 다음 〈표 13-3〉과 같다(최고 점수 22점~최고 점수 110점).

표 13-3 보육교사 민감성 발달 수준

	내용	전혀 그렇지 않다	그렇지 않다	보통이다	조금 그렇다	매우 그렇다
1	영유아에게 따뜻하고 친절하게 말한다(예: 긍정적 말과 행동).	①	②	③	④	⑤
2	영유아들이 말할 때 주의 깊게 경청한다(예: 영유아의 얼굴을 보고, 영유아들의 말에 반응하고 끄덕이기).	①	②	③	④	⑤
3	영유아들을 편안하고 즐겁게 한다(예: 영유아들과 대화를 진지하게 하고 미소짓기, 어루만지는 등 따뜻함을 전한다).	①	②	③	④	⑤
4	영유아들이 잘못된 행동을 할 때 그들이 갖고 있는 규칙에 관한 근거를 설명해 준다(예: 결과에 대해 의논하고, 행동을 다시 이야기해 주며 대신할 행동을 의논한다).	①	②	③	④	⑤
5	영유아들이 새로운 경험을 시도할 수 있도록 배려한다(예: 영유아들의 시작을 돕고, 친구들과 그것을 함께 하도록 제안하기, 새로운 교구를 소개한다).	①	②	③	④	⑤
6	영유아들의 활동과 노력에 대해 지지해 준다(예: 영유아에게 축하해 주기, 그들의 노력을 인정해 주기).	①	②	③	④	⑤
7	개개인의 영유아에게 적극적으로 주의를 기울인다(예: 영유아 개개인과 말하기, 그들의 이름을 사용하기, 친사회적 행동으로 주의를 끌어내기).	①	②	③	④	⑤
8	영유아들이 이해할 수 있는 수준에서 영유아들과 이야기한다(예: 영유아들에게 친숙한 용어를 사용하기, 설명해 준 것을 체크해 주기).	①	②	③	④	⑤
9	친사회적인 행동을 보이도록 영유아를 격려한다(예: 나누기, 협동하기 등에서 사회적으로 숙련된 영유아들과 훈련을 필요로 하는 아이들과 짝짓기).	①	②	③	④	⑤

10	영유아들과 이야기할 때 영유아의 눈높이를 맞춰 자세를 낮춘다(예: 대화할 때 관계 확립하기).	①	②	③	④	⑤
11	영유아의 느낌이나 생각을 존중하고 자유롭게 표현할 수 있도록 격려한다(예: 말을 들어주기, 대화 이끌기).	①	②	③	④	⑤
12	영유아에게 안아주기 등 긍정적인 신체표현을 자주 한다.	①	②	③	④	⑤
13	영유아들에게 잔소리가 심한 편이다(예: 유아들의 사기를 떨어뜨리거나 빈정거리는 말을 사용한다).	①	②	③	④	⑤
14	영유아들에게 순종하도록 강요한다(예: 영유아들에게 교사의 계획에 따를 것을 기대하고 일상적인 사건에 융통성 있게 반응하지 못하게 한다).	①	②	③	④	⑤
15	영유아들에게 짜증내거나 적대적으로 말한다(예: 음성을 날카롭게 하거나 소리를 지른다. 신경질적인 몸짓을 하거나 물건을 큰 소리로 내려놓는다).	①	②	③	④	⑤
16	영유아들을 통제하려고 영유아들에게 위협한다(예: 뇌물, 보상 그리고 처벌의 위협을 사용한다).	①	②	③	④	⑤
17	영유아들에게 어떠한 설명도 없이 처벌한다(예: 위반 행위를 의논하지 않고 처벌한다).	①	②	③	④	⑤
18	영유아들의 결점을 쉽게 발견하려 든다.	①	②	③	④	⑤
19	영유아들에게 하고 싶어 하는 일을 못하게 한다(예: 엄한 일정 또는 교사의 요구와 의사를 고수하는 것).	①	②	③	④	⑤
20	영유아들에게 자기조절을 연습하도록 기대한다(예: 교사가 집단활동을 이끄는 데 있어서 분열되지 않도록 하거나 조용히 한 줄로 서도록 하거나, 영유아들에게 기대를 상기시키거나, 지지할 수 있는 방식으로 협력을 요구한다).	①	②	③	④	⑤
21	영유아들에게 꾸짖거나 금지시킬 때 불필요하게 엄격한 편이다(예: 화난 음성, 유아를 흔들기, 신체적 체벌 사용, 설명도 없이 "타임아웃" 사용).	①	②	③	④	⑤
22	영유아의 요청이나 관심사에 무관심하거나 감정적 반응을 보이지 않는다(예: 영유아 말에 반응하지 않거나 못 들은 척한다).	①	②	③	④	⑤

나의 보육교사의 전문성 수준 체크하기

다음은 보육교사의 전문성 발달(백은주, 조부경, 2004)을 측정하기 위한 도구로 점수가 높을수록 보육교사의 전문성 발달 수준이 높은 것을 의미하는 것으로 다음 〈표 13-4〉와 같다(최저 점수 30점~최고 점수 150점).

표 13-4 보육교사 전문성 발달 수준

	내용	전혀 그렇지 않다	그렇지 않다	보통이다	조금 그렇다	매우 그렇다
1	시끄러운 영역과 조용한 영역을 구분하여 배치한다.	①	②	③	④	⑤
2	실내 흥미영역에 다양한 선택활동영역을 마련한다.	①	②	③	④	⑤
3	영아가 편안히 쉴 수 있는 안락한 공간을 마련한다.	①	②	③	④	⑤
4	안전하고 위생적인 환경을 유지한다.	①	②	③	④	⑤
5	영아의 각 발달영역에 대하여 이해한다.	①	②	③	④	⑤
6	각 연령별 영아발달에 대하여 이해한다.	①	②	③	④	⑤
7	영아의 흥미와 욕구에 대하여 이해한다.	①	②	③	④	⑤
8	영아들의 개인차를 이해한다.	①	②	③	④	⑤
9	허용적 분위기를 조성한다.	①	②	③	④	⑤
10	영아 스스로 선택한 활동에 참여하여 성취감을 느끼도록 격려한다.	①	②	③	④	⑤
11	영아의 욕구와 질문에 적극적이고 긍정적으로 반응한다.	①	②	③	④	⑤
12	교육목표에 적절한 내용 및 방법을 계획, 실시한다.	①	②	③	④	⑤
13	융통성 있게 일과 운영을 한다.	①	②	③	④	⑤
14	개인차 및 흥미에 따라서 활동을 전개한다.	①	②	③	④	⑤
15	영아들이 반응하고 활동을 마무리할 적절한 시간을 제공한다.	①	②	③	④	⑤
16	동적 활동과 정적 활동의 균형을 유지한다.	①	②	③	④	⑤
17	영아 및 교육과정에 대한 다양한 평가방법을 계획, 실시한다.	①	②	③	④	⑤
18	보육교사가 발전성 있는 직업이라고 생각한다.	①	②	③	④	⑤
19	보육교사로서 성취감을 느낀다.	①	②	③	④	⑤

20	내가 배운 보육 관련 지식과 기술을 잘 적용하고 있다.	①	②	③	④	⑤
21	변화에 적극적으로 대처할 수 있다.	①	②	③	④	⑤
22	개인적인 문제에 스스로 대처하고 해결하려고 한다.	①	②	③	④	⑤
23	동료교사들과 서로 관심사에 대해 함께 이야기를 나눈다.	①	②	③	④	⑤
24	영아들에 대하여 동료교사들과 정보를 주고받는다.	①	②	③	④	⑤
25	동료교사들로부터 격려와 지지를 받는다.	①	②	③	④	⑤
26	부모 및 지역사회 인사와 긍정적이고 우호적인 관계를 형성하고 있다.	①	②	③	④	⑤
27	정기적으로 부모들과 의사소통하고 부모가 영아의 학습과정에 적극적으로 참여할 수 있도록 격려한다.	①	②	③	④	⑤
28	부모와 지역사회에 대해 적절한 교육적 지원을 하고 있다.	①	②	③	④	⑤
29	일하는 시간을 융통성 있게 조절할 수 있다.	①	②	③	④	⑤
30	자기 발전을 위한 경비지원을 어린이집에 요구할 수 있다.	①	②	③	④	⑤

나의 행복감 수준 체크하기

다음은 보육교사의 행복감(Argyle, 2001)을 측정하기 위한 도구로 점수가 높을수록 보육교사의 행복감 수준이 높은 것을 의미하는 것으로 다음 〈표 13-5〉와 같다(최저 점수 21점~최고 점수 105점).

표 13-5 보육교사의 행복감

번호	내용	전혀 아니다.	아니다.	그렇지 않다.	그렇다.	매우 그렇다.
1	나는 행복하다.	①	②	③	④	⑤
2	나는 미래에 대해서 낙관적이다.	①	②	③	④	⑤
3	나는 내 인생의 많은 부분에 대해서 만족한다.	①	②	③	④	⑤
4	나는 내 인생을 잘 통제하고 있다고 느낀다.	①	②	③	④	⑤
5	나는 내 인생에서 상당한 보람을 느낀다.	①	②	③	④	⑤
6	나는 나 자신을 좋아한다.	①	②	③	④	⑤
7	산다는 것은 좋은 것이다.	①	②	③	④	⑤
8	나는 다른 사람들에게 흥미를 느낀다.	①	②	③	④	⑤
9	나는 많은 것들에게서 아름다움을 느낀다.	①	②	③	④	⑤
10	나는 다른 사람들에게 따뜻한 감정을 지니고 있다.	①	②	③	④	⑤
11	나는 종종 쾌활하고 즐거운 기분을 느낀다.	①	②	③	④	⑤
12	나는 내가 원했던 많은 것들을 해냈다.	①	②	③	④	⑤
13	나는 다른 사람들과 함께 재미있는 일들을 자주 경험한다.	①	②	③	④	⑤
14	나는 세상이 참 좋은 곳이라고 생각한다.	①	②	③	④	⑤
15	나는 잘 웃는다.	①	②	③	④	⑤
16	나에게 대부분의 일들이 흥미롭게 느껴진다.	①	②	③	④	⑤
17	나는 아침에 일어날 때마다 개운하다.	①	②	③	④	⑤
18	나는 활기에 차 있다.	①	②	③	④	⑤
19	나는 정신적으로 항상 맑게 깨어 있다.	①	②	③	④	⑤
20	나는 건강하다고 느낀다.	①	②	③	④	⑤
21	나는 내 시간을 잘 관리하고 있다.	①	②	③	④	⑤

CHAPTER

14

스트레스 관리

1. 보육교사의 직무만족도
2. 보육교사의 직무스트레스
3. 보육교사의 자아탄력성

1. 보육교사의 직무만족도

1) 직무만족도 개념

보육교사의 직무만족도란 보육교사 자신의 개인적인 역할과 업무에 대한 감정적인 평가로서 보육활동뿐만 아니라 근무환경이나 복지 및 각종 인관관계 등에서 총체적으로 느끼는 성취감과 보람을 의미한다.

2) 직무만족도 요인

보육교사의 직무만족도는 보육의 질에 중요한 영향을 미치는데, Jorde-Bloom(1989)가 정의한 보육교사의 직무만족도 요인은 다음 〈표 14-1〉과 같다.

표 14-1 보육교사의 직무만족도 요인

동료와의 관계	보육시설체계에서 직장의 상사, 동료 속에서 인간적·유대적 신뢰와 만족을 느끼는 정도
원장과의 관계	원장에 대한 교사들의 일반적인 평가 및 피드백의 양과 질을 의미
직무 자체	직무만족을 결정하는 가장 중요한 요인으로 직무를 담당하는 수업지도, 지원활동, 부수적인 업무를 수행하는 느끼는 정도를 의미.
근무환경	보육시설이 속해 있는 지역 위치적 환경, 근무조건, 내적 환경을 의미(물리적, 심리적 환경)
보수와 승진의 기회	직무만족과 직무수행능률에 결정적 영향을 미치는 요소로 보수와 승진기회에 대한 공정한지 판단하는 지각을 의미

이 외에도 다음과 같은 요인들이 있다.

(1) 개인적 요인

- 정서 : 개인의 긍정적, 부정적 정서는 직무만족과 관련이 된다.
- 성격 특성 : 개인의 성격 특성은 긍정적, 부정적 정서와 연결됨으로써 직무만족과 관련이 된다.

(2) 환경적 요인

- 의사소통 : 지식정보사회에 살고 있는 요즘 개인이 조직에서 일하면서 의사소통의 과부화를 어떻게 관리하는가는 직무수행에 있어서 매우 중요한 부분이다. 의사소통의 과부하 및 저부화는 개인의 업무 스타일에 따라 직무만족도에 긍정적 혹은 부정적인 영향을 미칠 수 있지만, 일반적으로 직무수행 과정에서 경험하는 의사소통의 불균형은 직무만족에 부정적인 영향을 미치는 것으로 보고된다.
- 원장과 보육교사 간 의사소통 방식 : 어린이집의 원장과의 의사소통 방식, 즉 원장이 의사소통하는 방식에 대해 보육교사가 어떻게 인지하느냐가 직무만족도에 매우 중요한 영향을 미친다. 특히 의사소통에 있어서 언어적 상호작용보다도 얼굴표정, 시선접촉, 음성표현, 움직임과 같이 비언어적으로 전달되는 메시지가 중심역할을 한다.
- 전략적 인정 : 어린이집 내 보육교직원들의 직무성과에 대해 어떻게 인정해 주는가가 직무만족에 영향을 미칠 수 있다.

(3) 사회적 요인

- 직업적 위신 : 다양한 직업군들 가운데 어린이집의 상대적 위치를 의미하는 것으로, 사회적으로 얼마나 존경을 받고 명예로운가에 따라 직무만족 정도가 달라진다.
- 조직 명성 : 어린이집의 이해관계자들, 즉 보육교사 및 학부모 등에 의해 내려지

는 어린이집의 평판을 의미한다. 어린이집의 명성은 보육교사에게 자부심과 품격을 느끼게 함으로써 직무만족에 긍정적인 영향을 미친다.

- 사회적 책임 : 어린이집을 운영함에 있어 법령과 윤리를 준수하고 이해관계자의 요구에 적절히 대응하며 사회공헌활동에 대해 지원하는 등 사회에 긍정적 영향을 미칠 수 있는 책임 있는 활동을 의미한다. 사회적 책임을 다하고 있는 어린이집일수록 그곳에서 일하는 보육교직원의 직무만족 수준이 높다.

나의 직무만족도 수준 체크하기

다음은 보육교사의 직무만족도(Jorde-Bloom, 1989)를 측정하기 위한 도구로 점수가 높을수록 보육교사의 직무만족도 수준이 높은 것을 의미하는 것으로 다음 〈표 14-2〉와 같다(최저 점수 50점~최고 점수 250점).

표 14-2 직무만족도 수준

번호	내용	전혀 그렇지 않다	그렇지 않다	보통이다	약간 그렇다	매우 그렇다
1	동료들은 나에게 관심을 갖는다.	①	②	③	④	⑤
2	나는 동료들과 잘 지낸다.	①	②	③	④	⑤
3	나와 동료들은 개인적인 문제(관심사)를 서로 이야기한다.	①	②	③	④	⑤
4	나는 동료들을 잘 이해한다.	①	②	③	④	⑤
5	동료들은 내가 하는 일을 못마땅하게 생각하지 않는다.	①	②	③	④	⑤
6	나는 동료들에게 신뢰감을 느낀다	①	②	③	④	⑤
7	동료들은 매우 협조적이다.	①	②	③	④	⑤
8	나와 동료들은 생각과 자료를 서로 주고받는다.	①	②	③	④	⑤
9	동료들은 나와 경쟁적이다.	①	②	③	④	⑤
10	동료들은 나를 격려하고 지지한다.	①	②	③	④	⑤
11	원장님은 내가 하는 업무를 존중해 준다	①	②	③	④	⑤
12	원장님은 바빠도 내가 어떻게 일을 하고 있는지 잘 안다.	①	②	③	④	⑤
13	원장님은 내가 하는 일에 너무 지나치게는 관여하지 않는다.	①	②	③	④	⑤

14	원장님은 나에게 도움이 되는 피드백을 제공한다.	①	②	③	④	⑤
15	원장님은 직무에 대한 견해를 나에게 묻는다.	①	②	③	④	⑤
16	원장님은 직무수행 능력이 뛰어나다.	①	②	③	④	⑤
17	원장님을 신뢰한다.	①	②	③	④	⑤
18	원장님은 내가 새로운 아이디어를 실행할 수 있게 격려한다.	①	②	③	④	⑤
19	원장님은 내가 무능한 사람이라고 느끼게 만든다.	①	②	③	④	⑤
20	원장님은 좋은 사람이다.	①	②	③	④	⑤
21	나는 내 자신 업무의 중요한 만큼의 통제권을 가지고 있다.	①	②	③	④	⑤
22	내가 하는 일은 도전적이고 매력적인 것이다	①	②	③	④	⑤
23	내가 하는 일은 학부모에게 존경받는 일이다.	①	②	③	④	⑤
24	어린이집 서류에 관한 일과 기록으로 남겨야 할 일들이 적당하다.	①	②	③	④	⑤
25	교사로서 나의 일은 단조롭다.	①	②	③	④	⑤
26	나의 일은 창의적이지 못하다.	①	②	③	④	⑤
27	나의 일을 처리하기에는 시간이 부족하다.	①	②	③	④	⑤
28	나의 일은 영유아들의 삶에 중요한 영향을 미친다.	①	②	③	④	⑤
29	나의 일은 내가 받은 훈련과 기술을 적응시키기 쉽다.	①	②	③	④	⑤
30	나의 일은 내 자신에게 성취감을 준다.	①	②	③	④	⑤
31	나의 업무 계획은 유동적이다.	①	②	③	④	⑤
32	어린이집의 교사와 영유아의 비율이 적당하다.	①	②	③	④	⑤
33	나는 항상 내가 필요로 하는 것을 어디서 찾아야 할지를 안다.	①	②	③	④	⑤
34	나는 너무 구속받고 있다고 느낀다.	①	②	③	④	⑤
35	내가 일을 좀 더 잘할 수 있도록 새로운 설비와 자료가 필요하다.	①	②	③	④	⑤
36	어린이집의 실내 장식이 단조롭다.	①	②	③	④	⑤
37	어린이집의 환경이 청결하다.	①	②	③	④	⑤
38	사적인 대화를 나눌 수 있는 장소를 발견하기 어렵지 않다.	①	②	③	④	⑤
39	어린이집이 너무 시끄럽지는 않다.	①	②	③	④	⑤
40	어린이집의 정책과 절차는 명료하다.	①	②	③	④	⑤
41	나의 보수는 적당하다.	①	②	③	④	⑤
42	나의 보수는 경력과 능력을 고려해 볼 때 공정하다.	①	②	③	④	⑤
43	나의 보수는 동료들과 비교해 볼 때 공정하다.	①	②	③	④	⑤
44	나는 장래성이 있는 일을 하고 있다.	①	②	③	④	⑤

45	어린이집에서 나에게 주는 보너스, 의료보험, 퇴직금, 보장제도가 적절하게 되어 있다	①	②	③	④	⑤
46	나는 내일이라도 해고당할 수 있다고 생각하진 않는다.	①	②	③	④	⑤
47	나에게 주어지는 휴일과 휴가는 충분하다.	①	②	③	④	⑤
48	나는 일한 것에 비해 적은 보수를 받고 있다.	①	②	③	④	⑤
49	나에게 승진, 발전의 기회가 충분하다.	①	②	③	④	⑤
50	나는 내년에 나의 보수가 인상될 것이라고 기대한다.	①	②	③	④	⑤

3) 직무만족도와 직무성과의 관계

직무성과에 대한 직무만족도의 영향은 성격특성, 자아개념, 자율성, 도덕규범, 인지적 접근성, 공격성 등의 조절변인과 행동의도, 자기 주장, 긍정적 정서 등에 따라 달라진다. 보육교사의 직무만족도는 보육의 질에 영향을 미침으로써 직무만족도가 직무성과에 영향을 미치는 중요한 요인이다.

2. 보육교사의 직무스트레스

1) 보육교사 직무스트레스 개념

보육교사의 직무스트레스란 어린이집에서 수행해야 하는 직무와 관련된 자극이나 요구가 보육교사의 심리적 안녕을 위협하고 이를 자신이 지각하여 심리적 평형 상태를 유지하기 위해 자신의 스트레스 대처기제나 능력에 의해 조절된 결과로 나타나는 것을 의미한다.

2) 보육교사 직무스트레 요인

보육교사는 직무 수행 중에 영유아와의 관계에서 일방적으로 배려하고 이해해야 하는 특수성으로 인해 많은 심리적인 스트레스를 받을 수 있는데, D'Arienzo(1981)가 정의한 보육교사의 스트레스 요인은 다음 〈표 14-3〉과 같다.

표 14-3 보육교사의 직무스트레스 요인

요인	내용
원아들과의 활용 요인	원아들을 지도, 통제하는 활동과 관련된 요인
업무관련 요인	어린이집에서의 원아들과의 활동을 제외한 교육적 업무와 기타 업무에 관련된 요인
행정적 지원 요인	원장의 교사에 대한 행정적인 지원에 관련된 요인
교사관련 요인	어린이집의 교사, 보조교사와 관련된 요인
학부모관련 요인	어린이집의 학부모와 관련된 요인
경제적 안정 요인	업무에 따른 정당한 대가에 관한 요인
개인관련 요인	자신의 직업에 관한 보람의 정도와 교사에 대한 장학에 관련된 요인

3) 보육교사 직무스트레스 관리법

보육교사의 직무스트레스의 장기 누적은 보육교사의 퇴직이나 이직률을 높이는 원인이 되고 어린이집의 보육교사 안전성을 떨어뜨림으로써 보육프로그램의 질적인 저하를 초래하는 사회적 문제가 된다. 이와 같이 직무에서 오는 스트레스는 개인의 문제가 아니라 사회적으로도 많은 부작용이 나타난다. 이에 직무스트레스에 대한 대처를 어떻게 하느냐에 따라 그 효과는 달라지기 때문에 보육교사의 직무스트레스를 대처하는 관리법을 잘 활용하여 질적으로 높은 보육서비스가 이루어져야 할 것이다.

① 명상: 명상은 심리치료의 대표적인 기법으로, 자기의 내면 안에 있는 사고와 의식을 구체적으로 살펴보는 것으로, 머릿속의 복잡한 생각을 비워 마음을 편안하게 해주어 정신적 스트레스를 줄일 수 있는 좋은 방법이다. 명상은 자신에게 가장 편안한 자세로 이른 아침 또는 늦은 저녁 누구에게도 방해받지 않을 수 있는 시간에 15~20분 정도만으로도 큰 효과를 볼 수 있다.

② 시관관리: 시간 때문에 스트레스를 받지 않으려면 자신에게 주어진 시간을 잘 관리하여 시간을 조정하는 주체가 되어야 한다.

③ 운동: 보육교사는 보육업무 특성상 정신적 에너지 소모는 많은 반면 움직임이 많지 않기 때문에 체력관리에 소홀하기 쉽다. 가벼운 걷기운동부터 시작해서 꾸준한 체력관리가 필요하다.

④ 휴식과 여가활동의 활용: 보육교사는 정신적 · 신체적으로 많은 일을 하는 행위 자체가 에너지를 필요로 하기 때문에 보육직무를 수행하는 동안 에너지가 소모되므로, 새로운 에너지를 주입시키지 않게 되면 소진되기 마련이다. 따라서 소진된 에너지를 채우기 위해 일한 후에 반드시 적당한 휴식을 취해야 한다.

⑤ 정신적 멘토 만들기: 보육교사는 어떠한 문제가 생겼을 때 슬기롭게 대처할 수 있도록 정신적으로 의지할 수 있는 멘토의 역할을 해 줄 수 있는 사람을 만들어 두면 좋다.

⑥ 긍정적인 태도: 보육교사의 직무만족도와 자아탄력성의 관계(김영실, 신애선, 김선미, 곽경화, 2014)를 살펴본 연구에서 보육교사가 긍정적인 태도를 가질 때 스트레스를 덜 받는 것으로 나타났다. 이는 보육교사가 많은 보육과 교육업무를 수행해야 하지만, 스트레스를 받지 않도록 긍정적인 태도로 임하는 것은 중요함을 보여준다.

나의 스트레스 수준 체크하기

다음은 스트레스를 측정하기 위한 도구(장미순, 2012)로 점수가 높을수록 스트레스 수준이 높은 것을 의미하는 것으로 다음 〈표 14-4〉와 같다(최저 점수 53점~최고 점수 265점).

표 14-4 스트레스 수준

	내 용	전혀 그렇지 않다	그렇지 않다	보통 이다	약간 그렇다	매우 그렇다
1	내가 담당하고 있는 학급의 원아수가 너무 많다.	①	②	③	④	⑤
2	우리 학급에는 항상 문제를 일으키는 영유아들이 있다.	①	②	③	④	⑤
3	활동에 참여하지 않으려는 영유아들을 이해시키기 힘들다.	①	②	③	④	⑤
4	영유아들의 행동을 적절히 통제할 수가 없다.	①	②	③	④	⑤
5	부적응 영유아를 어떻게 지도할지 모르겠다.	①	②	③	④	⑤
6	수업 이외의 기타 잡무가 많다.	①	②	③	④	⑤
7	보육활동에 필요한 수업자료가 충분하지 않다.	①	②	③	④	⑤
8	보육활동을 계획하는 데 너무 광범위한 능력이 요구된다.	①	②	③	④	⑤
9	사무직원이 따로 없어 힘들다.	①	②	③	④	⑤
10	필요 이상의 행사가 너무 많다.	①	②	③	④	⑤
11	어린이집 교사들을 위한 행정적 지원이 부족하다.	①	②	③	④	⑤
12	국가수준의 보육과정을 실천하기는 힘들다.	①	②	③	④	⑤
13	어린이집에서 나의 의견이 존중되지 않는다.	①	②	③	④	⑤
14	권한에 비해 너무 많은 책임을 부여한다.	①	②	③	④	⑤
15	학부모들과 원아모집을 의식한 활동을 할 때가 많다.	①	②	③	④	⑤
16	어린이집에 관련된 많은 문제에 대해 내가 어떻게 생각하는가를 허심탄회하게 말할 수 없다.	①	②	③	④	⑤
17	내 학급의 일에 관리자의 간섭이 심하다.	①	②	③	④	⑤
18	우리 어린이집 운영방식은 일관성이 없다.	①	②	③	④	⑤
19	교사들 간에 갈등이 많다.	①	②	③	④	⑤
20	보조교사가 반드시 필요하다.	①	②	③	④	⑤
21	교사들 간에 경쟁이 심하다.	①	②	③	④	⑤
22	교사들 중 자기 책임을 다하지 않는 교사들이 있다.	①	②	③	④	⑤

23	교사들 간에 파벌이 있다	①	②	③	④	⑤
24	교사들 간의 의사소통이 잘 이루어지지 않는다.	①	②	③	④	⑤
25	학부모들이 어린이집 일에 무관심하다	①	②	③	④	⑤
26	학부모들은 어린이집에 너무 많은 것을 요구한다.	①	②	③	④	⑤
27	학부모와의 관계가 원만하지 못하다.	①	②	③	④	⑤
28	작은 일에도 어린이집에 항의하는 학부모가 많다.	①	②	③	④	⑤
29	내가 노력한 만큼 보수를 받지 못한다.	①	②	③	④	⑤
30	타 직업에 종사하는 친구들에 비해 보수가 적은 편이다.	①	②	③	④	⑤
31	영유아들을 가르치는 일에 보람을 느끼지 못한다.	①	②	③	④	⑤

3. 보육교사의 자아탄력성

1) 보육교사 자아탄력성 개념

자아탄력성은 미래에 대해 반드시 좋은 일이 일어날 것이라고 굳게 믿는 낙관적 태도와 부정적인 감정을 조절할 수 있는 능력 및 주변 사람들과 원만하게 관계를 유지할 수 있는 능력으로 자신감, 낙관적 태도, 분노조절, 대인관계 효율성이 핵심요인이다(Klohnen, 1996). 보육교사는 직무 수행 중에 영유아와의 관계에서 일방적으로 배려하고 이해해야 하는 특수성으로 인해 많은 심리적 스트레스를 받을 수 있다. 보육교사의 보육활동과 관련되어 발생하는 심리적 스트레스는 영유아를 보육하는 과정에 직접적인 영향을 미치므로 이러한 보육교사의 스트레스에 영향을 주리라고 예상할 수 있는 적응기제로 자아탄력성에 대한 관심이 고조되고 있다.

2) 보육교사 자아탄력성 요인

보육교사의 스트레스에 영향을 주리라고 예상되는 적응기제로 자아탄력성에 대한 관심이 증가하고 있다. 보육환경에서 영유아와 상호작용하는 과정과 다양한 요인으로 인한 여러 스트레스를 경험하는 보육교사에게 있어서 심리적인 자아탄력성은 의미 있는 적응능력이라 할 수 있다. 자아탄력성이 높은 보육교사는 낙관적이고 적극적인 태도를 지니며 대인관계에 있어 더욱 적극적이고 개방적이어서 영유아와 온정적인 관계를 형성하고, 영유아들에게 보다 높은 질적 보육을 제공해 줄 수 있다. Klohnen(1996)가 정의한 보육교사의 자아탄력성 요인은 다음 〈표 14-5〉과 같다.

표 14-5 보육교사의 자아탄력성 요인

자신감	제안한 타인과의 관계나 일에 대해 쉽게 포기하지 않는 능력
대인관계 효율성	타인과의 원만하고 친밀한 관계를 형성하는 능력
낙관적 태도	삶에 대한 행복감과 흥미를 느끼는 능력
분노 조절	주어진 상황에 대해 화를 표출하고 통제하는 능력

3) 보육교사 직무만족도와 자아탄력성의 관계

보육교사의 직무만족도와 자아탄력성에 관한 연구(김영실, 신애선, 김선미, 곽경화, 2014) 결과에서 보육교사의 자아탄력성 수준이 높을수록 보육교사의 직무만족도 수준이 높게 나타났다. 특히, 보육교사의 자아탄력성의 낙관적인 태도와 직무만족도가 높은 상관관계로 나타난 이러한 결과는 보육교사들이 업무를 수행함에 있어 힘이 들지라도 긍정적인 태도를 지닌다면 직무만족도는 낮아지지 않는다는 것을 의미한다. 또한 높은 수준의 자아탄력성을 지닌 교사가 개인의 성장과 발달, 교수권한, 직무조건, 대인관계 등에 높은 수준의 직무만족도를 보임으로써 자아탄력성이 직무만족도에 직·간접적으로 영향을 미친다는 것을 보여준다.

나의 자아탄력성 수준 체크하기

다음은 보육교사의 자아탄력성(Klohnen, 1996)을 측정하기 위한 도구로 점수가 높을수록 보육교사의 자아탄력성 수준이 높은 것을 의미하는 것으로 다음 〈표 14-6〉과 같다(최저 점수 29점~최고 점수 145점).

표 14-6 자아탄력성 수준

번호	내용	매우 그렇다	그렇다	그렇지 않다	아니다	전혀 아니다
1	나는 다른 사람들보다 집중하는 데 어려움이 있다.	①	②	③	④	⑤
2	나는 확실히 자신감이 부족하다.	①	②	③	④	⑤
3	나는 일이 잘 안 될 것 같으면 빨리 포기하고 싶은 느낌이 든다.	①	②	③	④	⑤
4	나는 올바르게 살아오지 못했다.	①	②	③	④	⑤
5	나는 종종 쓸데없는 생각들에 사로잡혀 짜증이 난다.	①	②	③	④	⑤
6	나는 어려운 문제에 부딪히면 쉽게 포기하는 경향이 있다.	①	②	③	④	⑤
7	무언가 결정해야 할 일이 있을 때 사람들은 대체로 나에게 조언을 구한다.	①	②	③	④	⑤
8	일이 진행되고 있을 때에도 그 일이 잘 이루어지리라는 희망을 갖기가 어렵다.	①	②	③	④	⑤
9	때로 나는 일을 해낼 수 없을 것 같다.	①	②	③	④	⑤
10	강한 사람은 자신의 느낌이나 감정을 드러내지 않는다.	①	②	③	④	⑤
11	내가 다른 사람들을 잘 이끌 수 있을지 확신이 서지 않는다.	①	②	③	④	⑤
12	낯선 사람에게 말을 붙이는 것이 어렵다.	①	②	③	④	⑤
13	누군가에게 나에 대해 말하는 것이 몹시 힘들다.	①	②	③	④	⑤
14	많은 사람들과 같이 있을 때 나는 어떤 얘기를 하는 것이 적절할지 잘 생각이 안 난다.	①	②	③	④	⑤
15	나는 수업 중에 앞에 나가서 얘기하는 것이 매우 어렵다.	①	②	③	④	⑤
16	나는 아주 잘 아는 사람들이 아니면 말을 많이 하는 것을 꺼려한다.	①	②	③	④	⑤
17	나는 잘 모르는 사람들과 함께 있으면 당혹스럽다.	①	②	③	④	⑤
18	나는 종종 직업선택을 잘못했다고 느낀다.	①	②	③	④	⑤
19	일주일에도 몇 번씩이나 나에게 끔찍한 일이 일어날 것 같은 느낌이 든다.	①	②	③	④	⑤
20	종종 내 삶은 무의미한 것 같다.	①	②	③	④	⑤

21	내 일상은 흥미진진한 것들로 꽉 차 있다.	①	②	③	④	⑤
22	내가 보기에 미래란 희망이 없는 것 같다.	①	②	③	④	⑤
23	대체로 나는 행복하다고 느낀다.	①	②	③	④	⑤
24	난 세상이 그저 스쳐지나가는 것이라는 느낌이 자주 든다.	①	②	③	④	⑤
25	확실히 나는 쓸모없는 존재라는 느낌이 가끔 든다.	①	②	③	④	⑤
26	나는 직장에 다니는 것을 좋아한다.	①	②	③	④	⑤
27	나는 다른 사람들이 생각하는 것만큼 그렇게 행복하지 않는다.	①	②	③	④	⑤
28	나는 종종 벌컥 화를 낸다.	①	②	③	④	⑤
29	나는 일단 화가 나면 성질이 고약해진다는 것을 인정할 수밖에 없다.	①	②	③	④	⑤

참고문헌

강미숙(2016). 교사효능감과 보육신념이 교사-영아 간 상호작용에 미치는 영향. 수원대학교 교육대학원 석사학위논문.

고선옥, 김경신, 임경례, 한성민(2018). **놀이지도**. 경기: 정민사.

교육부, 보건복지부(2019). 2019개정누리과정 놀이실행자료. 교육부, 보건복지부.

국제아동 인권위원회(2016). 국제아동인권위원회.

김영실, 신애선(2016). 영아교사의 전문성, 민감성, 행복감과 영아-교사 상호작용의 관계 및 영향력. **한국보육학회지**, 16(2), 57-82.

김보들맘, 신혜영(2000). 어린이집 교사의 직무 스트레스에 관한 탐색적 연구. **유아교육연구**, 20(3), 253-176.

김명순(2013). 보육교직원 역량강화와 처우개선 방안. 보육현안과 과제전망 컨퍼런스 발표자료. 한국보육진흥원, pp. 31-45.

김명순, 황혜정, 박영림, 김지연(2013). 국가직업능력표준(NCS): 보육분야 개발과정. 한국아동학회 추계학술대회 발표자료. pp. 152-156.

김미정, 임예슬(2019). 경기도 보육교사 권리 보호 방안. (재)경기도가족여성연구원.

김영실, 신애선, 김선미, 곽경화(2014). 영유아 어린이집 보육교사의 자아탄력성이 직무만족도에 미치는 영향. **한국보육학회지**, 14(1), 73-90.

김영실, 신애선(2016). 영아교사의 민감성, 전문성 및 행복감이 영아발달에 미치는 영향. **유아교육·보육복지연구**, 20(3), 7-34.

김정환, 남현우, 염시창, 임진영(2012). **교직적성·인성 검사도구 개발연구**. 서울: 교육과학기술부.

김은설, 박수연(2011). 보육교사의 도덕성과 윤리 실천 수준의 관계 연구. **유아교육학논집**, 15(3), 207-226.

김은영, 권미경 조혜중(2012). 교사양성교육과정 내실화를 위한 유치원과 어린이집 일과 운영 및 교사 직무분석. 육아정책연구소.

김의성(2013). 보육교사의 적성이 직무만족도에 미치는 영향. 인천대학교 대학원 석사학위논문.

김해경, 김승희(2017). 숲 체험활동에 참여하는 유아교사의 교사효능감 증진을 위한 교사교육 프로그램 개발 및 효과. **유아교육학논집**, 21(4), 129-153.

김현지(2007). 교사-영아의 바람직한 상호작용을 위한 보육교사 교육 프로그램의 개발 및 효과검증.

경희대학교 대학원 박사학위논문.
민성혜, 신혜원, 김의향(2012). **보육교사론**. 경기: 양서원.
박성혜(2015). 유아교사의 교직적성과 자아존중감 및 교수효능감의 관계. **유아교육학논집**, 19(2), 211-242.
박수경(2017). 보육교사의 직무스트레스가 직무소진에 미치는 영향: 이직의도의 매개효과와 사회적 지지의 조절효과 검증. **아동복지연구**, 15(2), 25-49.
박은혜(2012). 2011 국제표준교육분류(ISCED)에 의한 유아교육단계의 교원제도 분석. **열린유아교육연구**, 17(3), 265-282.
박원우(2012). **임파워먼트 실천 매뉴얼**. 서울: 시그마인사이트컴.
백승선(2010). 좋은 교사의 특성에 대한 보육교사의 인식. 중앙대학교 대학원 석사학위논문.
보건복지부(2013). 3세 누리과정에 기초한 어린이집 프로그램. 보건복지부.
보건복지부(2020). 보육체계 개편에 따른 어린이집 운영 안내. 보건복지부.
보건복지부(2021). 2021년도 보육사업안내. 보건복지부.
보건복지부, 어린이집 안전공제회, 중앙육아종합지원센터(2020). 2020어린이집보육교직원 안전교육-아동학대 예방교육. 어린이집 안전공제회.
보건복지부, 육아정책연구소(2016). 보육교직원 인성교육 프로그램 및 인성평가 문항 개발. 육아정책연구소.
보건복지부, 중앙육아종합지원센터(2020). 어린이집 영유아의 성행동문제 관리·대응 매뉴얼. 보건복지부, 중앙육아종합지원센터.
보건복지부, 한국보육진흥원(2020). **2020어린이집 평가 매뉴얼**. 한국보육진흥원.
보육진흥원(2013). 어린이집 갈등사례에 관한 자료.
서문희, 이미화, 구미진(2006). 보육시설 종사자 직무 및 근무환경 실태 분석. 여성가족부.
성은영(2008). 예비유아교사의 교육신념 특성 및 교수수행 과정에서의 어려움 탐색. **열린유아교육연구**, 13(2), 137-163.
서울시 육아종합지원센터(2015). 서울시 어린이집 영유아 권리존중을 위한 자가 체크리스트.
서울시 육아종합지원센터(2015) 서울시 어린이집 아동 인권 민감성 향상교육.
서울시 육아종합지원센터(2015). 영유아를 존중하는 훈육 이해하기.
신애선(2015). 영아기 의사소통적 몸짓과 기질 및 어휘력의 관련성. 원광대학교 대학원 박사학위논문.
안경숙, 신애선(2019). 구성주의 접근에 기초하여 운영되고 있는 유치원 바깥놀이에 대한 교육적 의미 탐색.
안지연(2018). 영·유아교사 인성교육 발전방향에 관한 비교 연구: 미국, 중국 및 일본과의 사례를 중심으로. 건국대학교 행정대학원 석사학위논문.
어린이집 안전공제회(2016), 어린이집 보육교직원 안전교육
어린이집 안전공제회(2016). 어린이집 보육교직원 안전교육.

오진숙(2014). 영아보육교사의 신념과 효능감이 교사-영아 상호작용에 미치는 영향. 수원대학교 교육대학원 석사학위논문.

원장 역량강화 자료(2016). 아동 권리존중 보육을 위한 가이드 ①

원장 역량강화 자료(2016). 아동 권리존중 보육을 위한 가이드 ②

원장 역량강화 자료(2016). 아동 권리존중 보육을 위한 가이드 ③

원장 역량강화 자료(2016). 아동 권리존중 보육을 위한 가이드 ⑤

원장 역량강화 자료(2016). 아동 권리존중 보육을 위한 가이드 ⑥

원창희(2012). **갈등관리의 이해**. 서울: 한국문화사.

유희정, 이미화(2004). 보육교사의 근무환경 및 직무실태 분석. 한국여성개발원.

육아정책연구소(2015). 영유아교사 인성평가 도구 개발 및 교육 강화 방안. 육아정책연구소.

이경례, 문혁준(2013). 영아보육교사의 발달지식, 교사효능감, 전문성 지원환경이 전문성 발달 수준에 미치는 영향. **한국보육학회지**, 13(3), 163-182.

이미화 외(2013). 영유아 문제 행동지도를 위한 어린이집 보육교사 지침서. 보건복지부 육아정책연구소.

이완정(2005). 보육시설 영유아의 권리보호를 위한 각국의 보육종사자 윤리강령연구. **아동권리연구**, 9(4), 789-816.

이완정, 이윤선, 권기남(2015). 영유아, 교사 및 부모를 위한 인성교육의 현황과 방향. 한국아동학회 추계학술대회발표자료. pp, 105-147.

임승렬, 김연미, 이은정(2014). **영유아교사를 위한 보육교사론**. 서울: 파워북.

장미순(2012). 보육교사 직무스트레스가 교사-영유아 간 사호작용에 미치는 영향. 건국대학교 행정대학원 석사학위논문.

정옥분, 김숙령, 권민균(2004). 영아보육의 실태 및 질적 특성 평가에 기초한 보육의 질 제고. *Family and Environment Research*, 42(6), 123-136.

정윤경(2015). 인성교육 활성화를 위한 교사의 인성교육. **교육의 이론과 실천**, 20(1), 77-104.

정은희(2019). 유치원교사의 인성과 교사효능감 및 교사전문성과의 구조 관계 분석. 공주대학교 대학원 박사학위논문.

정지은(2020). 보육교사가 인식한 교사권리 존중 및 사회경제적 지위와 교사 전문성 간의 관계. 가천대학교 교육대학원 석사학위논문.

조운주(2014). 예비유아교사를 위한 교직적성·인성 검사도구의 타당성 및 개선방안. **육아지원연구**, 9(2), 101-123.

조성연(2005). 보육교사의 직무만족도와 자아존중감. **아동학회지**, 26(1), 359-373.

조형숙, 박은주 (2009). 유치원 교사가 경험한 윤리적 딜레마 분석. **유아교육연구**, 29(3), 73-101.

지성애(2007). 보육교사 보수교육 현황 분석 및 개선 방안. **유아교육학논집**, 11(3), 155-180.

이지희, 문혁준.(2008). 아동의 정서성, 정서조절 능력 및 어머니 양육행동이 아동의 또래 유능성에 미치는 영향. **아동학회지**, 29(4), 1-14.

Block, R. A.(1985). *Contextual coding in memory: Studies of remembered duration.* In Time, mind, and behavior(pp. 169-178). Springer, Berlin, Heidelberg.

Burgoon, J. K., Buller, D, B., & Woodall, W. G.(1996). *Nonverbal communication.* NY: McGraw-Hill.

Elicker, J., & Fortner-Wood, C.(1995). Adult-child relationships in early childhood programs. *Young Children*, 51, 69-69.

Feeney, S., Freeman, N. K., & Moravcik, E.(2005). *Teaching the NAEYC Code of Ethical Conduct, 2005 Code edition.* National Association for the Education of Young Children. Washington, D.C.

Fleer, M.(2003). Early childhood education as an evolving 'community of practice'or as lived 'social reproduction': Researching the 'taken-for-granted'. *Contemporary Issues in Early Childhood,* 4(1), 64-79.

Giovacco-Johnson, T.(2011). Applied ethics as a foundation in early childhood teacher education: Exploring the connections and possibilities. *Early Childhood Education Journal*, 38(6), 449-456.

Hargreaves, A., & Fullan, M. G.(1992). *Understanding teacher development.* Teachers College Press, 1234 Amsterdam Avenue, New York, NY 10027.

Holland, J. H.(1992). Genetic algorithms. *Scientific American*, 267(1), 66-73.

Ivancevich, J. M., & Matteson, M. T.(1980). *Stress and work: A managerial perspective.* Scott Foresman.

Jones, M. A., & Emanuel, J.(1981). There is life after burnout. *The High School Journal*, February, 209-212.

Jorde-Bloom, P.(1989). Factors influencing overall job satisfaction and organizational commitment in early childhood work environment. *Journal of Research in Childhood Education,* 3(2), 107-122.

Katz, J. J.(1972). *Semantic theory.*

Locke, E. A.(1976). The nature and causes of job satisfaction. In M. D. Dunnette(Ed.), *Handbook of industrial and ofganization psychology*(pp. 1297-1349). Chicago, IL: Rand McNally.

Moorman, R. H.(1993). The influence of cognitive and affective based job satisfaction measures on the relationship between satisfaction and oganizational citizenship behavior. *Human Relations*, 6, 759-776.

Steffy, B. E., & Wolfe, M. P.(2001). A life-cycle model for career teachers. *Kappa Delta Pi Record*, 38(1), 16-19.

Skaalvik, E. M., & Skaalvik, S.(2009). Does school context matter? Relations with teacher burnout and job satisfaction. *Teaching and Teacher Education*, 25(3), 518-524.

Tronto, J. C.(1993). *Moral boundaries: A political argument for an ethic of care.* Psychology Press.

찾아보기

저자소개

신애선

원광대학교 대학원 유아교육학 전공(교육학 박사)
유원대학교 유아교육과 교수

〈저서(공동)〉 영유아미술교육, 영유아음악교육, 영유아동작교육, 아동안전관리, 영유아발달
보육학개론, 부모교육, 영유아언어교육 등

임경례

원광대학교 대학원 유아교육학 전공(문학박사)
창의교육연구원 원장

〈저서(공동)〉 부모자녀관계론, 유아교직실무, 아동과학교육, 놀이지도, 부모교육
보육학개론, 영유아언어교육 등

신애란

원광대학교 대학원 유아교육학 전공(박사과정)
둥지어린이집 교사

〈저서(공동)〉 아동안전관리

보육교사(인성)론

1판 1쇄 인쇄 2021년 2월 15일
1판 1쇄 발행 2021년 2월 20일

저　　자 | 신애선 임경례 신애란
발 행 인 | 박철용
발 행 처 | 양서원
주　　소 | 경기도 파주시 직지길 522 파주출판도시
전　　화 | 031-955-8000(代)
팩　　스 | 031-955-8005
홈페이지 | www.yswpub.co.kr
이 메 일 | yswgroup@naver.com
출판등록 | 1987년 11월 24일 제406-2003-037호

ISBN 978-89-994-1108-3

정가 19,000원

※ 저자와 협의하여 인지를 생략합니다.